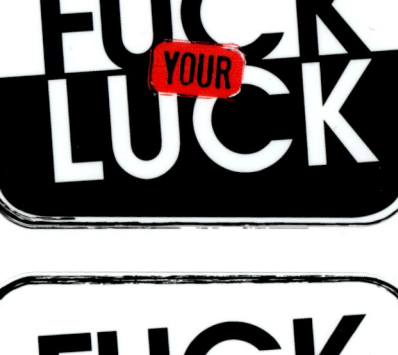

Stefan Hieronimus
Barbara Wilde

Ab heute sind Sie
der Boss in Ihrem Leben

südwest

ISBN 978-3-517-08995-9
© 2014 by Südwest Verlag, einem Unternehmen der Verlagsgruppe Random House GmbH, 81673 München
Alle Rechte vorbehalten. Vollständige oder auszugsweise Reproduktion, gleich welcher Form (Fotokopie, Mikrofilm, elektronische Datenverarbeitung oder andere Verfahren), Vervielfältigung und Weitergabe von Vervielfältigungen nur mit schriftlicher Genehmigung des Verlags.
Hinweis: Das vorliegende Buch ist sorgfältig erarbeitet worden. Dennoch erfolgen alle Angaben ohne Gewähr. Weder Autor noch Verlag können für eventuelle Nachteile oder Schäden, die aus im Buch gegebenen Hinweisen resultieren, eine Haftung übernehmen.

Redaktionsleitung: Silke Kirsch
Lektorat: Ina Raki
Umschlaggestaltung und Konzeption: *zeichenpool, München
Layout und Satz: Lore Wildpanner, München
Druck und Verarbeitung: GGP Media GmbH, Pößneck
Printed in Germany

Verlagsgruppe Random House FSC® N001967
Das für dieses Buch verwendete FSC®-zertifizierte Papier *Munken Premium Cream* liefert Arctic Paper Munkedals AB, Schweden

Inhalt

FUCK YOUR LUCK – eine Gebrauchsanleitung	5
Glück war gestern – heute gilt: FUCK YOUR LUCK	9
Mut zum unzeitgemäßen Leben	15
Ihre Lebensrollen im Visier	21
Sie sind kein Opfer Ihrer Gene	27
Die Macht Ihrer inneren Einstellung	32
Lassen Sie Ihr Selbstbild nicht zum Feindbild werden	40
Ihre Einzigartigkeit als Chance	46
Was Sie wirklich antreibt	51
Ohne Ziele geht nichts	58
So treffen Sie die richtigen Entscheidungen	62
Unschlagbar durch Selbstdisziplin und Willenskraft	67
Was Sie nicht umbringt, macht Sie stark!	72
Ein bisschen Stress muss sein	76
Vom (Un-)Sinn des Lebens	79
Der Balanceakt des Lebens	86
Gesundheit ist wichtig, aber …	91
Smarte statt harte Arbeit	95
Raus aus der Perfektionismus-Falle!	101
Jeder braucht eine Insel	106
Müßiggang ist aller Freude Anfang	109
Geduldige Menschen haben mehr vom Leben	113
Wie Geld doch glücklich macht	117
Morgen ist heute schon gestern	120
Freunde verlängern das Leben	125
Erlernen Sie die Kunst des Alleinseins	130

Erkennen Sie Genügsamkeit als Lebenselixier	137
Genießen Sie, sonst werden Sie ungenießbar	143
Vergleichen Sie – aber richtig	149
Herausforderungen bringen Sie nach vorn	154
Schaffen Sie Neues	160
Wie Sie aus Fehlern lernen	165
Wie Sie Menschen erkennen und verstehen	169
So fallen Sie nicht auf andere herein und bekommen, was Sie wollen	176
Egoisten sind die glücklicheren Helfer	184
Sie haben ein Recht auf schlechte Laune	189
Damit Erwartungen nicht enttäuscht werden	193
Lassen Sie andere Menschen doch einfach anders sein	199
Streiten will gelernt sein	203
Wie Sie richtig lieben	209
Kümmern Sie sich um gutes Family-Management	218
Damit Zeitmanagement keine Zeit kostet	225
Wer nicht alt werden will, muss früh sterben	230
Diäten machen dick	235
»No Sports« – warum Churchill mächtig irrte	242
Nutzen Sie die Spiritualität	249
Ihre fünf Bausteine zur inneren Freiheit	254
Werkzeuge zur Selbsttherapie	262
Wissen ist Macht	268
Emotionen in den Griff bekommen	273
Gewinnen Sie Macht über Ihre Gedanken	281
Das Unterbewusstsein – Ihr mächtigster Verbündeter	287
Mentaltechniken für jedermann	292

FUCK YOUR LUCK –
eine Gebrauchsanleitung

Es gibt wahrscheinlich einiges in Ihrem Leben, was gut läuft. Anderes nicht. Und wie die meisten Menschen finden auch Sie bestimmt tausend Gründe dafür, warum das so ist – nur bringt Sie das nicht weiter. Ihr Leben muss für *Sie* stimmig sein. Das gelingt, sobald Sie wirklich zum Boss in Ihrem Leben werden. Dabei wollen wir Sie unterstützen: mit FUCK YOUR LUCK, einer Lebensphilosophie, die das Glück aus einem anderen Blickwinkel betrachtet – als Nebenprodukt eines zufriedenen Lebens. Zufriedenheit bedeutet für jeden etwas anderes. Deshalb ergibt es keinen Sinn, vermeintlichen Glücksbringern nachzujagen. Und Unglück lässt sich auch nicht völlig aus dem Leben verbannen, weil Tiefschläge dazugehören. Aber *Sie* entscheiden immer über die Bedeutung des Erlebten für sich selbst – und auch, wie Sie damit umgehen. Wer selbstbestimmt lebt und überwiegend tut, was ihm gut tut, für den stellen sich die großen und kleinen Glücksmomente wie von selbst ein. Zufriedenheit ist das neue Glück!

FUCK YOUR LUCK beruht auf Fakten und wissenschaftlichen Studien zu allen Bereichen des Lebens. Kombiniert mit jahrelanger Trainings- und Coaching-Praxis und unseren persönlichen Lebenserfahrungen, ist daraus eine Philosophie, eine Lebenseinstellung entstanden. Nutzen Sie dieses Buch als Ihren Sparringspartner in 52 Kapiteln, um über alle Aspekte Ihres Lebens neu nachzudenken: Was sind Ihre wahren Wünsche und Ziele? Was ist Ihnen ganz persönlich wichtig und wie können Sie das erreichen? Erkennen Sie Ihre Fähigkeiten und Ihr Potential! Setzen Sie Ihre Erkenntnisse mit den FUCK-YOUR-LUCK-Strategien und -Übungen für Ihr Leben um.

Sie werden erfahren, wie Sie Ihr Unterbewusstsein zu Ihrem mächtigsten Verbündeten machen, wie Sie aus Fehlern lernen, weshalb Sie Ihre Wohlfühlinseln verteidigen sollten, warum Diäten dick und Vergleiche krank machen können. Es geht um die Kraft Ihrer Familie, um Menschenkenntnis – und darum, wie Sie richtig lieben. Sie müssen nicht in allen Lebensbereichen ein Experte sein, aber Sie sollten immer wissen, worauf es *Ihnen* ankommt.

FUCK YOUR LUCK ist kein Ratgeber. Sondern ein Begleiter auf Ihrem Weg ins selbstbestimmte Leben. Auf Ihrem individuellen Weg. Der muss und soll nicht der von Millionen anderen Menschen sein. Nur Sie entscheiden, was sich für Sie richtig und gut anfühlt. Die Ressourcen, Ihr Leben aktiv so zu gestalten, besitzen Sie schon. FUCK YOUR LUCK präsentiert Ihnen lediglich die Werkzeuge, zeigt Ihnen, wie Sie diese richtig benutzen und wie Sie Ihren persönlichen Zufriedenheitsweg finden.

Manchmal ist dieser Weg unbequem, weil Sie sich dabei mit sich selbst auseinandersetzen. Tun Sie es dennoch: Nehmen Sie Ihr Leben in die Hand. Gestalten Sie es im besten Sinne für sich, denn *Sie* selbst sind der wichtigste Mensch in Ihrem Leben.

FUCK YOUR LUCK: Starten Sie neu.

Schauen Sie auf Ihre Lebenszeit

Beginnen Sie jetzt. Lassen Sie sich auf folgende Übung ein: Haben Sie gerade ein Maßband zur Hand? Falls nicht, dann stellen Sie sich ein Maßband vor. Schauen Sie es an: Jeder Zentimeter darauf steht für eines Ihrer Lebensjahre. Bei null wurden Sie geboren, ungefähr bei sieben eingeschult, bei zwanzig waren Sie vielleicht verliebt. Sind Sie ein Mann, schneiden Sie jetzt das Maßband nach Zentimeter 78 ab. Frauen nach Zentimeter 83. Was Sie jetzt in den Händen halten, ist – statistisch – Ihre voraussichtliche Lebenszeit. Wie viel ist davon schon vergangen? 30 Jahre, 45 Jahre – oder mehr? Schneiden Sie das Maßband nun nochmals durch – an der Stelle, an der Sie sich in Ihrem Leben gerade befinden. Jetzt haben Sie Ihre Vergangenheit *und* Ihre Zukunft in der Hand! Die Vergangenheit können Sie nicht ändern. Legen Sie sie einfach zur Seite. Schauen Sie auf Ihre Zukunft! Als Boss in Ihrem Leben haben Sie es in der Hand, Ihre Zukunft so zu gestalten, dass Ihr Leben Sie tief zufrieden macht.

Falls Sie diese Übung jetzt nur mental gemacht haben, kaufen Sie sich bei nächster Gelegenheit ein Maßband. Tun Sie das wirklich! Machen Sie es zu Ihrem Marker, einem Post-it. Dieses Stück Maßband zeigt Ihnen die Zeit, die Sie wahrscheinlich noch haben, um *Ihr* Leben zu leben. Nutzen Sie auch die Fuck-Your-Luck-Aufkleber in diesem Buch als Gedächtnisstütze: An Badezimmerspiegel, Haustür, Computer oder anderswo – sie erinnern Sie daran, Ihre kostbare Lebenszeit nicht zu verschwenden. Leben Sie Ihr Leben, nach Ihrem Gusto, nach dem FUCK-YOUR-LUCK-Prinzip. Wir wünschen Ihnen:

Fuck Your Luck!

1
Glück war gestern – heute gilt: FUCK YOUR LUCK

Wir sind nicht gegen das Glück. Es ist doch schön, wenn Sie Glück haben! Aber was, wenn nicht? In den 1990er-Jahren ist die Suche nach dem großen Glück wie ein Goldrausch ausgebrochen. Glück wurde zum erklärten Ziel. Für viele bestand dieses Glück in einer Ansammlung möglichst vieler besonderer Momente. Doch ist das Glück? Oder rauscht man dabei nicht vielmehr nur von einem Kick zum nächsten, immer auf der Jagd nach dem neuen ultimativen Hochgefühl, das immer zu schnell verfliegt? Der nächste Peak muss deshalb rasch her – und er muss noch weiter, höher, teurer, einfach noch viel genialer sein!

Selbst an andere Menschen stellen Sie dann vielleicht den Anspruch, dass sie Sie gefälligst glücklich zu machen haben. Als ob das deren Aufgabe wäre! Schaffen diese Menschen das nicht, trennen Sie sich möglicherweise mit dem Totschlag-Argument: »Du machst mich nicht mehr glücklich.«

So begibt man sich immer wieder eilig auf die Suche nach dem nächsten Menschen, um durch ihn glücklich zu sein – und rennt dabei immer wieder an seinem Glück vorbei! Das zeigte sich unter anderem auch darin, dass zeitgleich mit dem Glücks-Boom die Zahl der Menschen rapide gestiegen ist, die unter Depressionen leiden und

Unterstützung bei Ärzten, Therapeuten, einem Coach oder Lebensberater suchen.[1]

FUCK YOUR LUCK geht einen anderen Weg. Für Fuckyourluckler ist Glück nur eine Begleiterscheinung, ein angenehmes Nebenprodukt. Es ist die Sahne auf der Erdbeertorte. Aber wer mag schon immer Sahne pur löffeln? Bei FUCK YOUR LUCK geht es um langfristiges Glück, um ein Leben im Einklang mit sich selbst. Wann immer wir in diesem Buch das Wort »Glück« verwenden, dann meinen wir: Souveränität, Gelassenheit und positive Gefühle. Es geht um Ihr körperliches und seelisches Wohlbefinden, um Ihre tiefe, dauerhafte innere Zufriedenheit. Dieser Zustand bedeutet für jeden Menschen etwas anderes, deshalb gibt es für jeden einen anderen »Weg zum Glück«: Wenn Sie einen knorrigen Eifelbauer, der selbst sein Brennholz schlägt, nach seiner Definition von Glück fragen, würden Sie von ihm wahrscheinlich nur ein Lächeln ernten, wenn er abends vor seinem Holzschuppen sitzt, gemütlich ein Pfeifchen raucht und in die Ferne blickt. Fragen Sie eine Hausfrau, die sich von ihrer Familie und ihrem Partner geliebt fühlt und genügend Raum für sich, ihre Freundinnen und Hobbys hat, wird auch sie glücklich sein – sie hat alles, was sie sich wünscht. Fragen Sie jemanden mit einem 50-Stunden-Job, der in seiner Arbeit auch seine Berufung findet, wird dieser Mensch ebenfalls sehr zufrieden sein. Für andere Menschen wäre all das vielleicht ein Albtraum!

FUCK YOUR LUCK: Leben Sie, was SIE zufrieden macht!

Was also ist Glück für Sie? Was wünschen Sie sich? In unseren Seminaren antworten auf diese Frage viele Menschen spontan: Geld, Erfolg, Anerkennung, Gesundheit, einen liebenden Partner, guten Sex, schöne Reisen, ein Ferienhaus im Süden, Kinder oder den Mount Everest zu erklimmen. So individuell diese Antworten erscheinen und sich anfühlen mögen – sie gehen am Wesentlichen vorbei. Glück können Sie sich nicht wünschen, suchen oder es jagen. Glück ist ein Zustand, für den Sie bereit sein müssen. Dafür müssen Sie jedoch Ihre eigenen Wünsche und Bedürfnisse überhaupt erst einmal kennen. Wenn Sie wie ein Roboter fremdgesteuert leben, um all die Ansprüche anderer Menschen zu erfüllen, dann werden Sie nie zufrieden sein, weil Sie sich selbst und Ihrem Glück im Wege stehen. Dann suchen Sie Glück vielleicht in immer neuen Partnern, dem noch schnelleren Auto, dem noch dickeren Bankkonto, dem noch größeren Lob vom Vorgesetzten oder dem des Partners, dem Sie gefallen möchten, bis Sie sich eines Tages ausgelaugt und leer fühlen, weil Sie an Ihren wahren, im tiefsten Inneren verborgenen Wünschen vorbeigelebt haben.

Schauen Sie auf Ihr Maßband. Wie soll Ihr Leben sein? Was wollen Sie aus Ihrem Leben noch machen? Vielleicht haben Sie sich bislang nur nicht getraut, sich Ihre wahren Wünsche einzugestehen, weil sie nicht spektakulär genug, nicht zeitgemäß, zu ungewöhnlich oder zu hochfliegend erscheinen? Vertrauen Sie darauf: Mehr Zeit mit Menschen, Dingen oder Tätigkeiten zu verbringen, die Ihnen wichtig sind, wird Sie zufrieden und glücklicher machen. Tun Sie das mit Hingabe, Begeisterung und Spaß.

Als Fuckyourluckler lernen Sie, achtsam mit sich, aber auch mit anderen Menschen umzugehen. Sie fokussieren sich darauf, das zu tun, was Sie lieben, und das zu lieben, was Sie tun. Hören Sie auf, auf so unsichere Kandidaten wie Zufall, Glück oder andere Menschen zu setzen. Oft können Sie nicht direkt beeinflussen, was in Ihrem Leben passiert, aber Sie können immer entscheiden, wie Sie damit umgehen. Seien Sie bereit, einiges für sich zu tun, denn auch FUCK YOUR LUCK ist nicht ohne Anstrengung zu haben. Schon ein altes deutsches Sprichwort sagt: »Das Glück ist mit dem Tüchtigen.«. Wer nicht aktiv etwas dafür tut, braucht nicht auf andere schielen und sich zu ärgern. Wollen Sie abnehmen, löffeln aber eine Familienpackung Eis vor dem Fernseher, ist es kein Wunder, wenn die Anzeige auf der Waage Sie frustriert. Stellen Sie dagegen Ihre Ernährung um und treiben Sport, können Sie beim Blick auf die Waage jubeln. Suchen Sie einen neuen Job, finden Sie ihn mit Engagement – und nicht indem Sie im Sessel sitzen bleiben. Sind Sie als Single einsam und ziehen Sie sich abends auf Ihrem Sofa eine DVD nach der anderen rein, werden Sie länger einsam bleiben, als wenn Sie sich im Tennis- oder Golfclub anmelden, Kurse belegen oder abends mal mit Freunden um die Häuser ziehen. Fragen Sie sich immer: Welchen Einsatz zeigen Sie? Was könnten Sie besser machen? Machen Sie sich die **FUCK-YOUR-LUCK-Einstellung** zu eigen:

- **Alles ist Ihre Wahl.**
  Sie entscheiden, was Ihnen gut tut. Sie entscheiden, was für Sie stimmig ist. Das entscheiden nicht die Medien, Trends, Lebensberater, Freunde, Partner oder Verwandte.

- **Agieren statt reagieren.**
  Machen Sie den ersten Schritt. So bestimmen Sie das Spiel. Wenn Sie ihn anderen überlassen, schränkt Sie das in Ihren Handlungsmöglichkeiten ein.

- **Die Politik der kleinen Schritte.**
  Viele kleine Schritte in vielen Bereichen zu gehen ist erfolgsversprechender, als den einen großen Schritt zu machen. In kleinen Schritten zum Ziel zu gehen hat zwei Vorteile: es minimiert die Gefahr des Scheiterns – und in Summe haben kleine Schritte meist eine größere Wirkung.

- **Negative Gefühle akzeptieren.**
  Trauer, Leid und Schicksalsschläge gehören zum Leben dazu. Sie rücken vieles zurecht, an das Sie sich gewöhnt haben, was aber nicht selbstverständlich ist. Nach einer Krankheit macht Gesundheit glücklicher als vorher. Nach finanziellem Engpass ist es ein Highlight, mal chic essen zu gehen. Nach Zeiten als Single schätzt man eine Partnerschaft mehr. Halten Sie also auch Tiefs aus und bewältigen Sie diese Phasen bestmöglich.

- **Sie entscheiden, wie Sie auf Negatives reagieren.**
  Sie selbst entscheiden, ob, wie sehr und wie lange Sie ein Ereignis oder ein Mensch verletzen kann. Der eine erholt sich nie mehr davon, der andere findet leichter ins Leben zurück. Der eine trainiert nach einem schweren Unfall so lange und so hart, bis er bei den Paralympics Medaillen holt. Der andere bedauert sich für den Rest seines Lebens.

- **Das FUCK-YOUR-LUCK-Netto-Prinzip anwenden.**
  Unterm Strich sollte in Ihrem Leben das Positive, das Sie aktiv gestalten können, vor dem Negativen, das Sie passiv hinnehmen, dominieren. Das FUCK-YOUR-LUCK-Prinzip lehnt sich an die »broaden-and-build«-Theorie von Barbara L. Fredrickson an.[2] Die amerikanische Psychologin hält das Verhältnis von 3:1 von positiven zu negativen Emotionen für ideal. Nutzen Sie das als Entscheidungshilfe. Überprüfen Sie all Ihre Lebensbereiche. Checken Sie Aufwand und Nutzen für sich: Steht alles für Sie in einem positiven Verhältnis?

- **Es gilt: sowohl als auch.**
  FUCK YOUR LUCK bedeutet nicht »entweder – oder«, sondern verbindet vermeintliche Gegensätze: Ob »Mü-

ßiggang und Gas geben«, »Verzicht und Genuss« – es geht immer darum, das Richtige zum richtigen Zeitpunkt zu tun und alles sinnvoll miteinander zu verbinden.

- **Das Positive sehen.**
Lenken Sie Ihre Aufmerksamkeit immer auf das Gute. Empfinden Sie das Erfrischende am Regen. Genießen Sie an einem Sommertag die Wärme und das Licht.

- **Loslassen können.**
Seien Sie bereit, große Anstrengungen für Ihr Ziel zu unternehmen. Aber lassen Sie auch los, wenn etwas Ihre Kraft oder Ihre Kompetenz übersteigt.

FUCK YOUR LUCK: Streben Sie Ihre eigene Zufriedenheit sowie Ihr körperliches und seelisches Wohlbefinden an.

2

Mut zum unzeitgemäßen Leben

Ein Blick auf das Ende

Stellen Sie sich vor: Sie stehen auf einem Hügel und wissen nicht so recht, wie Sie eigentlich dorthin gekommen sind. Eben waren Sie noch bei der Arbeit, Ihrer Familie oder Freunden, vielleicht waren Sie im Auto unterwegs in den Urlaub. Und plötzlich stehen Sie hier unter leuchtend blauem Himmel. Nur ein paar sympathische Wölkchen ziehen vorbei. Sie fühlen sich seltsam leicht, wie befreit, als wäre eine Last von Ihnen abgefallen: Kein Druck, keine Sorgen, keine Schmerzen und kein Gedanke an morgen.

Sie blicken nach unten und sehen einen Friedhof mit Trauernden vor einem offenen Grab. Sind es viele Menschen oder nur wenige? Weinen sie wirklich oder wirken sie pflichtschuldig und bemüht?

Sie schauen genauer hin und erkennen: All diese Menschen dort haben Ihr Leben mehr oder weniger begleitet. Sie sind gekommen, um Abschied zu nehmen – denn es ist Ihr Sarg, an dem sie stehen. Einer von ihnen, der eine besondere Rolle in Ihrem Leben gespielt hat, tritt vor die Trauergemeinde. Er faltet ein Blatt auseinander, räuspert sich, beginnt zu sprechen und beschreibt Ihren Lebensweg: Er beschreibt, wer Sie waren. Wie Sie auf andere gewirkt haben. Was Sie ausgezeichnet hat. Er spricht über Ihre Stärken, Schwächen und auch über nicht gelebte Ziele und Träume.

In manchen Sätzen erkennen Sie sich wieder, lächeln und denken: Ja, das habe ich gut gemacht.

An anderen Stellen der Rede möchten Sie laut »*Stopp!*« schreien: So wollte ich nie leben, so nie sein! Spontan möchten Sie sich verteidigen, möchten erklären, warum Sie Ihr Leben so gelebt haben und nicht anders. Ihnen fallen tausend Gründe, so viele »*Weil*« ein. Aber es ist zu spät. Niemand da unten hört Sie rufen. Denn Sie sind tot.

Wie geht es Ihnen nach dieser mentalen Reise in die Zukunft? Sind Sie betroffen? Haben Sie einen Kloß im Hals? Oder sind Sie wütend, weil Sie sich so etwas Trauriges vorstellen mussten?

Tun Sie es trotzdem! Lassen Sie dieses Szenario ganz bewusst ein zweites Mal an sich vorbeiziehen. Schließen Sie die Augen, konzentrieren Sie sich sechzig Sekunden lang auf Ihr Grab und auf Ihre Grabrede. Das ist nicht lange, fühlt sich aber verdammt lange an. Jetzt atmen Sie ein paarmal durch. Ja, das war beklemmend, richtig verstörend. Gut so. Nur, wenn Ihnen klar ist, was Ihnen in dieser Grabrede missfallen hat, wissen Sie, dass Sie ab heute etwas in Ihrem Leben ändern müssen. Dann sind Sie bereit, FUCK YOUR LUCK zu leben.

Schauen Sie auf das Stück Maßband, das Symbol Ihrer restlichen Lebenszeit. Es geht um Ihr Leben, Ihren Weg und nicht um den der anderen! Sie sind nicht für das Glück anderer verantwortlich, auch nicht für das Ihres Partners. Fragen Sie sich: Was macht das Leben für *Sie* lebenswert? Was ist Ihnen besonders wichtig und liegt Ihnen am Herzen? Wie würde es sich für Sie richtig anfühlen? Wie sähe Ihre bestmögliche Zukunft aus, wenn Sie völlig frei entscheiden dürften?

Alles nur Wunschdenken, kritisieren Sie vielleicht. Schließlich wollen Sie ja nicht als Egoist durchs Leben gehen. Das hört sich so nach totaler Rücksichtslosigkeit an, als wären Ihnen Partner, Freunde, Familie oder Kollegen völlig egal. Deshalb sind gerade Sätze wie: »Du bist ein Egoist« oder »Sei doch nicht so egoistisch« eine beliebte Methode, um Menschen zu manipulieren oder zu dressieren – die meisten von uns reagieren zuverlässig darauf.

Vielleicht ertappen Sie sich selbst sogar dabei, wegen »Anti-Egoismus« tatenlos im Status quo zu verharren. Haben Sie sich einen Heiligenschein aufgesetzt und finden Sie sich rücksichtsvoll, aufopfernd oder altruistisch? Geben Sie anderen oder den Umstände die Schuld dafür, dass Sie Ihr Leben, Ihre Ziele und Wünsche nicht leben können?

Als Fuckyourluckler hören Sie damit auf und belügen sich nicht selbst! Sie werden zu einem selbstbestimmten Menschen. Das tut übrigens nicht nur Ihnen, sondern sogar den wichtigen Menschen in Ihrem Umfeld gut. Denn nur mit einem positiven Lebensgefühl haben Sie eine wirkliche Chance, sich auf andere Menschen einlassen zu können, ihnen zu helfen und sie zu unterstützen. Das ist es, was Sie letztlich zufrieden machen wird. Lösen Sie sich von gesellschaftlichen Zwängen, Trends und stupider Anpassung. Lassen Sie sich keine Schuldgefühle einreden, nur weil Sie sich und Ihre Wünsche wichtig nehmen.

FUCK YOUR LUCK! Ab sofort geht es um Sie und Ihre Wünsche.

Aber was sind Ihre wahren Wünsche und Ziele? Gar nicht so einfach, die aus den gesammelten Erwartungen anderer Menschen herauszupicken. Überall wird auf Sie eingeredet, wie Sie zu sein haben. Das fing im Kindergarten an, setzte sich in der Schule, im Studium und Beruf fort: Von Eltern, Partnern, Freunden und Kollegen hören Sie, wie Sie denken, leben und sich verhalten sollten. Täglich überfluten Medien Sie mit neuen Rezepten für ein vermeintlich glückliches Leben. Das angeblich zeitgemäße glückliche Leben.

Aber was ist ein zeitgemäßes Leben? Leben das die Menschen, die rund um die Uhr erreichbar sind und unaufhaltsam Karriere machen? Anders gefragt: Muss man seinen alten, gut funktionierenden Röhrenfernseher verschrotten und sich einen Flat-Screen im Kinoformat an die Wand montieren, damit man zeitgemäß lebt? Oder sein altes Handy gegen ein Smartphone eintauschen? Natürlich kann das alles wunderbar sein, wenn man genau das will. Aber das darf niemand anderes als *Sie* entscheiden.

Das fällt Ihnen schwer? Dann erinnern Sie sich: Als Kind waren Sie noch neugierig, wollten ohne Grenzen die Welt entdecken, riechen, schmecken und fühlen. Sie besaßen einen Instinkt für alles, was Ihnen gut getan hat. Je älter Sie geworden sind, umso mehr ist Ihnen das abhandengekommen. Vielen Menschen geht es so: Sie verharren in unbefriedigenden Lebensumständen, weil sie nicht den Mut aufbringen, etwas zu ändern. Sie jammern über Situationen und trauen sich nicht, sie so zu gestalten, wie sie sie gern hätten. Sie fügen sich, nehmen das Gegebene als Schicksal an – und verpacken das vor sich selbst als Rücksicht auf Partner, Familie oder den Chef.

Wie ist es mit Ihnen: Verhalten Sie sich, als wären Sie in ein Korsett gezwängt, das Sie nie mehr ablegen können? Dann beruhigen Sie sich nicht mehr mit der Hoffnung, dass sich alles irgendwie zum Besseren verändern wird. Das ist Zeitverschwendung! Schauen Sie auf Ihr Maßband. Verlassen Sie Ihr Gefängnis und überwinden Sie Ihre kleine fiese Angst vor dem, was Sie vielleicht erst einmal verlieren: Die Sicherheit des gewohnten Lebens. Und schon schleicht der diffuse Horror um die Ecke, das große Fragezeichen, ob sich die Anstrengung tatsächlich lohnt. Ja, sie lohnt sich!

Nur mit Mut zur Veränderung kommen Sie Ihren Zielen näher. Ihr Mut zum unzeitgemäßen Leben ist die bewusste Entscheidung, ab sofort etwas zu ändern, wenn Sie glauben, etwas ändern zu müssen oder zu wollen. Das kann alle Bereiche Ihres Lebens betreffen. Das bedeutet nicht unbedingt einen komplett neuen Lebensentwurf, aber Korrekturen. Halten Sie an nichts fest, was Ihnen nicht mehr gut tut! Scheuen Sie sich nicht, auch gegen den Strom zu schwimmen. Wenn Sie FUCK YOUR LUCK leben, ist es Ihnen egal, ob Ihr Umfeld über Ihre Entscheidungen fassungslos den Kopf schüttelt. Ob Sie nun aus Ihrer Karriere als Managerin aussteigen, um einen Teeladen zu eröffnen. Oder aus dem Job aussteigen, um sich ganz auf Ihre Vater- oder Mutterrolle einzulassen.

Wir kennen solche Beispiele: Ein Teilnehmer unserer Change-Management-Seminare war Chefarzt. Er verdiente viel Geld, genoss höchste Anerkennung in der Kleinstadt, in der er lebte, war aber genervt von der Bürokratie im Krankenhaus, den Vorgaben und Einschränkungen durch Behörden. Eines Abends erzählte er im Seminar, was ihn einst dazu motiviert hatte, Arzt zu werden. In erster Linie wollte er damals Menschen helfen und sich nicht mit Fragen der Gebührenordnung und Bettenauslastung rumschlagen. Einige Monate später erreichte uns eine Postkarte aus Namibia. Er hatte gekündigt und leitete jetzt ein Entwicklungsprojekt in Namibia. Er schrieb, er wäre zufrieden und oft richtig glücklich!

Als Fuckyourluckler gehen Sie Ihren Weg, selbst wenn er in den Augen anderer unkonventionell erscheint. Ihr Weg muss und soll nicht der von Millionen anderen sein. Sondern Ihr individueller Weg. Aber den zu finden und zu gehen ist das Schwierigste, denn Menschen neigen dazu, kritiklos zu folgen. Der Grund dafür ist banal. Auf den ersten Blick erscheint das leichter als eigene Entscheidungen zu treffen. Sie geben Verantwortung ab und können so später andere für ihren Frust und Stolpersteine verantwortlich machen, falls etwas schiefgegangen ist. Als Fuckyourluckler entscheiden Sie, ob Sie dem Schwarm folgen, lieber in Seitenwege abbiegen, an einer Stelle verharren oder direkt gegen den Strom schwimmen.

Blicken Sie jetzt gedanklich wieder auf Ihr Grab. Geben Sie sich dafür ein paar Minuten Zeit. Nehmen Sie jetzt Papier und Stift zur Hand. Verfassen Sie eine neue Grabrede. Lassen Sie sich von all Ihren Sehnsüchten, Wünschen und Träumen leiten, egal wie unrealistisch sie Ihnen erscheinen. Beziehen Sie all die Menschen, die Sie lieben oder die Ihnen wichtig sind, in Ihre Vision mit ein. Ihre neue Grabrede soll all das enthalten, was man im Idealfall posthum über Sie und Ihr Leben erzählen soll.

Jetzt vergleichen Sie beide Grabreden miteinander. Ähneln sie sich sehr? Glückwunsch! Denn in diesem Fall haben Sie Ihr Leben bereits in die Hand genommen und werden das Buch als Sparringspartner nutzen, um neue Impulse zu finden. Weichen die Grabreden stark voneinander ab, haben Sie eine gute Entscheidung getroffen, ab heute FUCK YOUR LUCK zu leben!

FUCK YOUR LUCK: Finden Sie Ihren Weg! Verwirklichen Sie Ihre Ziele auch entgegen gesellschaftlichen Konventionen.

3

Ihre Lebensrollen im Visier

Ein Leben wie im Film!

Nehmen Sie Ihr Leben jetzt genau unter die Lupe. Das tun Sie am besten in einem gedanklichen Regie-Raum. Hier sitzen Sie gemütlich im Sessel, trinken Kaffee, Tee oder ein Bier und blicken auf die vielen Bildschirme an der Wand. Auf jedem läuft ein anderer Film. Jeder zeigt Ihr jetziges Leben und in jedem Film spielen Sie eine immer neue Hauptrolle, von denen Sie in Ihrem Leben bestimmt einige mit Bravour meistern.

Im ersten Film konzentrieren Sie sich vielleicht auf Ihren Beruf. Sie verfolgen lächelnd, wie Sie vom Chef gelobt und von Kollegen respektiert werden. Sie machen eine Traumkarriere. Sie sind stolz auf sich!

Im zweiten Film begeistern Sie in der Rolle der liebevollen Mutter oder des engagierten Vaters.

Im dritten verzaubern Sie im Alltag jeden Tag aufs Neue Ihren Partner, kreieren erotische Momente und genießen Sex in vollen Zügen.

Dann wiederum sehen Sie sich in der Rolle als Tochter oder Sohn – fürsorglich kümmern Sie sich um Ihre Eltern. Nie sind Sie ungeduldig, nie gehetzt oder genervt.

Ihr Blick schweift zu den nächsten Bildschirmen mit Ihnen in weiteren Hauptrollen: Hier agieren Sie als prima Kumpel oder beste Freundin, haben ein offenes Ohr für alle Probleme, sind spontan da, wenn Sie gebraucht werden. Da profilieren Sie sich als kreativer Koch, trainierter Sportler oder Sie erleben sich als geschickten Handwerker im Eigenheim, geduldigen Chauffeur oder Nachhilfelehrer Ihrer Kinder, kämpferisches Mitglied im Betriebsrat, lernbegierigen Erwachsenen im Sprachkurs, hilfsbereiten Nachbarn, coole Tante oder lustiges Vereinsmitglied. Oder Sie gefallen sich vielleicht darin, Ihrer Community auf Facebook, Twitter & Co. täglich neue Inspirationen zu liefern? Sie haben unendlich viele Lebensrollen. Manche machen Sie richtig glücklich, andere weniger – einige gar nicht. Manche Lebensrollen ergeben sich von selbst, andere bietet das Leben Ihnen an und oft greifen Sie nur allzu gern freiwillig zu. Dann setzt ein Automatismus ein: Sie strengen sich an, alle Ihre Aufgaben bestens zu meistern, weil Sie die an Sie gestellten Erwartungen perfekt erfüllen möchten. Im Gegenzug erwarten Sie Anerkennung, Lob, Liebe oder Prestige. Da Sie davon nie genug bekommen können, sammeln sich im Laufe Ihres Lebens so viele Aufgaben an, bis die Last Sie schier erdrückt. Trotzdem können Sie alte Rollen nur schwer aussortieren und loslassen. Daran hindert Sie die Angst, Bestätigung zu verlieren, aber auch die Furcht, andere zu enttäuschen. Das Resultat: Sie sind überfordert, überfrachtet, geraten in negativen Stress. Sie führen kein erfülltes, sondern ein gefülltes oder gar zugemülltes Leben!

Jetzt nehmen Sie gedanklich bitte wieder im Regie-Raum Platz. Wieder gibt es einen Film mit Ihnen in der Hauptrolle. Aber jetzt müssen Sie in diesem Film *alle* Aufgaben meistern, die sich vorher auf viele Filme verteilt haben. Wie viele Filme und Rollen waren das noch gleich? Zehn? Zwanzig oder mehr? Fühlen Sie sich bei diesem Gedanken spontan überfordert? Spüren Sie, wie sich Ihr Körper verkrampft? Genau mit diesem Gefühl wollen wir uns beschäftigen. Lehnen Sie sich also zurück und starten Sie Ihr

Kopfkino: Darin sehen Sie, wie Sie sich morgens aus dem Bett quälen. Sie haben Ringe unter den Augen, weil der tägliche Aufgabenberg Ihnen die Nachtruhe geraubt hat. Sie starten gehetzt und müde in den Alltag, sind unkonzentriert, machen Fehler und ärgern sich darüber schwarz. Mittags schlingen Sie eilig Fastfood in sich hinein, weil mal wieder die Zeit fehlt. Nachmittags trinken Sie die zehnte Tasse Kaffee, obwohl Sie schon Magenschmerzen haben. Oder Sie rauchen Kette, stopfen Süßigkeiten in sich hinein, weil Sie sich nach Glücksgefühlen sehnen. Von zu vielen Aufgaben fühlen Sie sich überfordert, von zu vielen Menschen bedrängt. Ihnen fehlt die Leichtigkeit, der Flow. Das nimmt den Spaß an vielem, was Sie tun, macht ungerecht, reizbar und müde. Denn ganz egal, wie sehr Sie sich auch anstrengen – es bleibt stets das Gefühl zurück, nichts und niemandem gerecht zu werden. Und schon gar nicht sich selbst!

Nach der Arbeit treffen Sie noch schnell eine Freundin, Sie wollen sie nicht enttäuschen. Danach noch rasch zum Sport und daheim dann eilig etwas kochen, weil Sie glauben, Ihr Partner würde das erwarten. Spätabends fallen Sie ausgelaugt ins Bett, ohne jegliche Lust auf Sex.

Ganz ehrlich: Hätten Sie eine Fernbedienung, hätten Sie diesen Film längst weggezappt, oder?

Und tatsächlich geben wir Ihnen etwas in die Hand: Als Fuckyourluckler schreiben Sie Ihren Lebensfilm neu. Das ist einfacher, als Sie glauben. Denn *Sie selbst* entscheiden, welche Lebensrollen Ihnen wichtig sind und wie Sie diese Rollen ausfüllen können. Sie haben die Wahl, einige Lebensrollen als Nebenrollen zu deklarieren und andere ganz zu streichen. **Die sechs Schritte der FUCK-YOUR-LUCK-Methode** helfen Ihnen bei der Entscheidung, die Sie jetzt treffen müssen:

In sechs Schritten zum perfekten Script

Schritt 1
Konzentrieren Sie sich auf Ihre Atmung. Atmen Sie durch die Nase bewusst tief in den Bauch hinein, bis er sich zu einer Kugel wölbt. Dann lassen Sie den Atem durch die nur leicht geöffneten Lippen herausströmen, bis Ihr Bauch wieder ganz flach ist. Schließen Sie die Augen. Machen Sie das fünfmal nacheinander, ganz ruhig. Spüren Sie, wie Ihr Körper sich entspannt? Jetzt sind Sie bereit, sich mental für Ihre inneren Bilder zu öffnen.

Lassen Sie all die Filme, die Sie eben gesehen haben, noch einmal im Zeitraffer an sich vorüberziehen. Welche Gefühle löst welcher Film in Ihnen aus? Wahrscheinlich lächeln Sie, wenn Sie an die ersten Filme denken, in denen Sie all Ihre Lebensrollen so prima gemeistert haben. Kein Wunder: Sie konnten sich darin völlig auf eine Rolle fokussieren. Die Erinnerungen an all die Anerkennung und das gute Gefühl machen Sie glücklich. Ganz nebenbei haben sich auf Ihrer persönlichen Film-Hitliste auch klare Favoriten manifestiert. Das sind die Rollen, in denen Sie sich in Ihrem Filmleben am wohlsten gefühlt haben. Diese Rollen haben Ihnen Befriedigung und das größte Glücksgefühl geschenkt.

Schritt 2
Nehmen Sie Papier und Stift zur Hand. Überlegen Sie, in welchen Bereichen Sie Aufgaben haben, Verantwortung tragen und Erwartungen an Sie gestellt werden. Schreiben Sie, ohne die einzelnen Rollen weiter zu bewerten, stichpunktartig *alle* Rollen auf, die Sie momentan in Ihrem Leben mehr oder weniger ausfüllen. Lassen Sie sich Zeit. Seien Sie ehrlich: Schreiben Sie auch die Rollen auf, die Ihnen nicht wichtig erscheinen.

Schritt 3
Blicken Sie eine Minute auf diese Liste. Kommen Sie, wie die meisten Menschen, auf 15 bis 25 Rollen? So viele Rollen kann niemand adäquat ausfüllen. Auch Sie nicht. Falls Sie das trotzdem versuchen, bleibt Ihr Leben auf der Strecke.

Schritt 4
Schauen Sie sich deshalb nun jede Rolle einzeln und kritisch an. Wie wohl fühlen Sie sich in der jeweiligen Rolle? Mögen Sie sie oder würden Sie sie am liebsten abgeben? Wie wichtig ist sie in Ihrem Leben? Was würde passieren, wenn Sie diese Rolle in Zukunft nicht mehr spielen würden? Wer ist davon betroffen? Wer könnte sich verletzt oder enttäuscht fühlen? Ist dieser Mensch eine Hauptfigur oder nur ein Statist in Ihrem Lebensfilm?

Schritt 5
Jetzt müssen Sie Entscheidungen treffen: Wählen Sie maximal acht Rollen aus, die Sie in Zukunft wahrnehmen möchten oder müssen. Die wichtigste Rolle steht an Stelle eins Ihrer Liste. Wählen Sie wirklich bitte *höchstens acht Rollen*. Auf keinen Fall mehr! Mehr können Sie nicht bewältigen. Streichen Sie radikal und schummeln Sie nicht. Denken Sie an den letzten Film – soll das Ihr Leben sein?! Entrümpeln Sie jetzt Ihr Leben!
  Seien Sie mutig! Streichen Sie die Ihnen unwichtigen Rollen aus Ihrem Leben. Ab heute dürfen Statisten und Nebenschauplätze in Ihrem Leben maximal eine untergeordnete Bedeutung haben.

Schritt 6
Glückwunsch! Als Fuckyourluckler haben Sie Ihr Leben jetzt von Ballast befreit. Sie haben Raum für sich geschaffen und fokussieren Ihre Zeit und Kraft nur noch auf acht

wichtige Rollen. Tun Sie das aus Überzeugung! Füllen Sie Ihre auserwählten Lebensrollen mit positiver Energie, Liebe und Engagement. Seien Sie gut in dem, was Sie tun! Konzentrieren Sie Ihr Denken darauf. Überlegen Sie, wie Sie die Aufgaben, die sich daraus ergeben, optimal gestalten könnten. Was fällt Ihnen ein, um Ihren Part als Elternteil, Partner, im Beruf, als Liebhaber oder in Ihrer allerliebsten Freizeitbeschäftigung mit noch mehr Leben zu füllen? Das kommt Ihnen direkt zugute. Diese Rollen schenken Ihnen den Großteil Ihrer Lebenszufriedenheit, Bestätigung und Ihres Glücks. Überdenken Sie Ihre Rollen immer wieder aufs Neue. Leben heißt auch Veränderung!

FUCK YOUR LUCK: Konzentrieren Sie sich auf maximal acht Lebensrollen. Und denken Sie daran: Selbst bei diesen reicht es, wenn Sie »gut genug« sind, Sie müssen nicht immer 100 Prozent geben!

4

Sie sind kein Opfer Ihrer Gene

Kommen Ihnen einige der folgenden Aussagen bekannt vor? »Ich bin eben einfach ängstlich.« »Ich bin einfach kein Organisationstalent.« »Den Jähzorn habe ich vom Vater, die Sprunghaftigkeit von der Mutter.« »Alle in unserer Familie sind eher unsportlich!« Die Aufzählung eigener Mankos endet oft mit dem trotzigen Fazit: Ich bin halt so, wie ich bin. Schuld daran sind meine Gene. Stopp! Das ist die am häufigsten bemühte *Ausrede*, um sich vor Veränderungen zu drücken. Klar eignen sich die Gene prima als »Entschuldigung« für jede Art von Schwächen. Vielleicht erwarten Sie für die Bürde Ihrer Gene sogar Verständnis, Mitleid oder Trost? Hören Sie auf, sich als Opfer Ihrer Gene zu fühlen – verändern Sie sich! Veränderungen sind immer anstrengend. Aber sie lohnen sich. Als Fuckyourluckler missbrauchen Sie Ihre Gene nicht mehr als Entschuldigung. Sie nehmen Ihr Leben in die Hand, denn welches Genmaterial bei Ihnen wie zum Tragen kommt, bestimmen Sie allein!

Gene und Umwelt prägen Ihre Persönlichkeit jeweils zu rund fünfzig Prozent und stehen in Wechselwirkung zueinander. Ihre Gene sind quasi Ihre Hardware, also Ihre ganz persönliche Grundausstattung an Fähigkeiten, Talenten und Persönlichkeitsmerkmalen. Damit wurden Sie geboren. Sogar die Fähigkeit, zufrieden mit Ihrem Leben zu sein, beruht auf genetischer Disposition.[3] Da sind manche Menschen klar im Vorteil. Daran können Sie nichts ändern. Aber Sie haben ja die restlichen fünfzig Prozent in der Hand! Das ist Ihre Software. Ihre Software entscheidet darüber, wie Sie Ihre Hardware nutzen. Das zeigen neueste Erkenntnisse der noch jungen Epigenetik, die sich mit den Auswirkungen von Umwelt, den Lebensbedingungen in der Familie oder Stress auf die Molekularstruktur der Gene beschäftigt. Erforscht wurde das in wissenschaftlichen Studien über eineiige Zwillinge, wie Amelie und Isabelle es sind:[4] Die rund 25 000 Gene der beiden sind absolut identisch. Bei Untersuchungen im Säuglings- und Kleinkindalter haben die zwei sich noch sehr, sehr ähnlich verhalten. Damals lebten sie gemeinsam bei ihren Eltern, hatten also ein identisches soziales Umfeld. Mit fünf Jahren wurden sie durch die Scheidung der Eltern getrennt. Ab da wuchsen sie weit voneinander entfernt auf und sahen sich nur selten. Amelie lebte beim Vater. Er hatte wechselnde Freundinnen. Amelie war oft auf sich allein gestellt, musste Verantwortung übernehmen und sich in der Schule durchboxen. Von ihrem Vater fühlte sie sich ernst genommen. Sie konnte mit ihm diskutieren und ferne Länder bereisen.

Isabelle hingegen wuchs superbehütet bei der Mutter, deren zweitem Mann und weiteren Geschwistern auf. Ihre Mutter kümmerte sich um Isabelles Schulprobleme, förderte früh deren musikalisches Talent und lebte ihr ein häusliches, ruhiges Familienleben vor.

Mit dreißig sehen Amelie und Isabell sich immer noch zum Verwechseln ähnlich. Aber sie werden als völlig verschiedene Menschen wahrgenommen: Amelie ist Journalistin, hält sich für unmusikalisch, lebt als Single, ist offen und sucht das Abenteuer. Isabelle ist recht introvertiert.

Sie ist verheiratet, hat einen Sohn, arbeitet als Musiklehrerin und verbringt jedes Jahr die Ferien mit ihrer Familie auf Bornholm.

Kreieren Sie Ihre eigene Persönlichkeit

Als Fuckyourluckler steigern Sie durch Ihr Verhalten und die Arbeit an gravierenden Defiziten gezielt das Aktivitätsniveau Ihrer Gene. Auch die Auswirkungen störender genetischer Voraussetzungen können Sie dabei mindern. Um aber daran arbeiten zu können, müssen Sie zuerst Ihre Talente und Schwächen erkennen. Nur so können Sie bestimmte Anlagen pushen und anderen genetischen Voraussetzungen ein Schnippchen schlagen. Dabei hilft Ihnen der **FUCK-YOUR-LUCK-Finder**.

Der FUCK-YOUR-LUCK-Finder

- **Erkennen und schätzen Sie Ihre Talente.**
Nehmen Sie jetzt bitte Papier und Stift zur Hand. Schreiben Sie all Ihre Fähigkeiten auf. Seien Sie nicht bescheiden. Es geht nicht nur um die ganz großen Talente. Es gibt viele scheinbar normale Fähigkeiten, um die andere Menschen Sie beneiden.
Überlegen Sie dann: Wie könnten Sie Ihre Talente für sich oder den Beruf besser nutzen?

- **Entdecken Sie Ihr ganzes Potential.**
Fragen Sie bei Verwandten nach, welche Talente in Ihrer Ahnenkette zutage getreten sind. Vielleicht schlummern sie auch in Ihnen? Denken Sie an Amelie und Isabelle: Amelie hielt sich nur deshalb für unmusikalisch, weil dieses Talent nie entdeckt und gefördert wurde. Isabelle

hielt sich nur für introvertiert, weil viele Lebensprobleme ihr von der Mutter aus dem Weg geräumt wurden. Uns allen geht es so. Deshalb sind manche unserer genetischen Dispositionen verkümmert, andere haben sich verstärkt.

- **Verändern Sie sich durch gezielte Aktivitäten.**
Schauen Sie den Schwächen ins Gesicht, die Sie wirklich behindern: Was stört Sie? Was stört die Menschen, die Ihnen wichtig sind? Was Kollegen oder Ihren Chef? Was ist davon für Sie relevant? Schreiben Sie es auf. Überlegen Sie sich Strategien, mit denen Sie Ihr gengesteuertes Verhalten austricksen können: Neigen Sie beispielsweise dazu, rasch zuzunehmen? Dann achten Sie mehr auf gesundes Essen und ausreichend Sport als andere. Neigen Sie zu cholerischen Reaktionen? Machen Sie Entspannungsübungen (siehe ab Seite 292) oder wenden Sie Methoden zur Emotionskontrolle an (siehe ab Seite 273). Sind Sie zu schüchtern, ängstlich und wenig selbstbewusst? Buchen Sie ein Training im Hochseilgarten, ein Kommunikations-Coaching oder einen Flirtkurs! Sehen Sie jedes noch so kleine Erfolgserlebnis als erfolgreichen Schritt zur Veränderung.

Ertappen Sie sich in Zukunft bei »Ich-bin-halt-so-wie-ich-bin«-Gedanken, können Sie eine hochwirksame Mentaltechnik nutzen, um Ihre Software zu überschreiben. Das ist die **FUCK-YOUR-LUCK-Ampeltechnik.** Sie funktioniert sehr einfach. Stellen Sie sich eine Verkehrsampel vor, die nur *Rot* oder *Grün* zeigt. Rot steht für anhalten. Grün steht für weiter. Wenn Sie sich nun dabei ertappen, wie Sie beispielsweise denken oder sagen: »Ich bin halt aufbrausend. Das hab ich von meinem Vater«, dann schalten Sie Ihre mentale Ampel sofort auf **Rot**. Denken Sie jetzt

bewusst anders: »Ich werde nicht ausflippen, sondern souverän sein!«
Oder wenn Sie denken: »Übergewicht liegt halt bei uns in der Familie«, sagen Sie sich: »Aber ich möchte nicht so aussehen. Ab heute mache ich Sport.«
Mit solchen Gedanken schalten Sie wieder auf **Grün**. Sie werden feststellen, dass Sie sich sofort viel besser fühlen. Sie werden kleine Erfolgserlebnisse sammeln, während Sie dabei sind, Ihre Software positiv zu überschreiben.

FUCK YOUR LUCK: Sie bestimmen, welche Gene sich wie bei Ihnen auswirken!

5

Die Macht Ihrer inneren Einstellung

Vor welche Probleme Sie Ihr Leben stellt und was Ihnen widerfährt, das können Sie häufig nicht ändern. Vielleicht verlieren Sie den Job, weil Ihre Firma Insolvenz angemeldet hat. Eine Hochwasserkatastrophe vernichtet Ihre Existenz, eine Krankheit die Gesundheit, ein Börsencrash die Finanzen oder der Tod beendet Ihre glückliche Partnerschaft. Ändern können Sie an diesen Ereignissen nichts, das liegt nicht in Ihrer Macht. Was aber in Ihrer Macht liegt, ist die Art und Weise, wie Sie damit umgehen. Das haben Sie jeden Tag aufs Neue in der Hand! Statt zum Beispiel mit der Firmeninsolvenz zu hadern, schauen Sie noch heute in der Tageszeitung oder im Internet nach potentiellen neuen Arbeitgebern.

Sich nach einem Tornado des Lebens wie gelähmt zu fühlen, zu hadern, zu trauern und Familienpackungen an Taschentüchern zu verbrauchen, ist völlig legitim. Aber nur für eine überschaubare Zeit. Sonst schaden Sie sich. Fragen Sie sich: Welchen Gedanken, Gefühlen und Ängsten geben Sie wie viel und welchen Raum? Schauen Sie in Ihrem Leben grundsätzlich eher nach vorn oder schauen Sie meist zurück?

Wenn es schlecht läuft, so warten Sie nicht tatenlos darauf, dass es Ihnen plötzlich besser geht. Sie sind der Boss in Ihrem Leben! Es ist Ihre Aufgabe, den Weg aus der Abwärts- in die Aufwärtsspirale zu finden. Wie Ihr Leben nach einem Cut weitergeht, wie Sie mit Veränderungen umgehen und ob Sie Ihre Ziele erreichen, darüber entscheidet Ihre Einstellung.

Als Fuckyourluckler schauen Sie stets möglichst schnell nach vorn und haben eine grundsätzlich positive Lebenseinstellung, denn die ist der Grundpfeiler für Zufriedenheit, Freude und Glück. Damit ausgestattet können Sie allen Problemen trotzen und sich Ihre bestmögliche Zukunft erschaffen.

Füttern Sie sich mit positiven Gedanken. Das können Hoffnungen, Optimismus, Neugier auf das Morgen, der feste Glaube an sich selbst, an ein gutes Leben und an die Liebe oder Dankbarkeit für alles sein, was Sie bislang erleben durften. Die Psychologieprofessorin Sonya Lyubomirsky[5] hat das auf eine einfache Formel gebracht: Glück hängt zu 40 Prozent von der inneren Einstellung, zu 50 Prozent von genetischen Anlagen und nur zu 10 Prozent von äußeren Umständen ab. Berücksichtigt man den dynamischen Einfluss von Einstellungen und äußeren Einflüssen auf die Gene, kommt man zu dem Fazit: Das Glück ist zu 90 Prozent durch die innere Einstellung eines Menschen bedingt!

FUCK YOUR LUCK: Sie sind so glücklich, wie Sie es sich durch Ihre Einstellung erlauben.

Ob Sie im Leben zu den Siegern oder zu den Verlierern gehören, ist eine Frage Ihres Selbstbilds und Ihrer Einstellung. Denn genau so, wie Sie Ihre Welt selektiv wahrnehmen, wird Ihre Welt subjektiv für Sie funktionieren. Das wird an einem Beispiel deutlich. Stellen Sie sich einen Tag vor, den tatsächlich niemand braucht: Sie haben morgens verschlafen und Ihr Kind ist deshalb zu spät in die Schule gekommen. Dann sind Sie noch bei Rot über die Ampel gefahren, Ihr Chef hat gemeckert, das Finanzamt gemahnt, Sie ersticken in Arbeit, der Regen prasselt ans Fenster und

Ihr Partner ist zu beschäftigt, um zu bemerken, dass Sie dringend Zuspruch bräuchten. Mit negativen Gedanken wird Ihre Laune zunehmend schlechter: Was steht Ihnen heute noch bevor? Sicher wird alles schiefgehen! Sie regen sich über den Verkehr auf, sind wütend auf den Chef, ärgern sich über die Arbeit, sind frustriert vom Wetter, vom Partner und überhaupt: Was für ein Scheißtag! Sind Sie so drauf, umhüllt Sie eine solch negative Aura, dass alle Menschen vor Ihnen am liebsten Reißaus nehmen würden. Und Sie vor sich selbst auch!
Als Fuckyourluckler finden Sie diesen Tag sicher auch nicht so toll. Aber Sie nehmen ihn mehr oder weniger mit Humor: Alles kann nur besser werden! Die Kritik vom Chef ist vielleicht berechtigt. Der Regen lässt sicher bald nach. Die Arbeit werden Sie schon bewältigen. Und für morgen nehmen Sie sich vor, zwei Wecker zu stellen. Als Sie dann abends nach Hause fahren, sehen Sie den bunten Regenbogen, atmen tief durch und freuen sich auf einen schönen Abend zu zweit oder mit den Kindern.

> FUCK YOUR LUCK: Sie haben immer die Wahl, wie Sie auf Ereignisse reagieren.

Mit positivem Fokus schaffen Sie sich gute Gefühle und eine Sieger-Aura. Das bringt Ihnen neue Power. Legen Sie den Fokus dagegen auf Negatives, löst das eine Flut trauriger Gedanken und Gefühle aus. Summieren sie sich, sausen Sie in der Abwärtsspirale nach unten. Natürlich entscheidet sich kein Mensch bewusst für die Rutsche nach unten. Niemand wählt willentlich eine negative Einstellung zum Leben oder zu anderen Menschen. Dafür ist Ihr Unterbewusstsein verantwortlich, es ist Ihr Autopilot.

Der Autopilot in Ihrem Kopf leistet grundsätzlich gute Dienste. Er manövriert Sie durch eine komplexe Welt.

Dank ihm müssen Sie nicht ständig alles neu durchdenken oder völlig neu bewerten. Ihr Autopilot greift auf alte Erfahrungen und erlernte Mechanismen zurück. Unbewusst handeln Sie dann automatisch angemessen. Bringt Ihr Autopilot Sie dorthin, wohin Sie möchten, dann ist alles in Ordnung. Aber nicht immer ist er mit den richtigen Daten gefüttert oder die »Flugbedingungen« haben sich geändert. Müssen Sie den Kurs korrigieren oder zieht eine Sturmfront auf, schalten Sie deshalb am besten Ihren Autopiloten aus. Übernehmen Sie dann selbst das Steuer, um nicht ins Verderben zu fliegen. Ein echter Pilot würde das auch sofort tun. Für Fuckyourluckler bedeutet das: Läuft in Ihrem Leben etwas schief, hadern Sie, können Sie Ihre Ziele nicht erreichen, hocken Sie im Tal der Tränen oder rennen Sie gegen Mauern, so lernen Sie neue Bewältigungsstrategien und verändern Sie Ihre Einstellung. Nur mit einer positiven Einstellung können Sie Neuem eine Chance geben.

Welche Gedanken leiten Sie an?

Überprüfen Sie die Überzeugungen, mit denen Ihr Autopilot gefüttert ist. Sie sind in Ihrem Gehirn abgespeichert wie Informationen auf der Festplatte eines Computers. Einige haben Sie von wichtigen Bezugspersonen in Ihrer Kindheit übernommen. Andere resultieren aus persönlichen Erfahrungen. Überzeugungen sind grundsätzlich wichtig. Sie ordnen Ihre täglichen Erfahrungen, Eindrücke und beeinflussen, wie Sie das alles interpretieren. Manche unterstützen Sie, wie beispielsweise: »Ich kann alles erreichen, was ich will!«
Aber Sie haben auch negative Überzeugungen verinnerlich. In Ihrem Unterbewusstsein sind diese sogar noch viel

hartnäckiger verankert als die positiven. Schockerlebnisse, Niederlagen oder schlechte Erfahrungen prägen sich stärker ein, auch wenn sie oft absurd oder unrealistisch sind.

Das liegt an dem Gefahrensensor, mit dem uns die Evolution ausgestattet hat – und der uns in Urzeiten das Überleben gesichert hat. Liegt Ihr Fokus auf dem Negativen, machen Sie sich beispielsweise klar: Sie sind kein schlechter Redner, nur weil Sie einmal einen Vortrag vermasselt haben. Sie sind kein Versager, nur weil Sie einmal gescheitert sind. Nicht alle Männer sind untreu, nur weil Ihr Ex ein notorischer Fremdgeher war. Nicht alle Frauen sind eiskalt berechnend, nur weil Ihre Verflossene mehr an Ihrem Konto als an Ihnen interessiert war. Nicht alle Ausländer sind schlecht, nur weil Sie einmal von einem bestohlen wurden. Nicht alle Frauen parken schlecht ein, nur weil eine Ihren Wagen demoliert hat.

Überzeugungen sind in den rund 60 000 Gedanken versteckt, die Ihnen täglich durch den Kopf schießen. All die negativen sind ein Hemmschuh für Ihre Zufriedenheit, Ihr Glück und Ihren Erfolg. Kommen Sie ihnen auf die Spur. Nutzen Sie dafür die **FUCK-YOUR-LUCK-Strategien zur mentalen Umstrukturierung.**

FUCK-YOUR-LUCK-Strategien zur mentalen Umstrukturierung

1. Machen Sie sich einen Tag lang stichwortartig Notizen über Ihre Gedanken. Sie entlarven die meisten Ihrer Überzeugungen.

2. Studieren Sie Ihre Gedankenliste. Formulieren Sie daraus Überzeugungen. Haben Sie Ihnen genützt oder geschadet? Konzentrieren Sie sich für diese Übung jetzt nur auf die negativen Überzeugungen.

3. Wie wahr sind sie? Empfinden nur Sie das so oder beschreiben diese Überzeugungen tatsächlich die Realität? Typische universelle negative Überzeugungen sind »Das schaffe ich nie!« oder »Der hat doch keine Ahnung!«. Der Klassiker ist auch, alles zu einer Katastrophe zu stilisieren: »Es wäre unerträglich, wenn ...« Streichen Sie auch absolute Forderungen an sich oder andere von Ihrer Liste. Weder Sie noch andere *müssen* etwas tun! Dieses Wort erzeugt nur Druck und schlechte Gefühle.

4. Formulieren Sie negative Überzeugungen, die Sie als nicht zutreffend entlarvt haben, positiv um. Aus »Ich bekomme das nicht hin!« wird dann »Ich weiß, ich werde das schaffen, weil mir schon vieles gelungen ist, das ich in Angriff genommen habe«.

5. Sammeln Sie positive Erfahrungen. Stellen Sie sich kleinen Herausforderungen mit hohem Erfolgspotential. Beispiele dafür: Haben Sie Angst, vor vielen Menschen in der Firma eine Rede zu halten, halten Sie erst mal eine kleine Rede vor Freunden. Glauben Sie, Sie könnten nicht joggen, laufen Sie nur sechs Minuten. Freuen Sie sich über jeden kleinen Erfolg. Belohnen Sie sich dafür!

6. Welche Überzeugungen helfen oder würden Ihnen helfen, Ihre Ziele zu erreichen? Verankern Sie Ihre Ziele und Wünsche mit positiven Gefühlen. Visualisieren Sie Ihr Ziel und stellen Sie es sich intensiv mit all Ihren Sinnen vor. Diese Mental-Technik wenden auch Sportler an. Ein Marathonläufer stellt sich das berauschende Gefühl vor, durchs Ziel zu laufen. Würde er beim Start daran denken, wie viele Kilometer noch vor ihm liegen, würde ihn schon die Vorstellung lähmen. Liegt eine neue Aufgabe vor Ihnen, könnten Sie sich Lob und Lächeln Ihres Chefs

vorstellen und Ihr stolzes Gefühl, wenn Sie Ihren Erfolg später mit einer Belohnung feiern werden.

Fuckyourluckler programmieren ihren Autopiloten um, indem sie alte Verschaltungen, negative Denkmuster und Grundüberzeugungen durch die Kraft ihrer Gedanken und Emotionen verändern und überschreiben. Ihr Gehirn ist lebenslang lernfähig. Trainieren Sie sich eine positive Lebenseinstellung an, indem Sie Ihre selektive subjektive Wahrnehmung positiv verändern. Nutzen Sie dafür die **FUCK-YOUR-LUCK-Methode »Mein Erfolgstagebuch«.** Sie ist einfach, wirksam und effektiv. Sie lernen damit, allmählich den Fokus auf die positiven Dinge des Lebens zu lenken. Für diese Methode brauchen Sie nur eine Kladde, in der Sie sich eine Seite für jeden Tag anlegen. Das ist Ihr Erfolgstagebuch. Ihre Aufgaben sind jetzt die folgenden:

- Gehen Sie mit offenen Augen durch den Tag. Achten Sie auf die vielen wunderbaren kleinen Ereignisse, die Ihnen widerfahren.

- Schreiben Sie jeden Abend stichpunktartig alles Schöne in Ihr Erfolgstagebuch, was Sie erlebt haben. Jede Kleinigkeit ist wichtig. Das könnte ein Kuss von Ihrem Partner, ein Sonnenstrahl, eine süße SMS, ein freundliches Wort einer Verkäuferin im Supermarkt, das Strahlen Ihrer Kinder, ein nettes Telefonat oder die Tasse Kaffee sein, die eine Kollegin Ihnen gebracht hat.

- Wenn Sie den Tag Revue passieren lassen, werden Sie feststellen: Es gab viele kleine Begebenheiten, die Ihnen gute Gefühle geschenkt haben.

- Halten Sie sonntags Wochenrückblick. Lesen Sie alle Notizen der Woche. Freuen Sie sich über die vielen positiven Ereignisse, die Ihnen die Woche versüßt haben. Es sind viele, viele mehr, als Ihnen ohne Erfolgstagebuch jemals aufgefallen wären. Wenn Sie das praktizieren, verhilft Ihnen das zu einer dauerhaften positiven Lebenseinstellung.

FUCK YOUR LUCK: Ihre Einstellung ist Ihr Schlüssel zum Erfolg und Ihrer Zufriedenheit.

6

Lassen Sie Ihr Selbstbild nicht zum Feindbild werden

Glauben Sie, dass Gwyneth Paltrow, Pink, Michelle Obama oder Jane Fonda zu Recht vom US-Magazin »People« zu den schönsten Frauen der Welt gekürt wurden? Fragen Sie mal eine Frau. Sie wird die Fotos kritisch begutachten und garantiert an jeder Schönheit einen Makel finden: Hier ist es die Nase, da die zu dicken Oberarme ... oder sie lästert, dass diese Frauen sicher ein kleines Vermögen beim Schönheitschirurgen gelassen haben. Frauen sind Weltmeisterinnen im Abwerten ihrer Geschlechtsgenossinnen. Auch Männer kritisieren Männer gnadenlos. Aber sie beschäftigen sich dabei weniger mit der Optik als mit vermeintlich männlichen Attributen, die akribisch unter die Lupe genommen werden.

Männer und Frauen geht es dabei um das Gleiche: Sie wollen andere abwerten, um sich selbst aufzuwerten. Sie wollen besser dastehen und wirken, als sie sind. Das schützt und stärkt das eigene positive Selbstbild. Es ist also sogar gesund, das *in Maßen* zu tun. Als Fuckyourluckler hüten Sie sich jedoch vor einem überzogenen Selbstbild. Denn ganz gleich, wie schön Sie das Bild von sich zeichnen würden, es bliebe ja immer die Furcht zurück, doch nicht so gut zu sein, wie Sie von sich behaupten. Das schürt die Angst, eines Tages als Schwindler oder Loser entlarvt zu werden. Manche Menschen werden deshalb zu Selbstbild-Illusionisten. Sie trumpfen immer und überall auf. Sie geben sich als Experten und nerven alle mit ihrer unerträglichen Besserwisserei. Das sind oft die Menschen, die darauf pochen, die Welt müsse sich ändern und nicht sie. Die Welt müsse anerkennen, dass sie Besseres verdient hätten. Dieser Menschentypus hält sich gern Lakaien, die nie auf Augenhöhe herankommen dürfen – denn beim Blick auf die anderen herab fühlen sich diese Menschen gleich besser und toller. Das Drama ist: Früher oder später werden sie scheitern. Die Diskrepanz zwischen Realität und Wunschdenken ist einfach zu groß. Das frisst wie Säure am Selbstwertgefühl. Selbstbetrüger schielen dann neidisch auf andere, die erfolgreicher, klüger oder schöner sind. Letztendlich scheitern sie früher oder später an ihrem eigenen Selbstbild, das sie zu ihrem Feindbild gemacht haben.

FUCK YOUR LUCK: Hüten Sie sich vor einem unrealistischen Selbstbild.

Wie ein Mosaik setzt sich Ihr Selbstbild aus Überzeugungen, eigener Wahrnehmung, Fähigkeiten und Äußerlichkeiten zusammen. Daraus formt sich das Bild, das Sie von sich haben. Finden Sie sich zu gut, nerven Sie Ihre Mitmenschen. Sehen Sie sich zu kritisch, tun andere das auch: Wenn Sie selbst sich als ewigen Verlierer sehen, umhüllt Sie eine negative Aura. Der goldene Mittelweg ist hier tatsächlich der beste: Wenn Sie sich weitgehend gut finden, strahlen Sie das angenehm aus.

Als Fuckyourluckler pflegen Sie deshalb ein leicht positiv überzogenes Selbstbild. Das halten Psychologen für ideal. So werden Sie in allen Lebensbereichen mehr Erfolg haben, motivierter sein und auch Rückschläge besser wegstecken können. In der Psychologie heißt das »Selbstwirksamkeitserwartung«.

Um richtig in die Gänge zu kommen, tut Ihnen eine leichte Dosis Illusionen und der Glaube, Sie seien ein klein wenig erfolgreicher, attraktiver und talentierter, als Sie es sind, einfach gut. Das wirkt wie Doping auf Ihr Selbstwertgefühl. Sie packen aktiv an, weil Sie an Ihren Erfolg glauben. Treffen Sie einen neuen Menschen, stellen Sie sich deshalb immer ein klein wenig besser dar, als Sie sind: Vor dem ersten Date stehen Frauen stundenlang vorm Spiegel, um mit tiefen Ausschnitt und Push-up gekonnt ihre Schokoladenseiten in Szene zu setzen. Männer lassen Muskeln, Erfolg oder Finanzen spielen oder leihen sich ein cooles Auto. Wichtig dabei: Übertreiben Sie es nicht. Um nicht in die Falle »überzogenes Selbstbild« zu tappen, kommen Sie sich mit dem **FUCK-YOUR-LUCK-Selbsttäuschungs-Finder** auf die Spur.

Der FUCK-YOUR-LUCK-Selbsttäuschungs-Finder

Neigen Sie zu den folgenden Strategien? Dann am besten gleich abstellen!

- **Egozentrische Verzerrung:** Sie führen alle Erfolge auf Ihre tollen Fähigkeiten und Anstrengungen zurück. Gibt es Misserfolge, sind selbstverständlich die anderen schuld oder äußere Umstände. Oder das Schicksal wird zum Argument!

- **Genius-Effekt:** Sind andere Menschen Ihnen offensichtlich überlegen, überzeichnen Sie deren Erfolge. Sie stellen sie auf ein Podest. Das tun Sie, damit Ihnen die eigenen Fähigkeiten nicht so mickrig erscheinen.

- **Erfindung von Handicaps:** Drohen Sie in einer Situation zu versagen, erfinden Sie vorab ein Handicap, das Ihr Scheitern logisch erklären würde. So stehen Sie nie als

Verlierer da. Schaffen Sie die Aufgabe trotz Handicap, nutzen Sie die Gelegenheit, sich als Held aufzubauen. Das ist der Klassiker im Hochseilgarten-Training. Sollen die Teilnehmer da hoch hinauf klettern, haben viele plötzlich Rückenprobleme. Stellen Sie sich trotzdem der Herausforderung und meistern sie, gibt das einen positiven Kick. Man hat erlebt, doch mehr schaffen zu können, als man geglaubt hätte!

- **Verzerrung der falschen Einzigartigkeit:** Sie halten sich für talentierter als andere. Sie unterschätzen die Zahl derjenigen, die mindestens genau so tolle Fähigkeiten haben wie Sie.

- **Verzerrung des falschen Konsens:** Sie glauben, die Mehrheit aller Menschen würde Ihren Geschmack, Ihre Meinung und Ihre Wahrnehmung teilen. Deshalb erwarten Sie, dass alle sich so verhalten wie Sie. Das dient auch zur Rechtfertigung eigenen Verhaltens ganz nach dem Motto: Die anderen machen das doch auch so.

Streben Sie ein leicht »verbessertes« Selbstbild an

Ihr Selbstbild ist wahrscheinlich entweder besser oder schlechter als die Realität. Das liegt daran, dass Ihre Gedanken und Gefühle durch Erfahrungen, erlernte Erwartungen und Ihr soziales Umfeld geprägt sind. Ihr Selbstbild ist aber nicht in Stein gemeißelt. Sie können es entwickeln. Sie können es stärken. Wichtig ist, dass Sie sich realistisch einschätzen. Nur so können Sie Herausforderungen, Veränderungen oder Ziele für sich richtig ansteuern. Fuckyourluckler haben kein statisches, sondern ein dynamisches Selbstbild.

Auf dem Weg zum neuen Selbstbild helfen Ihnen diese **FUCK-YOUR-LUCK-Strategien:**
Umprogrammieren: Schauen Sie in Ihr Erfolgstagebuch. Vergegenwärtigen Sie sich all die vielen kleinen positiven Erlebnisse, die netten Menschen oder Reaktionen, die Ihnen täglich begegnen. Ziehen Sie daraus Nahrung für Ihre positive Lebenseinstellung. All das Positive galt Ihnen! Sie haben das verdient! Denken Sie dabei immer daran: Sie sind schlussendlich der Mensch, für den Sie selbst sich halten.

Perspektivenwechsel: Stellen Sie sich vor, Sie wären ein fähiger Mitarbeiter, würden aber bei jeder Beförderung übergangen. Ihr Chef begegnet Ihnen höflich, es gab schon mal ein Lob, aber er hat Ihre lasche Arbeitsmoral öfter einmal bemängelt. Mit einem statischen Selbstbild würden Sie jammern oder wären wütend. Dann wäre Ihr Chef für Sie unfair oder ein ignoranter Idiot, der Ihre Talente nicht sieht. Als Fuckyourlucker dagegen haben Sie ein dynamisches Selbstbild und betrachten negative Ereignisse aus einem positiven Blickwinkel. Sie dramatisieren nicht und Sie verurteilen weder sich selbst noch andere bei Misserfolgen. Sie stellen sich stattdessen die folgenden Fragen:
- Wie reagiere ich konstruktiv?
- Was lerne ich daraus?
- Was könnte ich besser machen?
- Wie kann ich mich konkret verändern?

Selbstwahrnehmung versus Fremdwahrnehmung

Nehmen Sie mehrere Blatt Papier und einen Stift zur Hand. Nun überlegen Sie: Wie sehen Sie sich selbst? Schreiben Sie zehn treffende Begriffe auf zehn einzelne Blätter. Das können Äußerlichkeiten, Talente, Haltungen oder Fehler sein. Also Positives wie Negatives. Danach bitten Sie drei nahestehende Menschen, Sie zu beurteilen. Was charakterisiert Sie aus deren Sicht? Das sollen Ihre Freunde jetzt auch auf zehn verschiedene Blätter schreiben. Lassen Sie sich die Zettel aushändigen. Diskutieren Sie nicht über das Ergebnis. Vergleichen Sie nur, wie viele Übereinstimmungen es gibt. Je deckungsgleicher das Ergebnis, umso realistischer ist Ihr Selbstbild.

FUCK YOUR LUCK: Überschätzen Sie sich ruhig, aber nur ein bisschen. Das spornt Sie an und bringt Sie weiter nach vorn.

7

Ihre Einzigartigkeit als Chance

Was ist das Beste an Ihnen? Können Sie die Frage so spontan nicht beantworten? Geraten Sie ins Stammeln, suchen Sie nach Worten, relativieren Sie Ihre Qualitäten vor sich? Das ist normal. Ihnen geht es wie vielen. Aber als Fuckyourluckler ändern Sie das jetzt. Sie müssen das Besondere an sich erkennen, um Ihren Marktwert richtig einzuschätzen und Ihre Fähigkeiten in Szene setzen zu können. Ihre Einzigartigkeit ist das einzige echte Alleinstellungsmerkmal, das Sie besitzen, um sich im Leben, bei der Jobsuche oder bei der Partnerwahl von anderen zu unterscheiden. Wenn Sie Menschen für sich gewinnen und von Ihrem Wert überzeugen wollen, ist Ihre Individualität Ihr stärkstes Argument.

Als Fuckyourluckler kommen Sie all dem auf die Spur, was Sie unverwechselbar macht. Dabei geht es nicht nur um offensichtliche Talente, sondern auch um verborgene Schätze, die Sie vielleicht selbst noch nie als etwas so Besonderes gesehen haben. Vielleicht sind Sie spontan, besonders freundlich, ein guter Zuhörer? Oder Sie können gut mit Menschen umgehen und sind hilfsbereit? Möglicherweise sind Sie auch ein Organisationstalent oder sehr gelassen und dadurch besonders stressresistent?

Rücken Sie sich ins beste Licht. Sie dürfen dabei ruhig ein bisschen übertreiben. Ein leicht überzogenes Selbstbild ist für die eigene Vermarktung völlig okay. Um Ihre Einzigartigkeit gezielt für Ihre Belange und Ziele einsetzen zu können, brauchen Sie ein realistisches Bild Ihrer Kompetenzen, Fertigkeiten, Stärken und Schwächen.

FUCK-YOUR-LUCK-Selbsterkenntnisreise

Nehmen Sie Papier und Stift – Sie begeben sich auf eine mentale Reise!

1. Schreiben Sie auf, was Sie auszeichnet! Die Betonung liegt auf realistisch. Das ist kein Bewerbungsschreiben, sondern eine Selbstanalyse! Überschätzen Sie Ihre Fähigkeiten nicht.

2. Schauen Sie ungeschminkt in den Spiegel! Was empfinden Sie an sich und Ihrem Verhalten, charakterlich oder körperlich negativ? Stehen Sie zu Ihren Schwächen und Defiziten. Das ist nicht leicht. Niemand will schwach sein, weil das auch bedeutet, nicht stark genug zu sein. Nur bringt Sie die alte Strategie, Defizite zu kaschieren oder sich auf »ich bin halt so, wie ich bin« zurückzuziehen, nicht weiter. Nur wenn Sie Ihren Defiziten ins Auge blicken, können Sie sie verändern. Schreiben Sie Ihre Schwächen und Defizite auf!

3. Schauen Sie auf den Zettel. Das sind Sie! Nehmen Sie sich an. Ihre Stärken gut in Szene zu setzen, das schaffen Sie!

Als Fuckyourluckler verabschieden Sie sich vom Muss-Denken: *Sie müssen nichts!* Mit der FUCK-YOUR-LUCK-Strategie sehen Sie Ihre Eigenschaften in einem neuen Licht und lernen jetzt, mit Ihren Schwächen anders umzugehen.
- Ändern Sie Ihren Blickwinkel, Ihre subjektive Einschätzung. Für andere Menschen können gerade die Eigenschaften, die Sie bisher für Ihre Schwächen gehalten ha-

ben, Stärken sein. Finden Sie sich zu schüchtern, kann Ihr Gegenüber das als anziehend empfinden. Empfinden Sie sich als zu penibel, kann Ihr Arbeitgeber gerade das an Ihnen schätzen. Ärgern Sie sich über Ihre aufbrausende Art, beneidet ein anderer Sie um Ihr Temperament. Machen Sie sich klar: Alles ist immer eine Frage des Blickwinkels.

• Geben Sie vermeintlichen Schwächen eine neue Aura. Wenn Sie zum Beispiel leicht rot werden, könnten Sie mit einem Lächeln sagen:»Gleich werde ich bestimmt wieder so rot wie eine Tomate.« Das hat Charme und den Vorteil, dass Sie, mit etwas Training, seltener rot werden. Sind Sie ein Chaos-Typ, dann hüllen Sie sich in kreativen Glanz. Schwächen behindern Sie nur dann, wenn Sie ihnen zu große Aufmerksamkeit schenken.

Als Fuckyourluckler beschäftigen Sie sich nur mit Defiziten, die Sie wirklich behindern. Es ist unrealistisch, alle komplett abbauen zu wollen. Der Aufwand muss für Sie selbst vertretbar sein. Schlechte Angewohnheiten, wie beispielsweise Faulheit oder eine Neigung zum Chaos, bekommen Sie durch Disziplin und Konsequenz leicht in den Griff. Bei anderen Schwächen hilft Ihnen die **FUCK-YOUR-LUCK-Checkliste.**

✓ Schließen Sie Frieden mit Ihren Defiziten. Sie sind ein positives Gesamtpaket. Wie jeder Mensch haben Sie Schwächen, aber Sie arbeiten daran.

✓ Welche Auswirkungen hat welche Schwäche auf Ihr soziales oder berufliches Umfeld? Wirken sie sich dauerhaft negativ aus, haben sie Veränderungs-Priorität. Gehen Sie in diesen Fällen eine Veränderung an.

✓ Können Sie eine Schwäche weder in den Griff bekommen noch lieben, dann akzeptieren Sie sie! Achten Sie darauf, dass sie möglichst selten zum Tragen kommt und betreiben Sie Schadensbegrenzung, wo immer es möglich ist.

✓ Wechseln Sie die Perspektive: Entdecken Sie in Schwächen Ihre Stärken. Als schüchterner Zeitgenosse sehen Sie sich in Zukunft als guten Zuhörer. Sind Sie hochgradig ungeduldig, sehen Sie sich als Macher, der die Dinge vorantreibt.

✓ Kokettieren Sie mit Schwächen. Das wirkt sympathisch und offen. Stehen Sie zu äußerlichen Makeln. Denn diese zu kaschieren wirkt oft eher peinlich.

Talente als Beruf?

Mit seinen Talenten Geld zu verdienen ist ganz klar der Hauptgewinn. Das wünschen sich viele. Falls Sie das vorhaben, brauchen Sie eine große Portion Realismus: Halten Sie Ihr Talent für groß genug, es tatsächlich zum Beruf machen zu können? Dann sehen Sie Konkurrenz ab sofort als Herausforderung und Ansporn.

Seien Sie sich auch darüber im Klaren: Wenn Ihr Talent oder Hobby zum Beruf wird, bekommt es eine neue Dimension. Der begeisterte Skifahrer wird dann zum Skilehrer, der Kreative zum Musiker oder Autor, der ab sofort mit Musik oder Schreiben sein Leben finanzieren muss. Das nimmt ein großes Stück der alten Leichtigkeit. Plötzlich ist Unternehmertum und alles, was damit zusammenhängt, wichtig. Nehmen Sie sich die Zeit und überlegen Sie, ob Sie das wirklich wollen.

> **Stefan und Barbara erzählen: Wie wir unsere Talente leben**
>
> Als Fuckyourluckler haben wir unsere Talente zum Beruf gemacht. Stefan lebt seine Talente für Menschen und Psychologie als Trainer und Coach aus. Als Extrem-Abenteurer und Ultrasportler baut er seine Erkenntnisse in Seminare und Coachings ein und hält Vorträge. Als Musiker komponiert er Firmensongs.
> Barbara hat schon als Kind Geschichten erfunden und Schulhefte damit vollgeschrieben. Wegen »geistiger Abwesenheit« wurde sie häufiger von ihren Lehrern gerügt, aber was sie für einen Fehler hielten, ist in Wahrheit Barbaras großes Talent: Mit ihrem Potential arbeitet sie schon lange als Journalistin, Buch- und Drehbuchautorin.

FUCK YOUR LUCK: Erkennen Sie Ihren Marktwert. Setzen Sie Stärken und Schwächen so gekonnt ein, dass Sie noch einzigartiger werden!

8

Was Sie wirklich antreibt

Setzen Sie sich eigentlich in ein Auto ohne Motor und wundern sich, warum es nicht fährt? Sicher nicht! Warum wundern Sie sich dann, dass Sie Ihre Ziele nicht erreichen, wenn Ihnen selbst die Motivation fehlt? Ihr Motor ist Ihre Motivation! Sie müssen für Ihr Ziel brennen und auch einmal bereit sein, für einen überschaubaren Zeitraum vollen Einsatz zu zeigen. Ob Sie das tatsächlich tun, hängt von Ihrer Einstellung ab.

Falls Sie ein Bedenkenträger sind, verbieten Sie Ihrem Unterbewusstsein jetzt den Mund, das Ihnen Zweifel wie tröpfchenweise Gift einträufelt und Ihnen zuflüstert: »Lass die Finger davon. Du bist nicht gut genug. Du könntest scheitern. Geh dieses Risiko lieber nicht ein.«

Jagen Sie diesen fiesen Gesellen namens Selbstzweifel davon. Gehen Sie raus aus der Angst- oder Vermeidungshaltung. Eine negative Einstellung ist reine Energie- und Zeitverschwendung. Damit quälen und rackern Sie sich ab, werden aber am Ende nur Frust ernten. Dann können Sie es auch gleich ganz bleiben lassen und sich als Opfer fühlen. Wer soll an Ihren Erfolg glauben, wenn Sie selbst es nicht tun?

Denken Sie an Ihr Maßband, Ihre Wünsche, Träume und Ziele, an denen Sie heute für morgen arbeiten wollen. Denken Sie an all die gute Zeit, die noch vor Ihnen liegt. Hören Sie auf zu hoffen, dass andere Sie motivieren. Nur Sie sind für Ihre Motivation zuständig und niemand sonst.

Welcher Motivationstyp sind Sie?

Stellen Sie sich zwei Stühle vor, die zehn Meter voneinander entfernt stehen. Sie sind durch ein zwanzig Zentimeter breites stabiles Holzbrett verbunden, das auf den beiden Sitzflächen aufliegt.

Würden Sie über das Holzbrett gehen? Wahrscheinlich schon. Aber was wäre, wenn diese Stühle auf zwei Hochhäusern stehen würden? Würden Sie immer noch über das Brett laufen, mit dem Risiko auf fünfzig Meter »freien Fall« unter sich?

Hier sind typische Antworten unserer Seminarteilnehmer auf diese Frage. In welcher der Antworten finden Sie sich wieder?

A Auf keinen Fall! Warum sollte ich das tun? Was hätte ich davon?

B Nein, vergiss es! Das ist mir viel zu gefährlich. Höchstens gesichert würde ich das machen. Ich könnte ja sonst runterfallen und wäre tot.

C Nein, das traue ich mir nicht zu! Da würde ich garantiert runterfallen. Schon auf dem niedrigen Brett hätte ich Schwierigkeiten mit der Balance. Und wenn dann noch starker Wind aufkommen würde ...

D Ja, ich denke schon. Wenn ich auf dem niedrigen Brett keine Schwierigkeiten hatte, könnte ich das auch in der Höhe schaffen. Aber natürlich müsste es sich lohnen, da rüber zu gehen!

E Ja klar! Nicht erst lange nachdenken, sondern Augen zu und durch.

Und das sagen die Antworten aus:

Antwort A: Gut. Sie haben die entscheidende Frage nach dem Motiv gestellt. Jetzt wartet auf der anderen Seite ein dicker Geldsack, eine grandiose Möglichkeit, sich selbst zu verwirklichen, oder Ihr Traumpartner auf Sie. Für welche Antwort entscheiden Sie sich dann?

Antwort B: Sie legen Ihren Fokus auf das, was schiefgehen könnte. So misserfolgsorientiert verlieren Sie Ihr Ziel aus den Augen. Mit null Risikobereitschaft ist Ihre Erfolgserwartung gering. Ändern Sie das ab heute – FUCK YOUR LUCK.

Antwort C: Sie trauen sich nichts zu, sind der leibhaftige Bedenkenträger und haben sich auf Misserfolg programmiert. Schluss damit.

Antwort D: Glückwunsch! Sie sind im besten Sinne erfolgsmotiviert: Mit einem attraktiven Ziel vor Augen orientieren Sie sich an positiven Erfahrungen, checken Ihre Kompetenz, kalkulieren das Risiko realistisch und treffen Ihre Entscheidung.

Antwort E: Sie neigen zu Aktionismus. Checken Sie daher zuerst Ihr Fähigkeitspotential und kalkulieren Sie Risiken vernünftig. Ohne Sinn und Verstand erfolgsorientiert zu sein, lässt Sie scheitern.

FUCK YOUR LUCK: Ohne Motivation geht nichts!
Starten Sie Ihren Motor.

Als Fuckyourluckler programmieren Sie sich positiv: Sie wollen Ihr Ziel erreichen! Unbedingt! Das, was Sie dafür einsetzen, sehen Sie als Bereicherung oder sogar als Belohnung. Hindernisse empfinden Sie als Herausforderungen. So aktivieren und bündeln Sie positive Energie, um nicht nur zu funktionieren, sondern richtig gut zu werden. Visualisieren Sie das tolle Gefühl, wie Sie und Ihre Beförderung auf einer Party gefeiert werden. Stellen Sie sich Ihren knackigen Körper vor, nachdem Sie mit den FUCK-YOUR-LUCK-Strategien Ihr Sportprogramm durchgezogen haben. Füttern Sie Ihr Unterbewusstsein richtig, damit es zu Ihrem mächtigsten Verbündeten wird. Wir selbst tun es ebenso: Wir haben uns beispielsweise beim Schreiben dieses Buches motiviert, indem wir uns immer wieder vorgestellt haben, dass »FUCK YOUR LUCK« auf der Bestseller-Liste landet und nicht als Ladenhüter verstaubt. Eigenmotivation ist eine starke Kraft, der zündende Funke, um durchzuhalten. Dafür muss am Ende des Weges immer eine dicke Belohnung auf Sie warten. Die können Sie sich selbst gewähren – oder Ihre Motivation winkt von außen. Weil das tatsächlich funktioniert, werden Mitarbeiter mit attraktiven Incentive-Reisen oder Gratifikationen belohnt. Zu viel Motivation von außen ist aber schädlich, weil das die Eigenmotivation senkt. Niemand ist ein besserer Schüler geworden, nur weil es Geld für gute Noten von den Eltern gab. Aber für das Fach des Lieblingslehrers wurde nachts noch freiwillig gebüffelt. Nutzen Sie Erwartungen vom Partner, dem Chef, Kollegen oder Freunden als Ansporn. Wichtige Menschen nicht zu enttäuschen ist auch eine Motivationsquelle.

Mit selbstgesteckten Zielen funktionieren Motivations-Strategien natürlich viel besser als mit ungeliebten Zielen, die Ihnen jemand einfach aufs Auge drückt. Ein Beispiel gefällig? Stellen Sie sich vor, dass Sie im Job mal wieder

Kosten sparen, gleichzeitig aber den Umsatz steigern sollen. Klar sind Sie sofort schlecht gelaunt und postwendend kommt auch der Gedanke, dass das nicht zu schaffen ist. Als Fuckyourluckler sagen Sie sich einfach: Ich schaffe das, ich suche Lösungen! Sie motivieren sich, indem Sie sich das überraschte Gesicht Ihres Chefs vorstellen – und sein begeistertes Lob. Sie freuen sich darauf, bei diesem Projekt etwas Neues zu lernen, sich zu verändern und besser zu werden. Können Sie sich nichts von alldem vorstellen, müssen Sie möglicherweise eine andere Entscheidung treffen und beispielsweise den Job wechseln. Es ist *Ihr* Leben.

FUCK YOUR LUCK – finden Sie Ihre Motivations-Strategien

Programmieren Sie sich auf Erfolg. Sagen Sie sich: »Ich schaffe das, weil ...« Nur wenn Sie an sich glauben, überzeugen Sie auch andere. Mit Erfolgsbildern im Kopf verändern sich Ihre Körperhaltung und Ausstrahlung positiv. Das hilft dabei:

- Setzen Sie sich realistische Ziele – und weihen Sie andere ein. Das pusht Ihre Motivation.

- Machen Sie sich einen Stufenplan. Feiern Sie Etappenziele. Das schafft neue Motivationsschübe.

- Weg mit der Angst vorm Scheitern! Schalten Sie Ihre mentale Ampel auf *Rot*, sobald Sie sich dabei ertappen, dass Sie Ihren Ängsten nachgeben. Stellen Sie sich das gute Gefühl vor, Ihr Ziel zu erreichen. Denken Sie an die Belohnung, die auf Sie wartet, und schalten Sie dabei Ihre Ampel wieder auf *Grün*.

Stefan erzählt: So motiviere ich mich zu Ausnahme-Leistungen

Ich werde des Öfteren gefragt, was mich antreibt? Warum ich mir das antue, das Unterwegssein in Wüsten, in Eis und Schnee, das extreme Laufen, das Paddeln in stürmischer See oder die einsamen Robinsonaden auf abgelegenen Inseln? Ich mag diese Frage nicht besonders, denn was bringt es, jemandem klarzumachen, was meine ureigenen Motive sind, wenn er die Welt durch eine ganz andere Brille sieht als ich? Er kann und muss das nicht nachvollziehen können! Wichtig ist, dass ich weiß, warum ich das tue, und die Antwort ist einfach: Es tut mir gut! Es verschafft mir viele einzigartige erfüllte, glückliche Momente und eine tiefe Zufriedenheit! Dann bin ich total selbstbestimmt. Nur die Natur zeigt mir meine Grenzen.

Die Natur ist ein hervorragender Persönlichkeitstrainer. Es gibt niemanden, an den ich Verantwortung abgeben kann. Ich bin alleine auf mich gestellt. Pfeift mir eisiger Wind ins Gesicht und komme ich kaum vorwärts, habe ich auch Phasen der Selbstzweifel. Dann frage ich mich: »Warum tue ich mir das an, während andere jetzt gemütlich mit Kaffee und Kuchen im Warmen sitzen?« Aber solche Momente gehören halt einfach dazu. Nur durch sie erfahre ich die schönen Momente auch so intensiv. Kämpfe ich gegen die Widrigkeiten der Natur, habe ich gelernt, in eine Art »Leidensmodus« zu schalten. Ich weiß ja: Das ist nur temporär. Leiden gehört halt dazu und ist oftmals auch Voraussetzung für das Gelingen. Wenn nach dem FUCK-YOUR-LUCK-Nettoprinzip die guten Gefühle überwiegen, ist ja alles okay!

- Drücken Sie sich nicht vor ungeliebten Aufgaben, sondern sehen Sie diese als Herausforderung. Wichtig: Gehen Sie diese Aufgaben rasch an. Nicht aufschieben!
- Manches müssen Sie einfach tun, auch wenn Sie es nicht wollen. Hören Sie auf, damit zu hadern oder sich darüber zu ärgern. Finden Sie stattdessen einen Sinn in der Aufgabe und geben Sie ihr eine neue Bedeutung!

FUCK YOUR LUCK: Es ist Ihr eigener Job, sich zu motivieren. WOFÜR, darüber entscheiden Ihre Wünsche, Ziele und Stärken.

9

Ohne Ziele geht nichts

Ohne Ziele dümpeln Sie im Leben wie eine Nussschale auf dem Ozean. Ohne Ziele bekommen Sie im Leben nur Treibgut, das zufällig bei Ihnen landet. Ziele geben Ihnen Orientierung. Beides brauchen Sie, um die richtigen Strategien zu entwickeln. Können Sie Ihre Ziele benennen? Wie haben Sie Ihre Ziele bislang formuliert? Möglicherweise hörte sich das etwa so an: »Klar will ich mal Karriere machen.«
Oder: »Abnehmen wollte ich längst.«
Oder: »Irgendwann will ich auch mal einen Marathon laufen.«
Mit solch lapidaren Formulierungen werden Sie Ihre Ziele nicht erreichen. Sie müssen Ihr Ziel konkretisieren, benennen und visualisieren. Stellen Sie es sich in allen Farben, Nuancen und mit all Ihren Emotionen vor, wie es sich anfühlt, wenn Sie Ihr Ziel erreicht haben: Hören Sie die Leute klatschen, wenn Sie beim Marathon durchs Ziel laufen! Sehen Sie die Anerkennung Ihres Chefs, wenn er Ihnen gratuliert! Sehen Sie Ihr Lächeln, wenn Sie sich schlank vorm Spiegel drehen! Fühlen Sie die Umarmung Ihres Partners, wenn er mit Ihnen über das Erreichte glücklich ist! Kurz: Sehen Sie die Belohnung, die auf Sie wartet! Nur so sind Sie motiviert. Nur dann strengen Sie sich wirklich an.

Eine solche konkrete Zielvorstellung ist auch deshalb wichtig, weil Sie nur mit einem klar definierten Ziel genau wissen, wann Sie es erreicht haben.

Werden Sie sich *jetzt* über Ihre Ziele klar. Diese ergeben sich aus den acht Lebensrollen, für die Sie sich in Kapitel 3 entschieden haben. Lassen Sie sich Zeit. Denken Sie in Ruhe nach und formulieren Sie dann daraus Ziel für sich. Aber formulieren Sie bitte *smart*!

SMART = spezifisch, messbar, aktionsorientiert, realistisch, terminiert

---

Das bedeutet, Sie sagen beispielsweise:
»Ich will in zwei Jahren Teamleiter mit Verantwortung für fünf Mitarbeiter sein. Um das zu erreichen, absolviere ich ein BWL-Fernstudium und bewerbe mich nach dem erfolgreichen Abschluss um eine entsprechende Position.«

»Ich möchte in den nächsten sechs Monaten jeweils zwei Kilo abnehmen. Das schaffe ich, indem ich mein Essen auf gesunde Kost umstelle und an drei Tagen pro Woche Kraft- und Ausdauertraining mache. Ich freue mich, in einem halben Jahr zwölf Kilo abgenommen zu haben.«

Oder sagen Sie: »Ich werde einen neuen Job finden. Er wird mir Spaß machen und mich fordern. Heute recherchiere ich im Internet – und innerhalb der nächsten vier Wochen schreibe ich zehn richtig gute Bewerbungen. Dann habe ich in einem halben Jahr den Job, der mir gefällt.«

FUCK YOUR LUCK: Treffen Sie eine bewusste Entscheidung, bis wann Sie ein konkretes Ergebnis erreichen wollen, und belohnen Sie sich für Teilerfolge!

Auch als Fuckyourluckler kann man sich leider nie alle Ziele selbst aussuchen. Gerade im Job werden sie oft von außen diktiert. Sperren Sie sich nicht dagegen! Nutzen Sie die FUCK-YOUR-LUCK-Strategien in diesem Buch, um sich mit Herausforderungen und Zielen zu identifizieren, zu motivieren und sie anzunehmen. Schießen Ihnen Gedanken wie »Das schaffe ich nie«, »Was soll das!« oder »Mein Chef hat ja keine Ahnung!« durch den Kopf, schalten Sie Ihre mentale Ampel sofort auf *Rot*. Stellen Sie sich den Beifall vor, wenn Sie die Herausforderung gemeistert haben. Hier ist Ihre Chance, zu lernen und sich zu profilieren! Mit diesen Gedanken schalten Sie Ihre Ampel wieder auf *Grün*, konzentrieren sich auf das Wesentliche und gehen die Veränderung an. Sind Ihnen zu viele Ziele von außen vorgegeben, die Ihnen unsympathisch sind, schlechte Gefühle machen und mit denen Sie sich nicht arrangieren können, ohne gegen Ihre wahren Wünsche zu leben? Dann sitzen Sie das nicht aus. Leiten Sie aktiv Veränderungen ein und treffen Sie konkrete Entscheidungen. Wechseln Sie Ihren Job, Ihren Partner oder Ihr Ziel!

FUCK-YOUR-LUCK-Zielemanagement

- Schaffen Sie sich nicht nur Leistungs-, sondern auch Wohlfühlziele.

- Formulieren Sie Ihre Ziele *smart*.

- Visualisieren Sie Ihre Ziele und die Belohnung dafür. Ein Foto auf dem Desktop oder an der Wand, ein Post-it am Kühlschrank motivieren.

- Wählen Sie Ihre Ziele realistisch ohne sich zu unter- oder überfordern.

- Stellen Sie einen konkreten Ziel-Plan auf. Unterteilen Sie Ihr Ziel in mehrere erreichbare Schritte. Belohnen Sie sich für jedes erreichte Teilziel.

- Erzählen Sie anderen von Ihren Zielen.
- Machen Sie sich nicht zum Sklaven Ihrer Ziele. Sehen Sie mit offenen Augen auch die vielen anderen unerwarteten Möglichkeiten und Chancen, die sich »unterwegs« noch ergeben. Ziele können sich ändern. Verpassen Sie nicht Ihre Abzweigung.
- Werden Sie nicht verbissen und bringen Sie sich so nicht selbst um den Genuss. Erfolg kann man nicht erzwingen, aber mit einer positiven Einstellung können Sie viel dafür tun.

FUCK YOUR LUCK: Setzen Sie sich SMARTE Ziele, richten Sie Ihr Handeln danach aus, aber bleiben Sie offen für die Chancen rechts und links vom Weg.

10

So treffen Sie die richtigen Entscheidungen

Entscheidungen gehören zu den größten Herausforderungen in Ihrem Leben und die Angst davor ist Ihr größter Feind. Natürlich fällt es den meisten von uns schwer, sich zu entscheiden, denn es gibt ja unzählige Optionen, Wege und offene Türen, die sich nach einer Entscheidung wieder verschließen.

Sie treffen täglich zahlreiche Entscheidungen. Die meisten gehören zur täglichen Routine und sind oft unbewusst beeinflusst durch Werbung, Trends, das direkte Umfeld oder soziale Netzwerke. Diese kleinen Entscheidungen zu treffen, ist oft nicht schwierig, denn die Konsequenzen sind nicht allzu groß: Müssen Sie sich nur zwischen High Heels und Turnschuhen, Golf oder Tennis, einem Abend allein auf dem Sofa oder mit Freunden in der Kneipe entscheiden, ärgern Sie sich höchstens über einen Fehlkauf, den falschen Sport oder einen vertanen Abend – kein großes Drama also. Es sind immer die großen Entscheidungen, die Probleme machen. Welche Ausbildung ist die richtige und welcher Beruf? Passt dieser Mensch zu mir oder doch ein anderer? Sollen wir zusammenziehen, heiraten, Kinder bekommen oder lieber noch warten? Ist es sinnvoll, weiter für eine Beziehung zu kämpfen, oder ist es klüger, sich zu trennen? Ist es richtig, Studium oder Job zu wechseln, die Stadt, das Land – oder zu bleiben?

Am schwierigsten ist zu erkennen: Entscheiden tatsächlich *Sie* selbst – oder haben Partner, Eltern, Freunde oder der Chef Sie manipuliert, damit Sie in deren Sinne entscheiden? Sie möchten liebe Menschen nicht enttäuschen und wissen, dass sie alle es gut mit Ihnen meinen. Denken Sie daran, dass trotzdem jeder zuallererst einmal sein eigenes Ziel verfolgt. Manchmal flüstert Ihnen vielleicht auch Ihr innerer Schweinehund zu, die Verantwortung doch einfach abzugeben. Das erscheint so viel leichter. Nur nützt es nichts, die Schuld für Fehlentscheidungen auf andere schieben zu können, weil Sie trotzdem damit unglücklich sind. Es ist *Ihr* Leben! Und Sie sind der Boss.

Barbara erzählt: Die Qual der Wahl

Als ich vor meiner Berufswahl stand, entschied ich mich zuerst für eine Banklehre, die ich nach dem ersten Arbeitstag aber schon hasste. Danach probierte ich es mit einem BWL-Studium. Damals glaubte ich, es wäre meine Entscheidung, aber in Wahrheit war es die meines Vaters, der in mir eine taffe Managerin sah. Nach drei Semestern wechselte ich das Studium, entschied mich endlich für *mein* Leben – ich wollte fortan Journalistin und Autorin werden. Vor meinem geistigen Auge sah ich mich schon von einer aufregenden Reportage zum spannenden Interview reisen, durch die ganze Welt. Für diese Vision habe ich im Studium gekämpft, ich habe mich nach Niederlagen wieder aufgerappelt und nie aufgegeben. Mein erster veröffentlichter Artikel in einer Frauenzeitschrift hat mir gezeigt, dass meine Entscheidung richtig war. Mein erstes Buch hat mich für alle weiteren motiviert. Und jeder Schritt hat die nächste Entscheidung erleichtert. Ich wusste: Ich kann auf mich, meine Begabung und Entscheidungen vertrauen.

Als Fuckyourluckler schieben Sie Entscheidungen nicht mehr vor sich her. Entscheidungsfreude erhöht die Wahrscheinlichkeit, langfristig die besseren Entscheidungen zu treffen. Hören Sie auf, alles penibel zu analysieren und sich mit der Entscheidung rumzuquälen, bis das Leben für Sie entscheidet. Geben Sie die Entscheidung nicht aus der Hand, überlassen Sie nichts dem Zufall oder anderen. Genetisch sind manche Menschen hierbei klar im Vorteil, weil sie von Natur aus entscheidungsfreudig sind. Falls Sie nicht dazugehören, nutzen Sie die FUCK-YOUR-LUCK-Strategien und akzeptieren Sie: Es gibt keine Entscheidung ohne Risiko. Aber wer nichts entscheidet, der stagniert!

Und: Entscheidungen bleiben immer auch emotional intuitiv. Wenn Sie dauerhaft rational entscheiden, ohne Ihr Unterbewusstsein und Ihre Werte zu berücksichtigen, führt das unweigerlich zu Stress und psychischen Erkrankungen. Eine Unterscheidung in reine Kopf- und Bauchmenschen ist übrigens aus neurologischer Sicht Unsinn. Männer sind allerdings tendenziell risikofreudiger und Frauen sicherheitsorientierter.

In unserer westlichen Welt leben wir in einer Art Schlaraffenland der unbegrenzten Möglichkeiten. Doch gerade diese Vielfalt ist es, die viele Menschen überfordert. Die Welt ist einfach zu komplex, als dass Sie sie komplett mit Ihrem Verstand erfassen könnten. Studien zeigen, dass Menschen unzufriedener werden, wenn zu viele Entscheidungsoptionen zur Verfügung stehen.[6] Vereinfachen Sie sich Ihr Leben durch Faustregeln. Die beruhen auf Erfahrungen, die Sie generalisieren und auf eine aktuelle Entscheidungssituation übertragen. Solche Entscheidungen sind zeitsparender, kostengünstiger und vorteilhafter – und Sie kommen damit zu ebenso guten Lösungen, als würden Sie aufwendige Analysen erstellen. Weniger Information scheint hier also oft mehr zu sein. Das bewies der Affe Mister Monk, der in einem Experiment wahllos Aktien in Zeitungen markierte, aus denen dann ein Depot zusammengestellt wurde.[7] Vier Jahre in Folge schlug dieses »Affen-Depot« den Branchendurchschnitt und sogar einige renommierte Fonds.

FUCK-YOUR-LUCK-Strategien

Wie Sie am klügsten Entscheidungen treffen, dafür gibt es leider kein Patentrezept. Aber einige gute Strategien:
- **Zielformulierung:** Formulieren Sie ein klares Ziel (siehe ab Seite 58). Das macht jede Entscheidung viel leichter.

- **Faustregeln (Heuristiken):** Vertrauen Sie bei Alltagsentscheidungen auf Ihre Faustregeln, solange die Sie zum Ziel bringen. Aber: Ein gutes Modell, das in der Vergangenheit funktioniert hat, muss nicht zwingend die beste Grundlage für Ihre aktuelle Entscheidung sein. Denn rückblickend bewerten Sie bestimmte Entscheidungskriterien zu stark. Stellen Sie Ihre Faustregeln deshalb auch immer mal wieder auf den Prüfstand.

- **Emotio & Ratio:** Verbinden Sie bei allen wichtigen Entscheidungen Ihre rationalen Argumente mit Ihrem emotionalen Erfahrungswissen.

- **Entscheiden nach Verzögerung:** Beschäftigen Sie sich mit dem Pro und Contra einer Entscheidung, aber quälen Sie sich nicht damit. Lassen Sie wo immer möglich auch einmal los und entscheiden Sie später.

- **Beschränkung der Argumente:** Wenn Sie unter Zeitdruck entscheiden, begrenzen Sie die Pro- und Contra-Argumente auf die jeweils zwei bis drei wichtigsten.

- **Inkubationszeit nutzen:** Wichtige Entscheidungen brauchen Ruhe und keinen Druck. Lassen Sie Ihr Unterbewusstsein für sich arbeiten. Quasi im Schlaf wird es für Sie checken, welche Entscheidung sich am besten mit Ihren Erfahrungen, Werten und Gefühlen in Einklang bringen lässt.

- **Zweiter Eindruck:** Bewerten Sie Menschen nie abschließend nur nach dem ersten Eindruck. Jeder hat eine zweite Chance verdient!

- **Keine Angst vor Fehlentscheidungen:** Sie haben ja nach bestem Wissen und Gewissen entschieden. Und am besten haben Sie immer noch einen Plan B in der Tasche.

- **Folgewirkungen beachten:** Menschen neigen dazu, Entscheidungen mit katastrophalen Spätfolgen zu treffen. Beachten Sie auch mögliche Fernwirkungen Ihrer Entscheidungen.

- **Bedenken Sie:** Niemand kann immer nur richtige Entscheidungen treffen. Entscheidungen auch gegen Widerstände durchzuziehen erfordert Willenskraft. Dazu mehr im nächsten Kapitel.

FUCK YOUR LUCK: Sitzen Sie Entscheidungen nicht aus und geben Sie sie nie aus der Hand. Entscheiden Sie unter Beteiligung von Herz und Verstand!

11

Unschlagbar durch Selbstdisziplin und Willenskraft

Durch pure Willenskraft schaffen es Gelähmte, ihre Neuroprothesen zu steuern. Willenskraft peitscht Tour-de-France-Fahrer über die höchsten Pässe oder lässt Menschen so beharrlich werden wie die pakistanische Schülerin Malala Yousafzai, die sich gegen die radikalislamischen Taliban stellte, Bildung für alle forderte und die Welt berührte. Willenskraft und Disziplin sind Power-Batterien, die uns »laufen und laufen« lassen.

> **Stefan erzählt: Nutzen Sie die Macht der inneren Ressourcen**
>
> Ihre inneren Ressourcen sind machtvoll! Wie Sie sie gezielt einsetzen und wie dann auch das Unterbewusstsein den Job übernimmt, zeigt mein Überlebenskampf, als ich die Südspitze Grönlands mit dem Faltboot umrundet habe. Mental hatte ich mich seit Monaten darauf programmiert, gesund von dieser Expedition nach Hause zu kommen, und hart trainiert. Ich wollte der erste Mensch sein, der das alleine im Faltboot schafft. Nur waren die Bedingungen widrig: Treibeis, peitschende Eisstürme und sintflutartige Regenfälle hatten mich bald mental und physisch ans Ende meiner Kräfte gebracht. Tagelang musste ich in menschenleerer

Landschaft mit Bergen, Gletschern und Fjorden in meinem winzigen Zelt ausharren. Gegen die Urgewalten stützte ich es mit Händen und Füßen, damit der Wind mir nicht meinen einzigen Schutz entriss. Trotzdem war ich euphorisch. Ich hatte es geschafft! Ich hatte das Kap umrundet und nutzte das nächste Schönwetterfenster für den Rückweg – als plötzlich das Wetter umschlug. Tiefschwarze Wolken brachten den gefürchteten Eissturm. Ich paddelte und paddelte, um das rettende Ufer zu erreichen, aber heftige Fallwinde vom Inlandeis drückten mich in meinem Faltboot immer weiter hinaus aufs tobende Meer. Wellen türmten sich zu fünf Meter hohen Monstern auf, zwischen denen das Boot wie ein Spielball hin und her geschleudert wurde. Mir war übel, ich wurde von Wellen überspült und paddelte um mein Leben, bis ich völlig am Ende war. Ich hatte absolut keine Kraft mehr, hob beide Arme in die Höhe, wollte das Paddel wegschleudern, damit dieser aussichtslose Kampf endlich ein Ende hätte. Dann war da dieser Gedankenblitz: »Du Idiot! Du bist nicht nach Grönland gereist, um hier zu sterben. Du willst gesund nach Hause kommen. Hau rein, gib alles und paddle um dein Leben!«

Von irgendwo her kamen die Kräfte. Ich paddelte wie in Trance. Ich schrie das Meer an: »Du kriegst mich nicht!«Stunden später wachte ich von Sonnenstrahlen und dem Summen der Moskitos auf. Verwirrt schaute ich mich um. Ich lag unweit vom Ufer im Gras und über mir war blauer Himmel. Ich hatte keine Erinnerung, wie ich es hierhin geschafft hatte und sogar noch das Faltboot an Land ziehen konnte. Aber ich lebte – und ich weinte vor Glück.

Das Zusammenspiel von Willenskraft und mentaler Stärke lässt sich auf alle Bereiche des Lebens übertragen. Aber das funktioniert nur, wenn Sie etwas unbedingt erreichen wollen. Genau da liegt meist das Problem: Menschen sind von Natur aus auf Anstrengungsminimierung und Lustmaximierung programmiert.

Lassen Sie schwierige Situationen und große Herausforderungen Ihres bisherigen Lebens jetzt Revue passieren: Wie oft haben Sie bei ersten Problemen oder Verlockungen zu schnell das Handtuch geworfen? Ganz ehrlich! Als Fuckyourluckler müssen Sie bereit sein, zeitweise zu leiden und sich voll ins Zeug zu legen. Denn ohne Anstrengung gibt's auch keinen Erfolg. Für den brauchen Sie auch Willenskraft. Entdecken Sie alte Tugenden wie Fleiß, Konsequenz und Beharrlichkeit für sich, kurz: Selbstdisziplin. Willenskraft gibt Ihnen die kurzfristige Powerdosis, auch harte Momente zu überstehen. Selbstdisziplin hilft Ihnen, den langen Atem aufrechtzuerhalten. Akzeptieren Sie, dass der harte Weg zum Ziel bereits Teil Ihres Zieles ist und genießen Sie ihn. Genießen Sie das herrliche Gefühl, wieder einen Schritt weitergekommen zu sein, ziehen Sie daraus neue Motivation und freuen Sie sich auf die dicke Belohnung, die im Ziel auf Sie wartet.

FUCK YOUR LUCK: Es reicht nicht, sich nur anzustrengen. Sie müssen sich manchmal regelrecht schinden und quälen!

Aber ganz gleich, wie sehr Sie etwas wollen und wie weit Sie dafür zu gehen bereit sind, auch Willenskraft ersetzt kein sorgfältiges Training, Lernen oder die inhaltliche Planung. Allein durch Willenskraft können Sie keinen Marathon laufen. Alleine durch Willenskraft werden Sie nicht befördert. Richten Sie Ihr Leben generell so aus, dass Sie immer realistische Erfolgschancen haben. Haben Sie sich Ihre Ziele *smart* gesetzt (siehe Seite 59), müssen Sie Ihre Willenskraft auch nicht so oft bemühen. Das ist wichtig, denn Willenskraft ist nicht unendlich verfügbar. Sie kann zwar trainiert werden, aber sie erschöpft sich wie Ihre Muskelkraft. Selbst der willensstärkste, motivierteste Mensch kann sich nicht immer und für alles motivieren. Klappt es mal nicht, seien Sie trotzdem mit sich gnädig. Akzeptieren Sie auch Ihre Schwächen. Leben Sie nach den **FUCK-YOUR-LUCK-Strategien**, um Ihre Willenskraft zu stärken:

- Emotionalisieren Sie Ihr Ziel! Stellen Sie es sich mit allen Sinnen vor. Erleben Sie vor Ihrem inneren Auge, wie Sie es bereits geschafft haben. Saugen Sie diese Vorstellung förmlich in sich ein. Suggerieren Sie sich:»Ich bin bereit, alles Notwendige für mein Ziel zu tun.« Das legt den Grundstein für Ihr Durchhaltevermögen.

- Fokussieren Sie sich am besten nur auf **ein** großes Ziel.

- Vermeiden Sie Planungsfallen. Orientieren Sie sich an eigenen Erfahrungen, damit Sie Aufwand und Zeitrahmen für Ihr Vorhaben nicht unterschätzen.

- Vermeiden Sie die sogenannte »Empathie-Lücke« – das bedeutet: Planen Sie nicht Ihre Diät mit vollem Magen – um dann mit leerem Magen einkaufen zu gehen. Das geht sicher schief.

- Sagen Sie niemals nie! Denn ein Verbot ist der erste Schritt dazu, die Aufmerksamkeit auf das »Verbotene« zu lenken – und es schließlich zu tun. Tricksen Sie deshalb Ihr Gehirn aus: Verbieten Sie sich nichts *generell*. Verschieben Sie gedanklich den Genuss einfach auf später. Sagen Sie sich:»Die Schokolade werde ich später essen.« Das erhöht die Chance, später keine Lust mehr darauf zu haben, denn Ihr Gehirn hat Ihren Satz so gewertet, als hätten Sie die Schokolade bereits gegessen – und ist befriedigt. Dieser Effekt kann sogar Tage anhalten.

- Trainieren Sie Ihre Willenskraft. Ändern Sie Gewohnheiten in kleinen Schritten. Liegen Sie beispielsweise an einem regnerischen Tag gemütlich auf dem Sofa, dann entscheiden Sie sich ganz bewusst für einen kleinen Spaziergang oder ein kurzes Sportprogramm. Wählen Sie anfangs eine kurze Zeiteinheit, die Sie mit zunehmender Übung verlängern können. So zähmen Sie Ihren inneren Schweinehund. Noch ein Tipp: Gewöhnen Sie sich an, kurze Wegstrecken wie den Gang zum Bäcker grundsätzlich zu Fuß zurückzulegen.

- Legen Sie sich einen Notfallplan für Versuchungen zurecht. Wenn Sie zum Beispiel Lust auf eine Zigarette haben, obwohl Sie sich das Rauchen abgewöhnen wollen, können Sie sich stattdessen die Zähne putzen, einen Apfel essen oder eine Atemübung machen (siehe ab Seite 292).

- Belohnen Sie sich! Für kleine Erfolge gibt es eine kleine Belohnung, für große Erfolge etwas, das Sie sich schon lange gewünscht haben.

FUCK YOUR LUCK: Gehen Sie auch einen steinigen Weg konsequent weiter. Überwinden Sie Widerstände! Halten Sie durch und begreifen Sie Rückschläge nicht als Misserfolg, sondern als Teil Ihres Weges.

12

Was Sie nicht umbringt, macht Sie stark!

Stefan erzählt: Das Geheimnis der Widerstandskraft

Meine Großmutter blickte auf kein leichtes Leben zurück, als sie mit 92 Jahren starb: Sie hatte die Schrecken von zwei Weltkriegen erlebt. Ihr Mann war fünf Jahre in russischer Kriegsgefangenschaft verschollen gewesen, ihr Sohn fiel im Alter von erst drei Jahren beim Spielen in einen Bottich mit kochendem Wasser – und starb vor Schmerzen schreiend in ihren Armen. Ihre Tochter verlor bei einem Motorradunfall ein Bein und mein Großvater wurde nach einem Schlaganfall zu ihrem jahrelangen Pflegefall. Dennoch habe ich meine Großmutter als lebensbejahende, fröhliche Frau erlebt. Ich war immer gern bei ihr zu Besuch, weil sie eine so positive Aura der Güte, Weisheit und Lebensmut umgab. Sehr früh wurde mir dadurch klar, dass das Geheimnis der Lebenszufriedenheit nicht in der Ansammlung möglichst vieler positiver Ereignisse liegt, sondern darin, wie man mit Widrigkeiten und Schicksalsschlägen umgeht.

Wieso verfügen manche Menschen scheinbar über eine Art Zauberkraft? Wie schaffen sie es, ihr Leben trotz widriger Umstände immer wieder aufs Neue optimistisch anzupacken, während andere durch Kleinigkeiten aus der Bahn geworfen werden, mit dem Schicksal hadern oder in

Depressionen versinken? Psychologen bezeichnen diese geheimnisvolle Kraft als Resilienz, als emotionale Widerstandsfähigkeit. Besonders viel davon haben die Stehaufmännchen, die Zähen, die Unverwüstlichen und Starken, die mit Krankheiten, beruflichen Misserfolgen, Mobbing, wirtschaftlicher Not, gescheiterten Liebesbeziehungen, Unfällen oder dem Tod eines nahen Menschen so viel besser und klüger umgehen als andere. Eine Immunität gegen alles haben auch diese Menschen nicht. Auch sie kennen Zeiten der Schwäche, Selbstzweifel, Verzweiflung oder die Angst vor der Zukunft. Vorübergehend. Danach packen sie ihr Leben wieder aktiv an, lernen, geben nicht auf und kreieren sich immer wieder aufs Neue ihre bestmögliche Zukunft.

Wissenschaftler waren lange auf der Suche nach einem Resilienz-Gen, das es aber wohl so nicht gibt. Die gute Nachricht ist also: Selbst im fortgeschrittenen Alter können Sie lernen, emotional widerstandsfähiger zu werden. Kein Mensch bleibt von Krisen und Schicksalsschlägen verschont. Deshalb ist es wichtig, sie möglichst erfolgreich zu meistern. Auffällig ist, dass in früheren Jahrzehnten und Jahrhunderten Menschen offensichtlich belastbarer und resistenter waren, obwohl ihr Leben in puncto Wohlstand, Gesundheit, technischem Fortschritt, Freizeit, Selbstverwirklichung oder Anstrengungen, das Überleben zu sichern, viel härter war als unseres heute. Das hat möglicherweise ihre Widerstandskraft trainiert. Es gab weniger psychische Leiden als heute. Das lüftet ein Stück vom Geheimnis der Resilienz.

FUCK-YOUR-LUCK-Strategien

Stärken, steigern und trainieren Sie Ihre emotionale Widerstandsfähigkeit für den Ernstfall mit folgenden Strategien:

- **Positive Grundhaltung und Realismus:** Seien Sie immer überzeugt, dass Ihr Leben sich wieder zum Guten wenden wird. Gerade negative Ereignisse sind Ihre Chance auf Wachstum. Akzeptieren Sie unabänderliche Schicksalsschläge als Bestandteil Ihres Lebens. Seien Sie realistisch: Das Leben ist keine Ansammlung von Glücksmomenten, sondern eine Abfolge von ständigen Hochs und Tiefs. Und nach jedem Tiefpunkt wird das nächste Hoch sicher kommen. Leben Sie auch heute in dem Bewusstsein, dass geliebte Menschen eines Tages sterben werden, ebenso wie Sie selbst. Beherrschen Sie die Kunst des Alleinseins (siehe ab Seite 130), können Sie nach einem Todesfall in Ihrem näheren Umfeld oder auch nach einer Trennung mit plötzlicher Einsamkeit besser umgehen.

- **Flexibilität und Offenheit:** Schicksalsschläge bedeuten große Herausforderungen und Veränderungen (siehe Seite 154). Seien Sie flexibel und offen gegenüber Neuem. Wenn Sie gelernt haben, den Fokus auf das zu legen, was Sie gewinnen können – und nicht auf den Verlust –, fällt es Ihnen leichter, sich auf eine neue Situation positiv einzustellen. Üben Sie sich im Annehmen von Herausforderungen, privat und im Job. Das härtet Sie für den Ernstfall ab.

- **Gute Selbstkenntnis:** Werden Sie sich über Ihre inneren Ressourcen klar, die Ihnen in Krisen zur Verfügung stehen. Erinnern Sie sich an Herausforderungen, die Sie früher gemeistert haben. Sie haben viele Stärken, die Sie nutzen können. Werden Sie sich auch Ihrer Schwächen bewusst, damit Sie nicht in die Falle tappen. Nutzen Sie Ihre Bewältigungsstrategien: Beim Tod eines geliebten Menschen können das Glaube oder Spiritualität sein (siehe Seite 249). Beim Seitensprung des Partners beispielsweise die Fähigkeit, zu verzeihen (siehe Seite 259).

- **Verdrängen erlaubt:** Lenken Sie Ihre Gedanken auf positive Dinge. Halten Sie Schreckensnachrichten von sich fern, damit Sie nicht in eine negative Gedankenspirale abdriften. Quälen Sie sich nicht mit Erinnerungen oder Sorgen. Dadurch gewinnen Sie Distanz. Gerade bei schweren Schicksalsschlägen ist die Verdrängung ein wichtiger Schutzmechanismus, um nicht gänzlich zu verzweifeln und sich ein Stück emotionale Stabilität zu erhalten. Aufarbeiten können Sie die Ereignisse getrost etwas später, wenn Ihre Selbstheilungskräfte schon gute Arbeit für Sie geleistet haben.

FUCK YOUR LUCK: Nehmen Sie auch die Widrigkeiten des Lebens an. Verlieren Sie nie die Zuversicht!

13

Ein bisschen Stress muss sein

Haben Sie Stress? Wenn ja, herzlichen Glückwunsch! Sie sind erfolgreich, wichtig und werden gebraucht! Damit verfügen Sie über ein gesellschaftlich anerkanntes Statussymbol: den Stress.

Und sollten Sie tatsächlich noch keinen Stress haben, dann arbeiten Sie ab jetzt einfach ohne Pause, ohne Wochenende. Ärgern Sie sich viel, schlafen Sie wenig, vernachlässigen Sie Sozialkontakte, Ihre Gesundheit – und schon sind Sie auf einem guten Weg zum »Burn-out« und können sich bald offiziell bescheinigen lassen, dass Sie krank sind.

In unserer Leistungsgesellschaft gibt es immer mehr Menschen am Rande des Nervenzusammenbruchs. Falls Sie schon dazugehören, denken Sie unbedingt über private und berufliche Lebensalternativen nach. Sie müssen nicht immer im Sinne »der Gesellschaft« funktionieren. Es ist *Ihr* Leben. Fragen Sie sich, wie Sie zufriedener leben könnten. Haben Sie *den Mut zum unzeitgemäßen Leben*.

Als Fuckyourluckler tragen Sie selbst die Verantwortung für Ihren Stress. Hören Sie auf, Ihre Verantwortung in der Arztpraxis abzugeben, sich nur therapieren und medikamentös behandeln zu lassen. Lassen Sie sich nicht kränker machen, als Sie sind. Sie sind kein Stress-Opfer, sondern Stress-Täter. Sie selbst haben es in der Hand, Ihren Stress in Ihrem Sinne zu verändern. Lernen Sie, negativen Stress zu managen und positiven für sich als Doping zu nutzen.

FUCK YOUR LUCK: Nur Sie sind für Ihren Stress verantwortlich. Hören Sie auf, ihn auf andere Menschen oder auf die Umstände zu schieben.

Stress ist grundsätzlich etwas Gutes und löst eine wunderbare Anpassungsreaktion Ihres Körpers aus, die Sie bei großen Anforderungen perfekt rüstet und all Ihre Ressourcen aktiviert. Ihr Gehirn veranlasst sofort, dass Sie mit einer ordentlichen Portion Adrenalin und Noradrenalin unterstützt werden, die das Herz-Kreislauf-System anregen, Blutdruck und Herzfrequenz steigen lassen und die Magen-Darm-Tätigkeit herabsetzen. So gepusht können Sie besser denken, mehr leisten und sind voll konzentriert. Das ist fantastisch.

Bis hierher ist also alles bestens! Ihre Aufgabe ist es nun, Ihren Stress bewusst zu steuern und darauf zu achten, dass er nicht außer Kontrolle gerät und zum Dauerstress wird. Stärken Sie das Gespür für sich selbst: Erkennen Sie, wie viel Stress Sie haben können und wollen – und ab wann es zu viel wird. Wenn Sie das schaffen, machen Sie den Stress zu Ihrem Freund, der Sie mit Energie pusht.

Sie können mehr kraftraubenden Stress aus Ihrem Leben verbannen, als Sie glauben. Sie müssen ihm nur auf die Spur kommen und in Zukunft darauf achten, stressige Phasen durch Entspannung und Müßiggang auszugleichen. Dabei hilft Ihnen das **FUCK-YOUR-LUCK-Stressmanagement:**

- Identifizieren Sie Ihre positiven und negativen Stressoren. Stellen Sie sich dafür immer wieder folgende Fragen: Was setzt Sie wie unter Druck, ist hausgemacht und kann abgeschaltet werden? Welchen Stress können Sie nur bedingt ändern? Und welcher Stress tut Ihnen gut, spornt Sie sogar an?

- Nutzen Sie Ihren »Lieblingsstress«. Er tut Ihnen gut und bringt Erfolg.

- Verabschieden Sie sich als Erstes vom hausgemachten Stress. Dieser liegt komplett in Ihrer Hand und lässt sich am ehesten abstellen.

- Reduzieren Sie den Disstress, den Sie nicht ändern können, durch besseres Zeitmanagement, Priorisierung und Ihre Entscheidung, auch mal »nein« zu sagen. Sie sind nicht für alles zuständig und müssen nicht immer perfekt sein. Organisieren Sie sich besser. Geben Sie Verantwortung ab.

- Hat sich zu viel Stress angehäuft, obwohl Sie bereits entsprechende Strategien eingesetzt haben, bauen Sie ihn schleunigst ab. Um nicht dauerhaft auf einem hohen Stressniveau zu leben, schaffen Sie sich Wohlfühlinseln, nehmen Sie sich Zeit für Müßiggang, Hobbys oder nutzen Sie die FUCK-YOUR-LUCK-Entspannungstechniken ab Seite 292.

- Lassen Sie sich vom Stress nicht stressen. Wenn Sie Ihr Selbstbild stärken, sich mögen, gut finden und eine positive Einstellung haben, können Sie Stress gelassen meistern.

FUCK YOUR LUCK: Sie sind Ihr ganz persönlicher Stress-Manager. Nutzen Sie den positiven Stress – und bauen Sie negativen ab.

14

Vom (Un-)Sinn des Lebens

Sind Sie wie viele Menschen darum bemüht, es immer allen recht zu machen? Dann möchten wir Ihnen jetzt eine kleine Geschichte erzählen:[8]

Es war einmal ein Vater mit seinem Sohn. Sie lebten am Rand der persischen Wüste in einem kleinen Dorf. Viel mehr als ihren Esel besaßen sie nicht. Eines Tages brachen sie in glühender Mittagshitze auf, um zum Markt im Nachbardorf zu gelangen. Der Vater setzte sich auf den Esel und sein Sohn führte das Tier. Sie kamen an einer Frau vorbei, die postwendend zeterte: »Was sind Sie bloß für ein Vater! Hocken bequem auf dem Esel, während sich der Junge mit seinen kurzen Beinen müde läuft!«

Schuldbewusst stieg der Vater ab und tauschte den Platz mit seinem Sohn, aber nur wenige Meter weiter ging das Geschrei schon wieder los: »Du fauler Bengel!«, schimpfte ein Mann. »Du bist doch wahrlich jung genug! Wieso lässt du deinen armen alten Vater laufen und sitzt selbst wie ein König auf dem Esel?« Der Junge schämte sich und bat seinen Vater, sich mit ihm auf den Esel zu setzen.

»So eine Tierquälerei!«, regte sich nun eine andere Frau auf. »Ihr Nichtsnutze! Ihr seid doch viel zu schwer für den armen Esel!«

Vater und Sohn seufzten, stiegen beide vom Esel und liefen neben ihm her. Plötzlich hörten sie lautes Gelächter: »Wie dumm seid denn ihr? Da habt ihr schon einen Esel und lauft nebenher!«

Vater und Sohn sahen sich fassungslos an. »Egal, was wir tun«, sagte der Vater, »es wird immer einen Menschen geben, der damit nicht einverstanden ist. Ab jetzt tun wir genau das, was wir selbst für richtig halten!«

Als Fuckyourluckler machen Sie es ab heute wie dieser Vater und sein Sohn: Sie tun genau das, was Sie selbst für richtig halten und was in *Ihren* Augen sinnvoll ist. Nur Sie können das bestimmen.

Wofür Sie sich entscheiden und was Sie für richtig oder falsch halten, hat mit Ihrem Wertesystem, Ihrer Erfahrungswelt, Ihrer Einstellung und dem Kulturkreis zu tun, in dem Sie leben. Verabschieden Sie sich von der Vorstellung, dass die Welt und die Wirklichkeit für alle Menschen gleich ist. Sie können objektiv nie »das Richtige« tun und es so allen recht machen. Realität liegt im Auge des Betrachters und jeder Blickwinkel ist anders: Für den einen ist ein Haus am Waldesrand eine Idylle, für den anderen eine grauenhafte Einöde. Ein Bettler kann als armer Mensch oder als »fauler« Hund wahrgenommen werden. Der Ballermann auf Mallorca kann das Urlaubs-Nonplusultra oder der absolute Albtraum sein. Das sind individuelle Wirklichkeiten.

Aber es gibt auch vieles, was mehrheitlich als richtig oder falsch, gut oder böse eingeschätzt wird. Das beruht auf gesellschaftlichen Regeln, Normen und Gesetzen. Das Gebot »Du sollst nicht töten« gilt für die Mehrheit der Menschheit, außer im Krieg. Schusswaffen sind in den USA frei verkäuflich und geben Menschen das Gefühl von Sicherheit. Waffen sind in Deutschland bis auf Ausnahmen verboten und werden als Bedrohung, als Gefahr erlebt. Zwangsehen sind bei uns undenkbar, in anderen Ländern und Kulturen Alltag. Abgesehen von kulturellen und gesellschaftlichen Gemeinsamkeiten oder Gegensätzen, lebt jeder der rund sieben Milliarden Menschen aber in einer von sieben Milliarden verschiedenen eigenen Welten, die immer aus zwei Wirklichkeiten bestehen:

Die erste Wirklichkeit ist die, die Ihnen Ihre Sinnesorgane als Endergebnis eines komplexen Prozesses Ihres zentralen Nervensystems vermitteln. Die Bilder, die Sie sehen, sind vom Auge aufgenommene Lichtreflexionen, die von Ihrem Gehirn in innere Bilder verwandelt werden.

Die zweite Wirklichkeit entsteht durch Ihre ureigene Interpretation Ihres inneren Bildes. Sie gleichen dieses Bild nämlich noch mit Ihrem Wertesystem ab und geben ihm dadurch Sinn und Bedeutung. Das sind aber nur Sinn und Bedeutung für Sie! Andere Menschen gleichen ihre Bilder mit ihrem eigenen Wertesystem ab. Also gibt es kein objektives Richtig oder Falsch.

In der Psychologie, Philosophie und Quantenphysik hat man längst akzeptiert, dass es keine objektive Wirklichkeit gibt. Akzeptieren Sie das auch. Das schützt Sie vor so manchem Konflikt, Ärger oder Missverständnis. Halten Sie sich immer vor Augen: Ihr Gegenüber lebt in einer anderen Welt und die ist vielleicht total anders als die Ihre. Das ist dann so, als ob der eine chinesisch und der andere französisch spricht. Wer das verinnerlicht, wird toleranter und gelassener. Akzeptieren Sie die Welten der anderen, zwingen Sie niemandem die Ihre auf, aber hinterfragen Sie Ihr Bild von der Welt immer wieder kritisch. Denn eines ist klar: Der Weg zu einem guten Miteinander liegt in der Schnittmenge der Welten. Bei Menschen, die sich auf Anhieb verstehen, ist diese Überschneidung groß – ihre Welten ähneln sich in wichtigen Aspekten. Ist die Schnittmenge zu klein, können Menschen sich gemeinsam eine neue Welt schaffen, deren Konstruktion für beide passt

FUCK YOUR LUCK: Sie allein entscheiden, was für Sie Sinn ergibt.

Was wollen Sie mit Ihrem Leben anfangen? Was ergibt für Sie Sinn? Worum geht es Ihnen wirklich? Statt einer Antwort kommt auf diese Frage meist ratloses Schulterzucken oder betroffenes Schweigen – die meisten Menschen haben das noch nie so präzise für sich formuliert. Tun Sie das jetzt! Nur, wenn Sie sich darauf programmieren, können Sie entsprechend handeln. Schauen Sie nochmals auf das Blatt, auf dem Sie die acht Lebensrollen aufgeschrieben haben, die für Sie in Ihrem Leben die wichtigsten sind (siehe ab Seite 21). Nehmen Sie einen Stift und vervollständigen Sie zu jeder Ihrer Lebensrollen den Satz: *Sinn meines Lebens ist es, ...*

Orientieren Sie sich dabei an *Ihren* Werten. Was ist Ihnen wichtig? Wofür stehen Sie ein? Ihre Werte sind Ihr persönliches Navigationssystem. Sie erleichtern Ihnen die Orientierung und geben Ihnen das gute Gefühl, richtig entschieden zu haben. Das bringt Kontinuität und Stabilität.

Wer auf Dauer gegen seine Werte lebt, gerät in Stress und wird krank. Das gilt nicht nur für Menschen, sondern auch für Systeme, etwa unsere Gesellschaft, die immer mehr Menschen als »gestresst« erleben. Denn die Rettung der Banken ist wichtiger geworden als der Dienst am Mensch wie in der Kranken- und Altenpflege, Kinderbetreuung oder auch ein menschlicher Umgang am Arbeitsplatz. Unser Werteverfall macht uns und unsere Gesellschaft krank. Deshalb besinnen sich immer mehr Menschen wieder auf die alten Werte: Sie initiieren generationsübergreifende Wohnprojekte, engagieren sich sozial oder gemeinnützig.

Werden Sie sich Ihrer Werte bewusst, damit Sie sich bei Entscheidungen und Handeln daran orientieren können. Dabei hilft Ihnen die folgende Übung.

FUCK-YOUR-LUCK-Robinson-Übung

Aufgabe 1: Die Inselfrage
Ihr Leben ändert sich: Sie müssen auf einer einsamen Insel leben. Sie dürfen zehn Gegenstände aus Ihrem früheren Leben mit auf die Insel nehmen, also keine Menschen oder Haustiere. Was nehmen Sie mit? Entscheiden Sie sich und schreiben Sie das auf.

Aufgabe 2: Wählen Sie Ihre Gefährten
Jetzt sind Sie seit zwei Monaten auf dieser einsamen Insel. Ein Schiff mit Überlebenden ist in der Nähe gestrandet. Sie kennen alle auf diesem Schiff und bekommen Gesellschaft. Wählen Sie fünf der Überlebenden aus, die Ihnen Gesellschaft leisten werden. Das können Partner, Freunde, Bekannte, Kollegen, Familie oder ein geliebtes Haustier sein. Wer darf zu Ihnen auf die Insel?

Nachdenken über Entscheidungen ...
Beantworten Sie sich folgende Fragen: Warum haben Sie sich in Aufgabe 1 für diese zehn Dinge entschieden? Warum haben Sie sich in Aufgabe 2 für diese fünf Personen entschieden? Schreiben Sie stichpunktartig die Gründe auf. Daraus leiten Sie Ihre unbewussten Werte ab. Das hört sich komplizierter an, als es ist. Haben Sie zum Beispiel Werkzeug oder Laptop auf die Insel mitgenommen, steht das für Arbeit und Leistung. Eine Waffe würde für Sicherheit stehen. Schokolade, Alkohol und Pfeife für Genuss. Gibt es Überschneidungen, fassen Sie das unter einem Wert zusammen.

Aufgabe 3:
Obwohl jetzt liebe Menschen bei Ihnen auf der Insel sind, möchten Sie nach Hause. Am Strand finden Sie eine Fla-

schenpost mit froher Botschaft: Sie dürfen die Insel verlassen, wenn Sie sich für zehn Werte auf einer Liste mit hundert Werten entscheiden. Diese zehn Werte müssen Sie bei Rückkehr in die Zivilisation konsequent leben. Für welche zehn Werte entscheiden Sie sich?

Werte-Liste:
Abenteuer, Abwechslung, Aktivität, allein sein können, Altruismus, Anerkennung, Ansehen, Anziehungskraft, Attraktivität, Aufrichtigkeit, Ausstrahlung, Authentizität, Begeisterung, Beharrlichkeit, Beliebtheit, Besitz und Eigentum, Bewunderung, Beziehungsfähigkeit, Charisma, Ehrgeiz, Ehrlichkeit, Erfolg, Erholung, Familie, Fitness (körperlich), Fortschritt (technischer), Freigiebigkeit, Freiheit, Freizeit, Freundschaft, Freundlichkeit, Geborgenheit, Gelassenheit, Geselligkeit, Geld, Genuss, Gerechtigkeit, Gesundheit, Glaubwürdigkeit, Glück, Harmonie, Häuslichkeit, Heiterkeit, Höflichkeit, Humor, Intellekt, innere Har-monie, Karriere, Kinder, Kreativität, Lebensfreude, Leistung, Lernen, Liebe, Lob, Macht, Mobilität, Naturverbundenheit, Nostalgie, Offenheit, Optimismus, Ordnung, Partnerschaft, Perfektionismus, Pflichtbewusstsein, Prestige & Statussymbole, Pünktlichkeit, Reichtum, Respekt, Romantik, Rückhalt, Ruhe, Ruhm und Ehre, Sexualität, Sicherheit, Sorgfalt, Sportlichkeit, Sympathie, Teamfähigkeit, Toleranz, Tradition, Treue, Überlegenheit, Umweltschutz, Unabhängigkeit, Unbekümmertheit, Ungebundenheit, Unternehmungslust, Veränderungsbereitschaft, Verantwortungsbewusstsein, Vergnügen, Vertrauen, persönliches Wachstum, Wertschätzung, materieller Wohlstand, Zielorientierung, Zufriedenheit, Zuverlässigkeit.

Sie haben sich für zehn Werte entschieden? Sehr gut. Das sind Ihre bewussten Werte, die zusammen mit den unbewussten Werten aus Aufgabe 1 und 2 die Richtung ergeben, in die Sie Ihr Leben steuern sollten. Daran können Sie sich orientieren.

FUCK YOUR LUCK: Richten Sie Ihr Leben nach Ihrem Wertesystem aus und leben Sie konsequent danach.

15

Der Balanceakt des Lebens

Wir möchten Ihnen Max vorstellen. Max ist ein Mustermann und steht exemplarisch für einen Menschen, dessen Leben aus der Balance geraten ist. Unser Max ist Anfang vierzig, in zweiter Ehe verheiratet und leitet erfolgreich eine Versicherungsagentur mit vier Mitarbeitern. Morgens trinkt er nur rasch seinen ersten Kaffee im Stehen, weil er als Erster in der Agentur sein will und dort auch frühstücken kann. In der Mittagspause berät er Kunden oder brieft seine Mitarbeiter. Max ist hilfsbereit, charmant und bei den Kunden beliebt. Abends verlässt Max immer als Letzter die Agentur. Meist nimmt er Arbeit mit nach Hause, studiert Akten oder beantwortet noch Mails, wenn seine Frau schon längst schläft – und das, obwohl sein Arzt ihm wegen Herzproblemen und Bluthochdruck nahegelegt hat, weniger zu arbeiten und sich Entspannungspausen zu gönnen. Seine Kinder aus erster Ehe sieht er leider auch viel zu selten. Aber woher soll er die Zeit nehmen? Er hat ja nicht mal Zeit, zu den Spielen seines Sportvereins zu gehen, obwohl er ihn sponsert. Kurz: Weder für seine Frau, noch für seine Kinder, Freunde oder für Hobbys bleibt Max Zeit.

Eines Tages wird er in die Geschäftsstelle beordert. Es gab mal wieder eine Umstrukturierung. Max hat schon viele davon erlebt. Auf dem Weg zum Chef glaubt er, dass seine Agentur wegen guter Zahlen davon profitieren würde. Aber als er aus dem Büro herauskommt, hat sich seine

Welt auf einen Schlag völlig verändert: Ausgerechnet seine Agentur ist der Umstrukturierungsmaßnahme zum Opfer gefallen! Er wird nicht mehr gebraucht, er ist arbeitslos. Jetzt hängt Max zu Hause herum. Er weiß nichts mit sich anzufangen, hat keine Interessen, Hobbys oder Freunde. Er fällt nicht nur seiner Frau auf die Nerven, er fällt auch in eine schwere Depression.

Abgesehen von den äußeren Rahmenbedingungen: Haben Sie und Max etwas gemeinsam? Ist einer Ihrer Lebensbereiche zu dominant und setzen Sie dafür schon lange überproportional viel Engagement, Kraft und Zeit ein? Dann ist Ihr Leben aus der Balance geraten und das ist gefährlich. Für Max waren Arbeit und Leistung sein Leben. Als das wegbrach, blieb nichts übrig, um das Loch, die Leere zu füllen. Vielen Menschen geht das auch so, sobald sie in Rente gehen, falls sie bis dahin zu ausschließlich für die Arbeit gelebt und andere Lebensbereiche darüber vernachlässigt haben.

Als Fuckyourluckler bringen Sie alle Lebensbereiche in ein harmonisches Gleichgewicht und betreiben aktives Lebensmanagement. Dabei sollten Sie keinen Bereich zu sehr gewichten, sonst ergeht es Ihnen wie Max. Berücksichtigen Sie immer die Vielfalt des Lebens! Überlassen Sie die Gewichtung Ihrer Lebensbereiche nicht den Umständen, dem Zufall – oder anderen Menschen. Sonst gerät Ihr Leben leicht in eine ungesunde Schieflage.

Den aktuellen Status Ihrer Lebensbalance können Sie mit dem **FUCK-YOUR-LUCK-Balanced-Power-Modell** ermitteln:

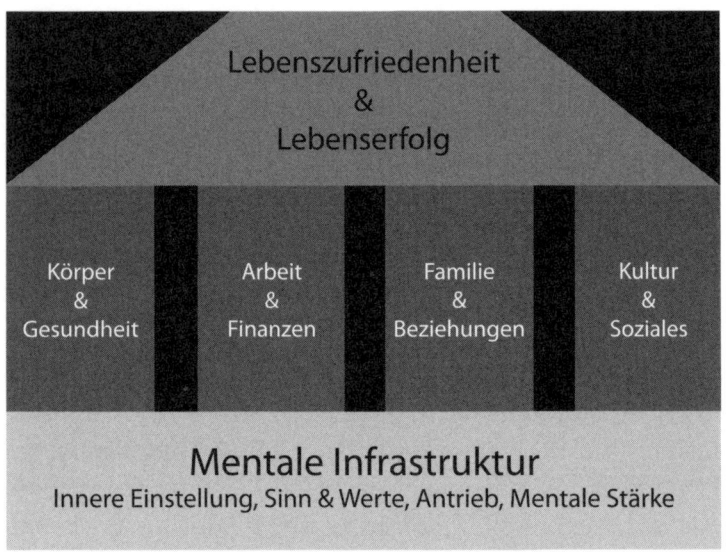

Das Modell zeigt, dass Ihr Leben von vier Säulen getragen wird. Sie stehen für die vier Lebensbereiche, die alles beinhalten, was Ihr Leben ausmacht. Das Fundament, auf dem die Säulen stehen, ist Ihre mentale Infrastruktur, die von Ihren Werten, Lebensrollen, Ihrer Einstellung und Ihren grundsätzlichen Motivationen bestimmt wird. Obwohl die Übergänge zwischen den vier Lebensbereichen oft fließend sind, müssen Sie die Bereiche jetzt strikt trennen, um Ihr persönliches Balanced-Power-Modell zu erstellen. Und das sind die vier Lebensbereiche:

- **Körper & Gesundheit:** Dazu gehören Sport, Urlaub, Erholung, Stressmanagement und Ernährung.

- **Arbeit & Leistung:** Darunter fällt Ihr Job, Ihre Motivation, Weiterbildung und Vermögensbildung.

- **Familie & Beziehungen:** Das ist Ihr soziales Umfeld: Partner, Kinder, Freunde und Kollegen gehören genauso dazu wie Vereine und Haustiere.

- **Kultur & Soziales:** Das können Konzerte, Theater, Film, Ausstellungen, Museen, Lesen, soziales Engagement, Spenden oder Ihr Ehrenamt sein.

Im Idealfall sollten die vier Lebenssäulen etwa gleich hoch sein – also gleich gewichtet. Logischerweise tragen sie dann das Dach am besten, das für Ihr Leben und Ihre Zufriedenheit steht. Sitzt das Dach dagegen gefährlich schief auf den Säulen Ihres Lebens, dann ist Ihr Leben aus der Balance geraten. Ein dauerhaftes, absolutes Gleichgewicht zwischen den vier Lebenssäulen ist illusorisch. Deshalb unsere **FUCK-YOUR-LUCK-Botschaft** an alle glücklichen Vielarbeiter: Ist Ihre Lebenssäule »Arbeit und Leistung« zu hoch, müssen Sie sich nicht radikal ausbremsen. Die **FUCK-YOUR-LUCK-Lebensbalance** ist immer individuell zu sehen und berücksichtigt Ihre Stärken und Vorlieben. Lieben Sie Ihre Arbeit, weil sie Ihnen Zufriedenheit und Selbstverwirklichung bringt, darf dieser Lebensbereich leicht dominieren. Beim Sportfreak nimmt dagegen wahrscheinlich der Bereich »Körper und Gesundheit« mehr Raum ein und beim Kultur-Fan steht »Kultur und Soziales« im Vordergrund.

Wenn im Job, in der Familie oder in anderen Lebensbereichen gerade eine große Herausforderung ansteht, ist ein temporäres Ungleichgewicht sogar gut: Konzentrieren Sie sich eine Zeit lang auf Ihre Aufgabe und fahren Sie andere Lebensbereiche zurück. Lassen Sie aber nicht zu, dass das zum Dauerzustand wird. Sie werden feststellen: An Ihr Extra-Engagement werden sich alle ganz schnell gewöhnen und ehe Sie sich versehen, wird das ganz selbstverständlich von Ihnen verlangt.

FUCK YOUR LUCK: Sie bestimmen, welcher Lebensbereich Ihnen wann wie wichtig ist!

Verfahren Sie mit Ihren Lebensbereichen wie mit einer erfolgreichen Fußballmannschaft: Stellen Sie jeden Bereich gut auf. Lassen Sie keinen links liegen. Achten Sie auf eine gute Balance zwischen Dingen, die Ihnen Energie und positive Gefühle schenken, und solchen, die sie Sie Kraft kosten. Je mehr Energizer und je weniger Kraftfresser, umso besser. Die **FUCK-YOUR-LUCK-to-do-Liste** hilft Ihnen, Ihr Leben gut auszubalancieren:

✓ Werden Sie sich über den Sinn Ihres Lebens, Ihre Rollen und Ihr Wertesystem klar. Wie können Sie die Säulen so gewichten, dass sie dazu passen?

✓ Bringen Sie die vier Lebensbereiche in eine gesunde Balance. Berücksichtigen Sie Ihre Ziele, Stärken und Vorlieben. Vernachlässigen Sie nie einen Bereich völlig.

✓ Achten Sie darauf, dass sich in jedem einzelnen Lebensbereich mehr Energiespender als Krafträuber befinden.

FUCK YOUR LUCK: Bringen Sie Ihr Leben in ein für Sie gutes Gleichgewicht.

16

Gesundheit ist wichtig, aber ...

Sie kennen bestimmt wenigstens einen Gesundheitsapostel, der nach strikten Regeln lebt, jeden neuen Ernährungstrend mitmacht und Ihnen schon beim Blick in die Speisekarte den Appetit verdirbt: »Wie? Du isst Pilze, Austern oder Wild? Weißt du denn nicht, wie belastet die sind und das sich all diese fiesen Gifte in deinem Körper ansammeln und dich töten werden?« Trinken Sie dazu noch ein Glas Wein oder rauchen gar eine Zigarette, fühlen Sie sich bald so schlecht, als würden Sie gleich morgen sterben. Der Mensch hat Ihnen den Genuss versaut!

Als Fuckyourluckler entscheiden Sie, wie Sie leben, essen und genießen wollen. Zum Thema Gesundheit wimmelt es nur so von Experten, Ratgebern und Marktschreiern. Oft werden Genussmittel generell verteufelt. Horrorbilder sollen Sie vom Zigarettenkauf abhalten. Sie werden entmündigt wie ein Kind, als könnten Sie nicht selbst entscheiden. Wenn Sie den Gesundheitsaposteln folgen, ist Ihr Leben ein einziger Kampf gegen den inneren Schweinehund und ständig lockende Genüsse. Gut geht es Ihnen dabei wahrscheinlich nicht. Sie verzichten und verzichten, werden übellaunig, lustlos und frustriert. Trotzdem kann Ihnen niemand Gesundheit garantieren. Lohnt sich die Qual? Vielleicht gibt es morgen wieder ganz andere Parolen – oder Sie werden von einem Auto überfahren? Handeln Sie deshalb nach dem **FUCK-YOUR-LUCK-**

Netto-Prinzip: Leben Sie körperliches und seelisches Wohlbefinden. Aufwand und Verzicht müssen für Sie im gesunden Verhältnis zum Erfolg stehen.

Finden Sie eine gute Balance zwischen Genuss und seinen Folgen. Ob die Zigarre zum Glas Rotwein an einem lauen Sommerabend, der Sahnekuchen bei einer Geburtstagsparty oder der Schweinsbraten mit Knödel – entscheiden Sie immer aufs Neue: Was bringt Ihnen der Genuss, was nimmt er Ihnen?
Entscheiden Sie sich bewusst für einen Genuss, lassen Sie sich nicht vom schlechten Gewissen oder Gesundheitsaposteln um den Genuss bringen. Denn wichtig ist, dass Sie zufrieden sind. Selbst Schulmediziner akzeptieren heute, dass das für Ihre Gesundheit oder Ihre Heilungschancen sehr wichtig ist. Pushen Sie Ihre Gesundheit durch positive Gedanken. Denken Sie sich ab heute gesund und nicht krank, denn Ängste, negative Gefühle und Vorahnungen wirken sich auch negativ auf Ihren Körper aus. Achten und pflegen Sie bewusst Ihre psychische Fitness! Hüten Sie sich vor:

✓ **Schwarz-Weiß-Denken**: Warum nicht den Mittelweg nehmen?

✓ **Katastrophen-Szenarien:** Eine Mücke ist kein Elefant. Warum sich unnötig frustrieren?

✓ **Generalisierung:** Einzelne Niederlagen machen Sie nicht automatisch zum Verlierer. Schluss mit negativen Generalisierungen.

✓ **Mentalem Abwerten:** Warum sich selbst schlechtdenken? Nehmen Sie Lob und Anerkennung an.

✓ **Selbsterfüllende Prophezeiung:** Mit negativer Einstellung kann ja alles nur schiefgehen!

✓ **Personalisierung:** Sachliche Kritik ist kein persönlicher Angriff. Lernen Sie, das zu trennen.

✓ **Muss-Denken:** Hören Sie auf zu glauben, dass Sie immer etwas tun *müssen*. Das setzt Sie und andere nur unter Druck, frustriert und macht krank.

Natürlich ist Gesundheit wichtig. Und es liegt auch ein Stück weit in Ihrer Verantwortung, ob Sie gesund sind oder krank. Sie haben vielfältige Möglichkeiten, Ihre Gesundheit positiv zu beeinflussen, auch ohne zum Asketen zu werden. Sicher kennen Sie das Sprichwort: »Nur in einem gesunden Körper wohnt ein gesunder Geist«. Der Fuckyourluckler kehrt dieses Sprichwort um: »Ein gesunder Geist macht auch einen gesunden Körper.« Studien bestätigen das, indem sie zeigen, wie eng körperliche Gesundheit und Psyche zusammenhängen.[9]

Der FUCK-YOUR-LUCK-Gesundheitsmanager

Nutzen Sie die folgenden Ideen – für Ihre Gesundheit.

• Geben Sie Ihre Eigenverantwortung nicht in andere Hände und auch nicht an der Tür zur Arztpraxis ab.

• Seien Sie weder ein Asket noch ein Selbstzerstörungs-Junkie. Genießen Sie maßvoll, aber bewusst.

• Leben Sie das FUCK-YOUR-LUCK-Netto-Prinzip: Wenn Sie einmal über die Stränge schlagen, gleichen Sie das mit drei »gesunden« Tagen aus.

- Betreiben Sie das FUCK-YOUR-LUCK-Stressmanagement: Positiver Stress ist Antrieb. Negativer Stress ist für kurze Zeit akzeptabel, weil Sie sich dafür einen Ausgleich suchen.

- Umschiffen Sie Denkfallen. Nutzen Sie die Macht Ihrer inneren Einstellung, um Ihre Gesundheit zu fördern.

FUCK YOUR LUCK: *Viel für Ihre Gesundheit zu tun bedeutet nicht, auf die Genüsse des Lebens zu verzichten.*

17

Smarte statt harte Arbeit

Müssen Sie ein problematisches Telefonat führen oder neue Kunden akquirieren, gilt eine simple Regel: Bloß nie montags anrufen! Die Gefahr, auf schlecht gelaunte Zeitgenossen zu treffen, angeblafft oder abgefertigt zu werden, ist überproportional groß. Der allerbeste Tag dafür ist der Donnerstag. Durch die Vorfreude aufs Wochenende sind die meisten Menschen schon gut gelaunt, konzilianter und offen, aber noch nicht auf dem Sprung, so wie am Freitag dann oft.

Schaut man in die Zahlen des Statistischen Bundesamts,[10] arbeiten Menschen in Deutschland heute durchschnittlich rund 1393 Stunden pro Jahr, manche natürlich noch viel mehr. Wer 45 Jahre arbeitet, verbringt also mindestens 62.685 Stunden seines Lebens im Job. Umso tragischer ist es, dass die Hälfte aller Deutschen mit ihrer Arbeit unzufrieden ist und ein Viertel bereits innerlich gekündigt hat. Das sind 62.685 Stunden Lebenszeit, die frustrieren und damit verschwendet sind, weil hart statt smart gearbeitet wird.

Egal, ob Sie Ihre Arbeit einfach nur als Job, als notwendige Maloche für Ihre Existenzsicherung sehen oder ob die Arbeit ein wichtiger Bestandteil Ihres Lebens ist, weil Sie Karriere machen wollen oder mit Ihrem Job eine Berufung leben – Arbeit ist ein großer Teil Ihres Lebens, den Sie auf keinen Fall verschwenden, aber natürlich auch nicht überbewerten sollten.

FUCK YOUR LUCK: Was Ihre Arbeit für Sie bedeutet, entscheidet nicht die Arbeit, sondern Sie!

Gehören Sie zu den Menschen, die mit ihrem Job unzufrieden sind? Quälen Sie sich zur Arbeit, weil Sie sie als sinnlos und freudlos empfinden? Hassen Sie Montage? Fragen Sie sich: Liegt das am Job, dem Arbeitgeber, Ihren Arbeitsbedingungen – oder an Ihnen? Je nachdem, wie Ihre Antwort dazu ausfällt, haben Sie drei Lösungsmöglichkeiten: Sie können den Job wechseln, den Arbeitgeber oder Ihrem Job durch **Job-Crafting** einen neuen Sinn geben.

Job-Crafting

Falls Sie Chef oder Teamleiter und zufrieden mit Ihrem Job sind, sollten Sie hier trotzdem weiterlesen, weil Job-Crafting motivationsarme Mitarbeiter zufrieden und engagierter macht. Der Begriff Job-Crafting kommt aus dem Amerikanischen und ist relativ neu. Die dahinterstehenden Prinzipien sind jedoch den meisten von uns bekannt:

- **Geben Sie Ihrer Arbeit einen Sinn:** Nur dann können Sie sich mit ihr identifizieren, nur dann macht sie Spaß. Suchen Sie nach »Sinn-Schätzen«! Zählt die Reinigungskraft im Krankhaus nicht nur die noch zu wischenden Zimmer und Flur, sondern sieht ihren Job als wichtigen Beitrag zur Krankenhaushygiene, hat er sofort einen anderen Wert. Rückt für einen Versicherungsagenten die menschliche Unterstützung seiner Klienten in den Fokus, wird sein Job befriedigend. Unterstützen Sie als Chef Ihre Mitarbeiter bei der Sinnsuche!

- **Gestalten Sie Ihre Arbeit aktiv:** Nutzen Sie Spielräume in Ihrem Job. Nehmen Sie mehr geliebte Aufgaben an und versuchen Sie, ungeliebte loszuwerden. Seien Sie kreativ: Verändern Sie so weit es geht eingefahrene Arbeitsabläufe positiv. Das Job-Korsett zu lockern und Arbeit an die Stärken der Mitarbeiter anzupassen ist das Modell der Zukunft.

- **Machen Sie Arbeit menschlich:** Ob die Empfangsmitarbeiterin im Krankenhaus Patienten aufmuntert, der IT-Mitarbeiter Kollegen aus anderen Abteilungen bei Computerproblemen hilft, die Metzgereifachverkäuferin Kunden engagiert berät oder der Chef ein offenes Ohr für seine Mitarbeiter hat – das Prinzip ist das gleiche: Kommunikation, Interesse an neuen sozialen Kontakten und Hilfsbereitschaft machen zufriedener. Damit tun Sie sich und anderen etwas Gutes.

Haben Sie Lust auf ein Gedankenspiel?

Stellen Sie sich vor, Ihr Job sei zu vergeben und Sie müssten die Stellenausschreibung dazu verfassen. Sie soll alle Facetten Ihrer Tätigkeit genau darstellen, aber so attraktiv, dass Ihr Job heiß begehrt werden würde. Sie wundern sich und fragen sich, was das soll? Ganz einfach: So sind Sie »gezwungen«, Ihre Arbeit in einem positiven Licht zu sehen, nach allen Vorzügen zu suchen, Ihren Job neu zu bewerten, und damit verändern Sie schon ein Stück weit Ihren eigenen Blick auf Ihre Arbeit!

Haben Sie Ihre Stellenanzeige verfasst, nutzen Sie sie zur Eigenmotivation. Ihr Job muss deshalb nicht gleich zum Glücksbringer oder Allheilmittel werden, das wäre auch unrealistisch: Wahrlich nicht jeder Job eignet sich zur Selbstverwirklichung. Und nicht jeder Mensch möchte sich in seiner Arbeit verwirklichen. Es ist völlig okay, »nur«

einen Job zur Existenzsicherung zu haben. Sie müssen nicht nach Karriere, Entscheidungsspielräumen oder Führungsverantwortung streben. Manchen Arbeitnehmern sind klare Aufgaben und klare Kompetenzen lieber. Gehören Sie dazu? Dann lassen Sie sich nicht in eine Rolle drängen, die Ihnen Magenschmerzen bereitet. Es ist Ihr Leben und nicht das der anderen! Finden Sie Selbstverwirklichung nicht im Job, finden Sie sie als Fuckyourluckler bei Hobbys, in der Familie, beim Sport oder sozialem Engagement.

FUCK YOUR LUCK: Opfern Sie Ihr Privatleben nicht auf dem Altar der Managerkarriere!

Gehören Sie zu den Menschen, die sich auf den Montag freuen? Glückwunsch! Sie lieben Ihre Arbeit. Das ist wunderbar, solange Sie kein Workaholic sind, sich nur über Ihre Arbeit definieren und alle anderen Lebensbereiche darüber vergessen. Arbeit zum alleinigen Lebensinhalt zu erklären hätte fatale Folgen. Auch Sie könnten Ihren Job verlieren! Spätestens im Ruhestand ist es so weit. Für jobfixierte Menschen bricht dann plötzlich alles weg, was ihnen wichtig war.

Als Fuckyourluckler lassen Sie es nicht so weit kommen. Wehren Sie sich nicht gegen das Diktat des Feierabends! Genießen Sie arbeitsfreie Zeit auf Wohlfühlinseln, beim Müßiggang, mit Ihrer Familie und mit Freunden. Seien Sie neugierig. Es gibt so viel mehr als Ihren Job, was Ihr Leben bereichern kann. Alle Lebensbereiche sollten in einem gesunden Gleichgewicht zueinander stehen, aber in unserer digitalen Welt vermischen sich Arbeit und Privates immer mehr: Smartphone & Co. verlängern die Arbeitszeit von sogenannten Smartworkern um bis zu zwei Stunden täglich. Rund 88 Prozent der Top-Manager würden gern weniger arbeiten, aber sie tun es nicht. Warum?

Niemand zwingt Sie, Ihrem Arbeitgeber rund um die Uhr zur Verfügung zu stehen. Das tun Sie vielleicht, weil es so üblich geworden ist. Oder weil Sie Leistungsbereitschaft signalisieren wollen? Aber nur, weil Sie Feierabend machen, wird er Sie sicher nicht feuern. Nutzen Sie flexible Arbeitszeiten durch Smartphone, Computer & Co. für Ihren eigenen Freiraum. Aber achten Sie darauf, dass Sie deshalb nicht mehr und nicht länger arbeiten. Sie müssen nicht alle E-Mails, Telefonnachrichten und jede SMS sofort beantworten. Gönnen Sie sich und Ihrem Smartphone den wohlverdienten Feierabend!
Machen Sie den **FUCK-YOUR-LUCK-Check** – arbeiten Sie schon smart statt hart?

✓ Fragen Sie sich: Was können Sie gut, was begeistert Sie? Welche Tätigkeit entspricht Ihren Stärken, Talenten und Neigungen? Seien Sie ehrlich. Akzeptieren Sie Ihre Schwächen und Grenzen.

✓ Finden Sie einen Arbeitgeber, der sich Menschlichkeit und Mitarbeiter-Förderung auf die Fahne geschrieben hat. Mit flexiblen Arbeitszeitmodellen und mobiler Arbeitsorganisation können Sie Privatleben und familiäre Belange besser mit Ihrem Job vereinbaren.

✓ Zeigen Sie Eigeninitiative, Engagement und Lernbereitschaft. Nutzen Sie Gestaltungsspielräume und betreiben Sie Job-Crafting. Vermeiden Sie Überforderung und Stress.

✓ Profitieren Sie durch Networking von den Kompetenzen anderer. Halten Sie persönlichen Kontakt zu Ihrem Team. Fordern Sie Unterstützung von Vorgesetzten und Kollegen ein.

✓ Nehmen Sie nicht alles hin! Wehren Sie sich gegen unrealistische Zielvorgaben. Hinterfragen Sie unklare Anweisungen, deren Sinn sich Ihnen nicht erschließt.

✓ Machen Sie Feierabend! Auch mit flexibler Arbeitszeit sind Sie nicht ständig erreichbar. Setzen Sie sich strikte Office- und Urlaubszeiten. Überstunden bleiben für Sie die Ausnahme.

✓ Tanken Sie immer wieder auf, damit Sie nicht ausbrennen. Genießen Sie Freizeit mit Ihrem Partner, Kindern oder auch allein. Mit Ihrem Hobby oder einfach auch mit Nichtstun.

FUCK YOUR LUCK: Arbeiten Sie nicht mehr oder länger, sondern smarter. Arbeit ist Teil Ihres Lebens, aber nicht Ihr Leben!

18

Raus aus der Perfektionismus-Falle!

Sind Sie Perfektionist und stolz darauf? Das können Sie auch sein, wenn es sich um gesunden Ehrgeiz handelt, der Sie antreibt und Ihnen gute Gefühle schenkt. Wollen Sie aber *immer* der oder die Beste sein, haben Sie ein Problem oder werden es bekommen. Gehen Sie jetzt bitte geistig ins Kino. Setzen Sie sich in den Sessel und schauen Sie sich diesen Film an:
Er beginnt mit einem süßen kleinen Kind. Das Kind strahlt, hat stolz die Schultüte im Arm und dann sagen die Eltern: »Ab jetzt beginnt der Ernst des Lebens. Du musst gute Noten nach Hause bringen. Streng dich an!«

Das Kind will Mama und Papa nicht enttäuschen. Es freut sich, schon bald mit guten Noten nach Hause zu kommen, aber die sind für die Eltern nicht gut genug. Die Eltern sagen: »Ohne diesen blöden Fehler da hättest du eine Eins geschrieben!«

Nachts weint das Kind über seine »schlechte« Note und strengt sich noch mehr an. Das tut es auch in der Freizeit, beim Musizieren, Malen oder Sport.

Das Kind wird erwachsen. Es hat einen ausgezeichneten Studienabschluss hingelegt und einen guten Job bekommen. Trotzdem quälen es Selbstzweifel, Stress und Druck. Alles, sogar das unwichtigste Detail, muss perfekt sein. Nichts ist gut genug! Alles könnte noch besser sein. Deswegen stresst es als Erwachsener rum. Das macht diesen Menschen unbeliebt, unsympathisch und nachts weint das erwachsene

Kind vor Verzweiflung – wie damals. Ein paar Jahre später wird das ehemals so süße Mädchen oder der smarte kleine Junge mit Depressionen, Zwangsvorstellungen, Burn-out oder Bulimie in eine psychosomatische Klinik eingeliefert. Filmende.

Wenn Sie selbst Eltern sind, tun Sie das Ihren Kindern nicht an! Würdigen Sie auch kleine Erfolge! Schenken Sie Ihren Kindern gute Gefühle, denn die sind die größte Motivation. Bestärken Sie Ihre Kinder, ohne sie zu Perfektionisten zu machen, denn diesen Balanceakt braucht es, damit sie später selbstbewusste, gesund ehrgeizige Erwachsene sein werden.

Wurden Sie selbst erzogen wie das Kind in unserem Film, wissen Sie jetzt, warum Sie Perfektionist geworden sind. Aber es geht nicht um Schuldzuweisungen. Sondern darum, etwas in kleinen Schritten zu ändern.

Besser sein zu wollen als andere ist völlig okay, solange es Ihnen nach dem **FUCK-YOUR-LUCK-Netto-Prinzip** überwiegend gute Gefühle, Bestätigung, Motivation und Spaß schenkt. Wenn Sie aber Erfolge nicht genießen und nie abschalten können, sich wie getrieben fühlen und unter Selbstzweifeln, Unzufriedenheit, Gereiztheit, Stimmungsschwankungen und negativem Stress leiden, dann sagen Sie: *Stopp*. Sonst macht Sie der Perfektionismus früher oder später krank.

Wer in einer seelischen Zwangsjacke steckt, verliert Souveränität und Entscheidungsfreude – und auch die Sympathie anderer Menschen. Ungeschminkt gesagt: Mit überzogenem Perfektionismus-Wahn gehen Sie anderen auf den Geist! Und fühlen sich dadurch missverstanden, sind enttäuscht, flüchten sich in noch mehr Perfektionismus ... ein Teufelskreis der Unzufriedenheit.

Machen Sie deshalb jetzt den **FUCK-YOUR-LUCK-Perfektionismus-Check:**

✓ **Verbissenheit & Detailversessenheit:** Sie verrennen sich in unwichtige Details, die für den Gesamterfolg nebensächlich sind. Sie schließen nie wirklich mit etwas ab, sind mit einem Ergebnis nie zu hundert Prozent zufrieden.

✓ **Zu hohe Erwartungshaltung:** Sie pushen sich mit überzogenen Zielen. Sie erwarten von sich und anderen perfekte, fehlerlose Leistung. Fehler sind wie eine Demütigung. Das setzt Sie permanent unter Druck, macht Sie unsicher und zum Kontrollfreak.

✓ **Schwarz-Weiß-Denken:** Für Sie gibt es nur richtig oder falsch. Sie beharren zu lange darauf, dass Ihr Weg der richtige ist.

✓ **Sie erreichen nie Ihr Ziel:** Denn bevor Sie es erreichen, stecken Sie es noch höher, um noch perfekter zu sein. Werden Sie gelobt, zweifeln Sie daran, dass es ernst gemeint ist. Setzen Sie sich ab heute *smarte* Ziele.

✓ **Problem Selbstvertrauen:** Sie leiden unter Versagensängsten. Weil Kritik für Sie der blanke Horror ist, kommt sie auch nie konstruktiv bei Ihnen an. Bei Erfolgen zweifeln Sie, ob sie wirklich auf Ihr Konto gehen.

✓ **Entscheidungsunfähigkeit:** Aus Angst vor Fehlentscheidungen entscheiden Sie lieber nichts. Fehler sind Ihre großen Niederlagen. Deshalb sind Sie zögerlich, sichern sich mit vielen Infos ab, bis andere für Sie entscheiden.

✓ **Selbstüberschätzung:** Niemand kann die Aufgaben so gut erledigen wie Sie? Natürlich gibt es andere, die das können! Vielleicht sogar besser! Arbeiten Sie an Ihrem Selbstbild.

FUCK YOUR LUCK: Professionalität statt Perfektionismus.

Haben Sie sich in mindestens einem Punkt wiedererkannt? Dann sind Sie gefährdet, in die Perfektionismus-Falle zu tappen. Seien Sie als Fuckyourluckler professionell und kompetent. Seien Sie bereit, alles zu geben und Höchstleistungen zu bringen, wenn es darauf ankommt. Sie sind so souverän zu entscheiden, wann es klug ist, punktuell Gas zu geben, und wann Sie das Gaspedal wieder loslassen und auf Autopilot umstellen können. Machen Sie nur das ganz besonders gut, was notwendig und Ihnen wichtig ist.

Wenn Sie zum Perfektionismus neigen, dann besitzen Sie die perfekte Grundausstattung, um Aufgaben zu meistern und Ihre Ziele zu erreichen. Aber Sie sollten lockerer werden! Achten Sie darauf, ob nach dem **FUCK-YOUR-LUCK-Netto-Prinzip** der erhoffte Erfolg tatsächlich den Aufwand und Einsatz rechtfertigt.

Auf absoluten Perfektionismus kommt es nur in wenigen Berufen an. Vertrauen Sie also auf sich und Ihre Fähigkeiten. Das macht Sie gelassener und nimmt Ihnen Druck. Nutzen Sie dafür die **FUCK-YOUR-LUCK-Methode:**

Die FUCK-YOUR-LUCK-Methode für mehr Gelassenheit

- **Die rote Ampel:** Sobald Sie denken: »Ich muss perfekt sein, das wird erwartet, sonst werde ich scheitern, andere enttäuschen ...« schalten Sie mental auf *Rot*. Lächeln Sie und sagen Sie sich: »Ich bin nicht perfekt, die anderen auch nicht, aber ich gebe mein Bestes.« Das ist ein guter Gedanke, um auf *Grün* zu schalten und neu zu starten.

- **Lesen Sie Biografien** erfolgreicher Menschen oder Zeitzeugen. Sie stehen auch zu ihren Schwächen. Akzeptieren Sie Ihre einfach. Das befreit. Mehr Leichtigkeit macht Sie viel sympathischer.

- **Das Wesentliche:** Mit rund zwanzig Prozent Ihrer Anstrengung erreichen Sie, nach x-fach bestätigtem Pareto-Prinzip, circa achtzig Prozent Ihres Erfolgs. Um ihn auf hundert Prozent zu steigern, müssten Sie sich richtig abrackern. Rentiert sich das wirklich? Oder treibt Sie nur mal wieder Ihr Perfektionismus?

- **Der Optimal-Punkt:** Es geht immer noch besser – aber irgendwann ist »gut« auch gut genug! Auch dieses Buch würde sonst nie fertig werden. Setzen Sie sich selbst einen Schlusspunkt. Sonst vergeuden Sie Energie, die Sie anders besser verwenden könnten.

- **Überzogene Erwartungshaltung:** Niemand verlangt noch mehr von Ihnen. Nur Sie selbst!

- **Fehler sind menschlich:** Stehen Sie zu Ihren und seien Sie offen, daraus zu lernen.

FUCK YOUR LUCK: »*Nur*« *gut zu sein, genügt ganz oft. Nutzen Sie die gewonnene Zeit für das, was Ihnen sonst noch wichtig ist.*

19

Jeder braucht eine Insel

Zwar ist das nicht im Grundgesetz verankert, aber Sie haben das Recht auf Ihre Insel. Und damit ist kein kleines Eiland mit weißem Strand und Hängematte gemeint, sondern Ihre persönliche Wohlfühlinsel zum Auftanken, Entspannen und für jede Menge gute Gefühle. Im Alltag wird Ihre Inselzeit zwar überschaubar bleiben. Aber selbst, wenn Sie täglich nur dreißig Minuten auf Ihrer Insel verweilen, ist das der Break, den Sie brauchen, um runterzukommen und zu sich selbst zu finden.
Eine solche Insel könnte Ihr Hobbyraum sein, in den Sie sich zum Werkeln zurückziehen. Oder die Yoga-Stunde. Vielleicht machen Sie Ihr Sofa zur Insel, lesen dort entspannt oder lassen sich gedanklich von Ihrer Musik davontragen. Inselfeeling kommt bei Hobbys auf: einem Lieblingssport und natürlich im Urlaub. Reisen senkt Ihr Herzinfarkt-Risiko um dreißig Prozent. Ob Sie sich bei einem langen Urlaub besser erholen als auf mehreren kurzen Reisen, das ist individuell verschieden. Was Experten raten, ist Ihnen als Fuckyourluckler egal. Probieren Sie aus, was am besten für Sie passt, wie Sie sich gut erholen.
Wichtig ist nur: Gehen Sie regelmäßig auf *Ihre* Wohlfühlinsel. Das schenkt Ihnen Glücksmomente, gibt neue Power und macht Spaß. Ihr Konto plündern müssen Sie dafür nicht. Wellness für die Seele kann auch eine Fahrradtour, ein Wanderwochenende oder Camping am See sein.

FUCK YOUR LUCK: Schaffen Sie sich Ihre Inseln. Das Wo und Wie entscheiden Sie!

Opfern Sie Ihre Inseln nicht dem Erfolg, dem Ehrgeiz, der Karriere – streichen Sie sie nicht aus Ihrem Terminkalender. Reden Sie sich nicht ein, es gäbe Wichtigeres, und hören Sie dabei auch nicht auf andere. Für Ihren Partner, Freunde oder den Chef mag das so stimmen. Aber nicht für Sie, denn ohne Ihre Inseln lauert die Burn-out-Falle auf Sie.

Fuckyourluckler verzichten deshalb nur in Ausnahmesituationen auf ihre Inselaufenthalte und holen sie in dem Fall dann auch baldmöglichst nach. Schießen Ihnen Gedanken wie »Dafür habe ich heute keine Zeit« durch den Kopf, schalten Sie Ihre mentale Ampel sofort auf *Rot* und dann mit dem Gedanken »Ich will meine Insel, weil sie mir gut tut, Kraft gibt und mich entspannt« wieder auf *Grün*.

> ### Barbara erzählt: Meine Wohlfühlinseln früher und heute
>
> Wenn ich mich an meine Kindheit erinnere, sehe ich mich manchmal als kleines Mädchen, ganz entrückt, unter dem großen Tisch im Kinderzimmer mit Kuscheltieren, Puppen oder fiktiven Gestalten spielen. Da war ich wie unsichtbar, weil die lange Tischdecke mich von der Außenwelt abschirmte. Damals war das für mich mein Reich, zu dem nur ich Zutritt hatte. Dahin zog ich mich zurück, um allein mit meinen Gedanken und meiner Fantasie zu sein. Schon als Fünfjährige brauchte ich das.
> Heute hocke ich nicht mehr unterm Tisch, aber ich brauche meine persönlichen Inseln auch in der besten Beziehung, um aufzutanken. Eine Insel kann für mich einfach nur die

Zeit mit mir alleine auf meinem Sofa sein oder ein Spaziergang durch den Englischen Garten oder das Auspowern beim Sport. Brauche ich längere Inselaufenthalte, gehe ich zum Tauchen, weil das für mich wie Meditation ist. Ich habe aber auch Inseln, auf die ich mich zurückziehe, wenn ich mich vom Alltag abschirmen will, um zu schreiben. Das sind meine Arbeits-Wohlfühlinseln und alle meine Inseln habe ich immer konsequent gegen Angriffe von außen verteidigt, denn ich entscheide, was für mich wichtig ist.

FUCK YOUR LUCK: Verankern Sie Ihre Wohlfühlinseln fest in Ihrem Leben und verteidigen Sie sie gegen Angriffe von außen!

20

Müßiggang ist aller Freude Anfang

Stefan erzählt: Mein Leben zwischen den Extremen

Seit ich als Kind »Robinson Crusoe« gelesen hatte, war ich der Südsee verfallen. Sie ist bis heute mein Paradies zum Auftanken, Entdecken und Inspirieren. Früher lebte ich manchmal wochenlang in einfachen Hütten an traumhaften Stränden und nur in Gesellschaft einiger lächelnder Einheimischer. Unzählige Male habe ich einfach nur so dagesessen, meine Gedanken schweifen lassen und übers Meer geschaut, bis die Sonne darin versank. Vielleicht fragen Sie sich jetzt, wie passt das zusammen: Da macht dieser Mann extreme Touren, Ultraläufe und geht bis an die Grenzen des menschlichen Leistungsvermögens und dann verschwindet er wochenlang in der Südsee, um den lieben Gott einen guten Mann sein zu lassen?
Als Fuckyourluckler lebe und brauche ich den Kontrast. Auf Phasen des Gasgebens folgend Phasen des Müßiggangs. Das ist für mich auch der Nährboden für neue Projekte. Die Idee für FUCK YOUR LUCK ist auf Vanuatu entstanden. Inspiriert von der tiefen Zufriedenheit und Fröhlichkeit eines noch ursprünglich lebenden Eingeborenenstammes habe ich mich nach meiner Rückkehr auf die Suche nach dem Geheimnis der inneren Zufriedenheit in unserer westlichen Welt gemacht.

Um Müßiggang zu praktizieren, müssen Sie nicht in die Südsee fliegen. Genießen Sie einfach mal die Stille der Natur, schlafen Sie sich aus, träumen Sie vor sich hin. Schon der Anblick grüner Wiesen ist erholsam, entspannt und füllt Ihren Kraftspeicher wieder auf. Das ist kein sinnloses Abhängen, verlorene Zeit, sondern wichtig für Ihr Gehirn, um all den Input zu verarbeiten, der täglich auf Sie einstürmt. Je mehr Reize das Gehirn verarbeiten muss, umso schwerer fällt es Ihnen irgendwann, sich zu konzentrieren, leistungsfähig oder kreativ zu sein. Sie sind einfach ausgepowert von der Arbeit, dem Lärm, der Unruhe und Hektik.

Als Fuckyourlucker schalten Sie den Stress immer wieder ab. Hören Sie auf, ständig im Beschleunigungsgang zu leben, Meister im Multitasking zu werden und darauf auch noch stolz zu sein. Genießen Sie das Nichtstun bewusst! Das befreit Ihr Gehirn von Ballast. Sind Sie den Gedankenmüll erst einmal los, haben Sie wunderbare neue Kapazitäten für produktives Denken geschaffen. Auch in vermeintlichen Ruhephasen kann Ihr Gehirn hochaktiv sein, weil es dann »spazieren« geht und dabei frische Verbindungen zwischen den Nervenzellen knüpft. Die geben Ihnen neue Infos, Geistesblitze und frische Konzentration. Das müssen Sie pflegen. Sie pflegen ja auch Ihren Körper. Wieso also nicht auch Ihren Geist?

Tadelt Ihr schlechtes Gewissen Sie, weil Sie sich ausklinken, abhängen und nichts tun, schalten Sie Ihre mentale Ampel auf *Rot*. Sie lassen sich jetzt nicht mehr vom Zeitgeist manipulieren, von der Idee, Sie müssten ständig erreichbar, überall präsent sein und immer perfekt funktionieren. Als Fuckyourluckler sind Sie klüger. Sie geben sich und Ihrem Gehirn die wichtige Ruhe zur Regeneration. Schalten Sie dann Fernseher, Musik, Computer und Handy aus. Lernen Sie wieder, die Stille zu genießen.

FUCK YOUR LUCK: Regenerieren Sie Ihr Gehirn durch Müßiggang!

Früher war Müßiggang ein Privileg des Adels. Jetzt ist es Ihr Privileg. Integrieren Sie Müßiggang in Ihr Leben, genießen Sie ihn und entspannen Sie mit gutem Gewissen. Lassen Sie den Dingen ihren Lauf. Die Welt dreht sich weiter, auch wenn Sie sich mal ausklinken, aber so kommen Sie wieder in Kontakt mich sich selbst und finden Ihre seelische Balance. Das ist befreiend, macht unabhängig vom Trubel und schafft Kapazitäten für das Wesentliche. Der bekannte Benediktinerpater Anselm Grün hat einmal gesagt, das es etwas Heilendes und Befreiendes habe, sich der Muße hinzugeben, weil das Sich-selbst-aushalten-Können die Voraussetzung für jeden geistigen Fortschritt und menschliche Reife sei.«

Integrieren Sie den Müßiggang ab heute in Ihren Alltag und beherzigen Sie die folgenden Ideen dabei:

- Sie haben nicht nur ein Recht, sondern sogar die Pflicht zum Müßiggang. Müßiggang ist Ihr Ausgleich zu den Phasen, in denen Sie Gas geben. Gehen Sie immer wieder ganz bewusst »mental offline«. Sie müssen nicht ständig beschäftigt sein und dafür gelobt werden. Das ist eine Flucht vor sich selbst. Lernen Sie, sich auszuhalten.

- Sie sind der Boss – und nicht Ihr Smartphone. Schalten Sie den Terroristen regelmäßig aus. Andere werden sich daran gewöhnen, dass Sie nach der Arbeit, am Wochenende und im Urlaub keine Mails checken und nicht immer erreichbar sind.

- Nutzen Sie Nichtstun als Quelle zur Inspiration. Um kreativ und konzentriert zu sein, brauchen Sie Reizreduktion.

- Schaffen Sie Alltag und Job nur noch lustlos, verordnen Sie sich sofort einen längeren Müßiggang, auch wenn Sie das Gefühl haben, mit allem sowieso schon hinterherzuhängen. Danach können Sie mit neuer Power wieder durchstarten oder Ihr Gehirn schickt Ihnen neue Ideen, was Sie wie in Ihrem Leben ändern könnten.

FUCK YOUR LUCK: Leben und verteidigen Sie Ihren Müßiggang!

21

Geduldige Menschen haben mehr vom Leben

»Als Gott die Welt erschuf, hat er von Eile nichts gesagt«, lautet ein Sprichwort. In Eile und deshalb ungeduldig zu sein ist aber typisch in unserer beschleunigten Zeit. Alles soll immer noch viel schneller passieren: Genmanipulation soll die Ernte forcieren, Tiere sollen durch Mästen früher zum Schlachter kommen, Glasfaserkabel sollen noch rasanter die riesigen Datenmengen transportieren, immer neue Wellnessanwendungen zu noch rascherer Entspannung führen, Zeitmanagement uns schneller mehr leisten lassen ... Wir alle leiden unter chronischem Zeitmangel, weil die Zeit uns aufzufressen scheint, wie Chronos seine Kinder in der griechischen Sage. Ungeduldig stehen wir im Stau oder immer in der falschen Schlange an der Kasse. Ungeduldig warten wir auf Erfolg – oder die nächste Liebe. Wir hetzen noch schnell zum Einkaufen, Sport oder zu Freunden, checken noch schnell die Mails, Facebook & Co. oder ruhen uns schnell aus – wirklich nur ein paar Minuten. Ist Ihnen vor lauter schnell, schnell auch fast schwindelig geworden? Haben Sie sich wiedererkannt?

Wir haben verlernt zu warten! Wir wollen alles, und zwar sofort, und hassen es, uns in Geduld zu üben. Als Fuckyourluckler lernen Sie das wieder. Das ist kein Aufruf zur Antriebslosigkeit oder zum phlegmatischen Verharren, sondern ein Aufruf, im Leben alles als Prozess zu betrachten, als eine Abfolge von Ereignissen, die ihre Zeit brauchen, weil es für alles einen optimalen Zeitpunkt gibt.

In der griechischen Mythologie war dafür Kairos, der Gott des rechten Augenblicks zuständig, aber der ist heute unmodern geworden. Leider. Denn wenn man ständig gehetzt und in Eile ist, kommt einem die nötige Ruhe und Aufmerksamkeit abhanden, um Gelegenheiten zu erkennen und beim Schopf zu packen. Bleiben Sie geduldig! Ob in der Liebe, im Job oder ganz allgemein im Leben: Wie ein guter Wein muss manches nach eigenen Gesetzen reifen. Sonst wächst die Gefahr von Fehlentwicklungen und Misserfolg.

Ungeduldige Menschen haben Angst, dass sich nicht alles in ihrem Sinne entwickelt. Sie mutieren zu Meistern im Anhäufen von Problemen: Nichts geht ihnen schnell genug. Die anderen sind ihnen zu langsam, sofort wird gedrängelt und gestresst. Das erhöht das Fehlerpotential. Ungeduld ist nur so lange produktiv, wie sie eine treibende positive Kraft ist, um visionäre Ziele zu erreichen. Vermiest Ungeduld Ihnen aber die Stimmung, macht Sie nervös und reizbar, dann sollten Sie Ihre mentale Ampel sofort auf *Rot* schalten und sich zur Raison bringen. Denken Sie an eine Katze. Die jagt auch nicht stundenlang einer Maus hinterher, sondern wartet aufmerksam den richtigen Zeitpunkt ab, um dann mit einem Tatzenhieb ihr Ziel zu erreichen. Machen Sie es wie die Katze: Üben Sie sich in Geduld. Das macht Sie souverän, gelassen – und deshalb erfolgreich.

Treiben Sie Wichtiges mit Engagement voran, aber geben Sie allem die nötige Zeit zur Reife. Dafür sollten Sie das Folgende lernen:

- Abwarten können! Weder Ihre Wünsche noch die Belohnung für Einsatz, Arbeit und Engagement müssen sich sofort erfüllen. Vertrauen Sie darauf, dass die Zeit für Sie läuft und sich Dinge in Ihrem Sinne entwickeln. Das schafft neue Energie und schützt Sie vor Stress.

- Lassen Sie sich von Misserfolg und Schicksalsschlägen nicht entmutigen. Ihre Parole lautet: Dranbleiben und weitermachen!

- Üben Sie sich in Gelassenheit! Vermeiden Sie Hektik und Nervosität. Akzeptieren Sie, dass nicht alles im Leben optimal verläuft. Wenn etwas nicht klappt, war vielleicht einfach noch nicht der richtige Zeitpunkt dafür da.

- Nutzen Sie unfreiwillige Wartepausen für Müßiggang und Entspannung.

Falls Sie von Natur aus ein ungeduldiger Mensch sind, ist das alles leichter gesagt als getan. Da Sie aber auch kein Opfer Ihrer Gene sind (siehe ab Seite 27), können Sie an Ihrer Haltung arbeiten und erlernen so mehr Geduld, um sich und anderen nicht zu schaden. Machen Sie dafür am besten eine Bestandsaufnahme: Wann neigen Sie zur hektischen Ungeduld? Was macht das mit Ihnen und den Menschen in Ihrem Umfeld? Packt Sie die Ungeduld, nutzen Sie die **FUCK-YOUR-LUCK-Geduldsstrategien.**

FUCK-YOUR-LUCK-Geduldsstrategien

1. Werden Sie ungeduldig, schalten Sie Ihre mentale Ampel auf *Rot*. Machen Sie sich die Situation und Ihre Emotionen bewusst. Zwingen Sie sich, Ungeduld auszuhalten.

2. Steht Ihre mentale Ampel auf *Rot*, können Sie auch die Position eines distanzierten Betrachters einnehmen, der

sagt: »Das bringt doch nichts! Was soll diese Ungeduld?« Schalten Sie mit geduldigen Gedanken wieder auf *Grün*.

3. Ändern Sie Ihre Sichtweise. Freuen Sie sich immer wieder über das, was Sie schon erreicht haben, anstatt gehetzt auf das große Ziel zu blicken. Feiern Sie Teilerfolge.

4. Fokussieren Sie sich auf Geduld. Stellen Sie sich das Lächeln Ihrer Mitarbeiter oder Ihre Entspannung vor, wenn Sie geduldiger sind.

5. Es gibt keine verplemperte Zeit, wenn Sie diese für sich nutzen. Wenn Sie zum Beispiel im Stau stehen, können Sie Ihre Lieblingsmusik bewusst genießen.

6. Gewöhnen Sie sich eine realistische Zeitplanung mit Puffer an. Dann gibt es keinen Grund für Hektik und Ungeduld.

7. Ärgern Sie sich nie über Unabänderliches! Hat Ihr Flug Verspätung, freuen Sie sich, dass er nicht gecancelt wurde. Lesen Sie einfach ganz entspannt Zeitung oder telefonieren Sie mit Freunden, die Sie längst mal wieder anrufen wollten.

FUCK YOUR LUCK: Mit Geduld und Gelassenheit gehen Sie entspannter und erfolgreicher durchs Leben!

22

Wie Geld doch glücklich macht

Stefan erzählt: Macht Geld doch glücklich?

Kürzlich war mein bester Freund zu Besuch. Er ist Finanzbeamter, verheiratet, hat zwei Kinder ... Wir plauderten über Gott und die Welt. Natürlich erzählte ich ihm auch von FUCK YOUR LUCK und wir sprachen über eine der wichtigsten Thesen der Glücksforschung: Geld und Materielles machen nicht glücklich! Angeblich liegt das daran, dass die Freude am Reichtum nur kurz anhält. Mein Freund schaute irritiert, schwieg erst und rückte schließlich mit der Sprache raus: Er konnte diese These nicht bestätigen. Als Beispiel führte er sein BMW-Cabrio an. Obwohl er es bereits seit ein paar Jahren besitzt, schenkt es ihm und seiner Frau heute sogar noch mehr Spaß und viele Glücksgefühle, wann immer sie damit durch die Landschaft fahren.

Bei mir hatte er damit ins Schwarze getroffen, weil sich das mit meinen Erfahrungen deckt. Durchs Studium, viele Rucksackreisen und Zeiten ohne finanzielles Polster weiß ich zwar, dass ein gutes Leben und Zufriedenheit nicht von Geld abhängen. Aber Geld im Rücken zu haben, sich auch mal ein materielles Highlight gönnen zu können ist noch viel besser. Wenn man es schätzt. Was für meinen Freund Kurt sein Wochenendflitzer ist, ist für mich mein Konzertflügel. Spiele ich darauf, macht mich das als begeisterter Musiker immer noch so stolz und glücklich wie am Tag sei-

> ner Anschaffung. Jeden Tag freue ich mich an meinem weitgehend selbstgebauten Haus und an vielen anderen kleinen Dingen des Alltags.

Geld allein macht tatsächlich nicht automatisch glücklich. Das zeigt auch ein Blick auf die Reichen dieser Welt, die nicht zwangsläufig glücklicher durchs Leben jetten, wie man in der Klatschpresse nachlesen kann. Geld und materielle Güter können nie innere Leere füllen oder dem Leben einen Sinn geben. Geld kann nie Liebe, tiefe Zuneigung, gute Freunde oder Gesundheit ersetzen. Aber Geld macht vieles im Leben leichter, verschafft Freiheiten, Vorteile – und Sie können Dinge tun, die für Sie und andere nützlich sind. Wer das herunterspielt, hat noch nie unter wirklicher Geldnot gelitten! Wohlstand erzeugt Wohlbefinden und das erhöht die Chance auf Zufriedenheit.

Aber nicht der große »Geldsack« ist ursächlich für Glück und Zufriedenheit verantwortlich, sondern Ihr Verhalten, das daraus resultiert. Entscheidend ist, wie Sie das Geld verwenden. Als Boss in Ihrem Leben ist es Ihre Aufgabe, dafür zu sorgen, dass Geld Sie glücklich macht. Die **FUCK-YOUR-LUCK-Strategie** hilft Ihnen dabei.

FUCK-YOUR-LUCK-Strategien zur materiellen Freiheit

- Konsumieren Sie, aber kontrolliert. Begrenzen Sie materielle Anschaffungen auf das für Sie Nötigste. Ignorieren Sie Trends ohne Nutzen. Gönnen Sie sich bei jeder größeren Kaufentscheidung eine Wartezeit. Oft vergeht die Lust zu kaufen dann von allein.

- Genügsamkeit ist der Gegenpol zum Geld. Nur wer auch genügsam ist, kann Luxus und materielle Dinge als Highlight wertschätzen. So erhalten Sie sich bewusst die kindliche Freude daran. Sonst wird alles zur öden Gewohnheit.

- Eignen Sie sich eine wertschätzende Betrachtungsweise an. Nichts ist selbstverständlich, auch nicht, dass das Wasser aus dem Hahn und der Strom aus der Steckdose kommt.
- Seien Sie großzügig! Helfen Sie anderen, denen es schlechter geht. Das können Sie in Ihrem direkten Umfeld oder durch Spenden tun. Wenn Sie Freude verschenken, verschafft Ihnen das gute Gefühle.
- Legen Sie Geld klug für Ihre Vorsorge an. Die Aussicht auf finanzielle Sicherheit im Alter lässt viele Zukunftssorgen verschwinden.

FUCK YOUR LUCK: Verdienen Sie ruhig so viel Geld wie möglich. Verlieren Sie aber nie das richtige Maß und helfen Sie anderen.

23

Morgen ist heute schon gestern

Als der Dalai Lama einmal gefragt wurde, wann der schönste Moment seines Lebens war, lächelte er weise und sagte »jetzt«. Und *jetzt*, nachdem Sie gerade diesen Satz gelesen haben, ist dieser Moment schon vergangen.

Die Vergangenheit können Sie nicht ändern, auch wenn Sie sich das noch so sehr wünschen und alles dafür opfern würden. Es nützt nichts! Vorbei ist vorbei. Schauen Sie auf das Maßband. Das Stück, das Sie bereits abgeschnitten haben, ist unwiderruflich weg – die Vergangenheit ist vorbei. Aber Sie haben es in der Hand, Ihre Gegenwart und Zukunft so zu gestalten, dass Sie später zufrieden auf Ihr Leben zurückblicken können. Alles, was Sie heute tun, hat direkte Auswirkungen auf morgen. Und ist es dann morgen, ist gestern Ihre jüngste Vergangenheit, die Sie heute gestalten können. Als Fuckyourluckler …

- … hören Sie auf, mit der Vergangenheit zu hadern. Haken Sie ab, was in Ihrem Leben schiefgelaufen ist, all die alten Verletzungen und verpassten Chancen. Das frustriert nur und macht krank.

- … glorifizieren Sie die Vergangenheit nicht. Sonst leben Sie in Erinnerungen und verpassen das Heute.

- … hoffen Sie nicht auf eine bessere Zukunft und hören Sie auf, ständig daran zu denken. Verschwenden Sie nicht das Hier und Jetzt durch Vorbereitungen auf die Zukunft. Sie wollen doch nicht zu den Menschen gehören, die ihr Leben auf morgen verschieben, aber morgen vielleicht tot umfallen.

- ... haben Sie keine Angst vor der Zukunft. Streichen Sie Ängste wie: Werde ich mal Krebs bekommen? Werde ich meinen Job behalten? Wird meine Rente im Alter reichen? Wird mein Partner mich noch lieben, wenn ich nicht mehr so attraktiv bin? Negative Gedanken sind wie Gift – und außerdem völlig sinnlos.

- ... nutzen Sie die Gegenwart, um Zukunftsängste aufzulösen: Heute haben Sie es in der Hand, sich gesund zu ernähren, Sport zu treiben und viel für Ihre Gesundheit und Zufriedenheit zu tun. Heute können Sie sich weiterbilden, um top im Job zu bleiben. Heute können Sie fürs Alter vorsorgen. Heute können Sie Ihrer Beziehung neuen Schwung geben, damit Ihr Partner Sie morgen nicht verlässt.

FUCK YOUR LUCK: Fokussieren Sie sich auf die Gegenwart. So bekommen Sie auch Zukunftsängste in den Griff.

Lassen Sie jetzt Ihr letztes nettes Beisammensein mit Freunden Revue passieren. Haben Sie viel von früher geredet? Klar, es macht ja auch Spaß, sich zu erinnern! In Nostalgie zu schwelgen schafft positive Gefühle, hilft kurzfristig, dem Heute zu entfliehen. Wahrscheinlich haben Sie auch darüber geredet, was früher alles besser war oder noch auf Ihrer Seele lastet. Aber wie oft haben Sie tatsächlich über *das Heute* gesprochen? Wahrscheinlich selten, wie die meisten Menschen. Ab heute legen Sie den Fokus stärker auf die Gegenwart, um all die Chancen zu nutzen, Ihre zukünftige Vergangenheit selbst zu gestalten. Am besten mit den **FUCK-YOUR-LUCK-Gegenwartsstrategien**.

Die FUCK-YOUR-LUCK-Gegenwartsstrategien

1. So wenig Vergangenheitsdenken wie möglich, so viel Zukunftsdenken wie nötig. Lassen Sie Grübeln, Hadern und Sorgen hinter sich. Schließen Sie Negatives mit Ihrer Lernerfahrung daraus ab. Beschäftigen Sie sich nur mit der Vergangenheit, wenn Ihnen positive Erinnerungen und alte Erfolge für die Gegenwart nützen. Planen Sie Ihre Zukunft nur so weit, dass Sie heute wissen, was Sie heute zu tun haben, um morgen Ihre Ziele zu erreichen.

2. Schluss mit Multitasking! Beenden Sie erst das eine, bevor Sie Neues beginnen. Genießen Sie zuerst Ihr Essen und schalten Sie danach den Fernseher an. Kommen Sie aus einem Meeting und wartet bereits ein Kunde auf Sie, schließen Sie das Meeting gedanklich ab. Der Kunde hat das Recht, dass Sie mit Ihrer Aufmerksamkeit voll bei ihm und bei der Sache sind.

3. Betreiben Sie Psycho-Hygiene! Die fängt morgens beim Blick in den Spiegel an. Kleben Sie sich ein Post-it an den Spiegel oder stecken Sie sich den Spruch in einen Bilderrahmen: »Heute ist der erste Tag vom Rest meines Lebens. Ich genieße diesen Tag. Es wird ein guter Tag.« Sie haben es in der Hand, wie Ihr heutiger Tag verlaufen und welche Bedeutung er in Ihrem Leben haben wird.

4. Trainieren Sie Ihren Geist. Sagen Sie sich im Geiste immer, was Sie gerade tun. So fokussieren Sie sich auf Ihre Tätigkeit. Das lenkt Ihre Konzentration voll auf Ihre Aufgabe.

5. **Entschleunigen Sie Ihr Leben.** Sätze wie »Ich mach jetzt noch schnell dieses oder noch schnell jenes.« sind passé. Um das zu trainieren, machen Sie die »Zeitlupen-Übung«: Machen Sie täglich alles eine halbe Stunde nur im halben Tempo. Wenn Sie sich ertappen, etwas wieder viel zu schnell zu tun, drosseln Sie sofort Ihr Tempo. Gehen Sie also zum Beispiel bewusst ganz langsam, anstatt durch die Gegend zu hetzen.

6. **Bringen Sie sich in Flow!** Das völlige Versinken in einer Aufgabe ist der Idealzustand. So ein Flow kommt wie ein mächtiger Fluss aus Ihrem Innersten und erzeugt gute Gefühle. Bei kreativen Tätigkeiten, Ausdauersport oder gutem Sex kommt der Flow wie automatisch. Aber selbst Hausputz können Sie zum Flow-Erlebnis machen.

Barbara erzählt: Vom Putzen und vom Schreiben

Bin ich nicht im Schreib-Flow, sondern hocke frustriert vor dem Computer, weil meine Gedanken abschweifen und die Kreativität nur tröpfelt, putze ich Fenster. Das ist so herrlich mechanisch, entspannend und fast meditativ. Total fokussiert auf diese eintönige Bewegung, den Geruch des Putzmittels, putze ich mich in einen Rausch. Ich schalte total ab und freue mich so lange über jedes saubere Fenster, bis mir ein kreativer Gedankenblitz durch den Kopf schießt und ich mich wieder an meinen Laptop setze, um nach dem Putz-Flow wieder in den Schreib-Flow abzudriften. Mit Bügeln funktioniert das leider bei mir nicht, weil ich Bügeln hasse. Aber da habe ich gelernt, auch gnädig mit mir selbst zu sein. Niemand schafft es, immer und für alles einen Flow zu erzeugen. Bei manchen Dingen hilft halt nur: Augen zu und durch!

Die FUCK-YOUR-LUCK-Flow-Strategie

Um in einen absolut konzentrierten Zustand zu kommen, mit dem Sie völlig im Hier und Jetzt bleiben, helfen Ihnen die folgenden Tipps:

- Setzen Sie sich ein Ziel für Ihre Aufgabe und einen Zeitrahmen.

- Durch die Aufgabe sollten Sie ein direktes Feedback bekommen. Das heißt, Sie müssen den Fortschritt sehen, fühlen, hören oder riechen können.

- Konzentrieren Sie sich ausschließlich auf das, was Sie tun. Schalten Sie bewusst alle anderen Gedanken ab.

- Wagen Sie sich an Herausforderungen oder entwickeln Sie neue Varianten, um Ihre Aufgabe zu meistern. Seien Sie kreativ.

FUCK YOUR LUCK: Widmen Sie sich dem Hier und Jetzt. Hadern Sie nicht mit Ihrer Vergangenheit und glorifizieren Sie sie nicht. Gestalten Sie Ihre Zukunft!

24

Freunde verlängern das Leben

Sicher kennen Sie Zeitgenossen, die andere wahllos als Freunde titulieren, obwohl es maximal gute Bekannte sind. Oder ertappen Sie sich selbst dabei? Wie viele echte Freunde haben Sie und wie viele auf Facebook & Co., die Ihnen Zeit vertreiben, sie Ihnen in Wahrheit aber klauen, wenn Sie sich durch all die frisch geposteten Neuigkeiten und Nachrichten klicken, um Ihre Kommentare zu hinterlassen? Diese Freundesflut füttert in Wahrheit nur die Illusion, eingebettet in einer Gemeinschaft zu sein.

Heute erscheint es gesellschaftlich opportun, möglichst viele Freunde zu haben, weil das als Beweis gilt, gemocht, gefragt und beliebt zu sein. Solche »Freundschaften« sind Statussymbole, Nahrung fürs Selbstwertgefühl, und deshalb artet es immer öfter zur Sucht aus, sein Leben mit hunderten oder tausenden Freunden zu überschwemmen, die man nicht mal kennt. Trotzdem fühlt man sich einsam, sobald man ausgeloggt ist. Denn im wahren Leben ist niemand da, der den Kühlschrank füllt, wenn man mit Grippe im Bett liegt. Keiner, der abends mit in die Kneipe geht oder zuhört, wenn man ein offenes Ohr braucht. Echte Freundschaften lassen sich weder virtuell noch nebenbei führen, auch wenn Sie ab und an das Gefühl haben, diese Bekannten gut zu kennen, nur weil Sie des Öfteren mit ihnen chatten, mailen, simsen oder sich auf einem Event mit Bussi zum Smalltalk begrüßen. Schuld an diesem Trugschluss ist Ihr Gehirn. Wertfrei speichert es die Häufigkeit der Kontakte ab und signalisiert »vertraut«, wenn Sie wieder online kommunizieren oder flüchtige Bekannte treffen.

Wir wollen soziale Netzwerke nicht verteufeln, aber lassen Sie virtuelle Gemeinschaften oder Partybekanntschaften das sein, was sie sind: Informationsbörsen, Networking-Plattformen, oberflächliche Bekanntschaften. Echte Freundschaften basieren auf emotionaler Harmonie, Vertrauen, Offenheit und Hilfsbereitschaft. Freunde sind füreinander da, interessieren sich wahrhaftig füreinander und nehmen an Ihrem Leben teil. Freundschaften sind Schätze, die Sie pflegen müssen.

Als Fuckyourluckler gehört das zu Ihrem Vorsorgeprogramm für ein gesundes Leben. Mit intaktem Freundes- und Bekanntenkreis sinkt Ihr Sterberisiko um rund fünfzig Prozent. Wahre Freunde sind ebenso wichtig wie gesunde Ernährung und Sport. Also Hand aufs Herz: Wie viele echte Freunde haben Sie wirklich?

FUCK YOUR LUCK: Wählen Sie Ihre Freunde sorgfältig aus. Statten Sie jeden Freund mit einem Freundschaftsbudget aus und überprüfen Sie es immer wieder.

Freundschaften sind keine Ego-Nummer und Freunde keine emotionale Tankstelle, die man auf einer Warteposition versauern lässt, wenn sie gerade nicht gebraucht werden. Freunde sind nicht dafür da, einsame Zeiten zu überbrücken, bis der nächste Partner um die Ecke kommt. Freundschaften sind nie zum Nulltarif zu haben. Sie müssen Zeit, Gefühle und Arbeit investieren. Das ist das Freundschaftsbudget, das Sie verschenken, individuell zuteilen und schließlich auch entziehen sollten, wenn die Balance nicht stimmt. Checken Sie, ob Ihre Freunde die Bezeichnung Freund verdienen. Blicken Sie selbst in den Spiegel. Wie groß war und ist Ihre Bereitschaft, in Freundschaften zu investieren?

Die 10 FUCK-YOUR-LUCK-Gebote der Freundschaft: Wahre Freunde ...

1. ... tragen gleichermaßen dazu bei, den Kontakt zu pflegen und Zeit in die Freundschaft zu investieren.

2. ... unternehmen etwas miteinander.

3. ... sind in schlechten Zeiten füreinander da, unterstützen einander emotional oder bieten dem anderen aktive Hilfe an.

4. ... respektieren den Partner, die Freunde und Freiräume des anderen.

5. ... schützen sich gegenseitig vor Kritik von außen.

6. ... offenbaren einander ihre persönlichen Gefühle und Gedanken.

7. ... teilen Neuigkeiten miteinander und holen Rat voneinander ein.

8. ... vertrauen sich Persönliches an und haben Vertrauen zueinander.

9. ... zeigen dem anderen, wie wichtig er ist.

10. ... unterlassen verletzende Kommentare, selbst wenn sie als Scherz verpackt sind.

Wie viele Freunde sind nach Ihrem Freundschafts-Check übrig geblieben? Haben Sie eigene Defizite erkannt? Glückwunsch, wenn Sie auf zwei bis drei beste Freunde kommen, die mit Ihnen auf einer Wellenlänge schwingen. Auf die Sie sich blind verlassen können und die Sie in Krisen unterstützen. Kommen noch zwei bis drei ganz gute Freunde hinzu, die *fast* alle Freundschafts-Kriterien erfüllen, können Sie sich entspannt zurücklehnen. Dann sind Sie reich beschenkt und haben viel für Ihre Freundschaftspflege getan.

Bei Freundschaften geht es um Qualität, nicht um Quantität. Deswegen müssen Sie aber nicht all die Menschen, die durch das FUCK-YOUR-LUCK-Freundschafts-Raster gefallen sind, völlig aus Ihrem Leben streichen. Nur lassen Sie sie da, wo ihr Platz ist: Auf der Bank für geschätzte, liebe Bekannte oder Nachbarn. Auch sie bereichern Ihr Leben, die Beziehungen zu ihnen sind aber pflegeleicht, zeitsparend und brauchen weniger Engagement und Zuwendung. Halten Sie nicht an alten Freundschaften fest, obwohl im Laufe der Jahre die gemeinsame Basis geschrumpft ist. Das erspart Enttäuschungen und sinnlos vertane Zeit. Investieren Sie gesparte Zeit in Ihre besten Freunde oder in den Partner.

Auch beste Freundschaften sind nicht vor Krisen oder Missverständnissen gefeit. Beleidigt oder verletzt zu reagieren ist jedoch kontraproduktiv. Seien Sie mutig: Freundschaften basieren auf Offenheit. Echte Freunde können nicht nur klare Worte vertragen, klare Worte sind sogar wichtig, weil das Totschweigen oder Verdrängen von Konflikten sonst ganz leicht zum Tod der Freundschaft führt. Deshalb nutzen Sie im Ernstfall das **FUCK-YOUR-LUCK-Krisenmanagement.**

Das FUCK-YOUR-LUCK-Krisenmanagement

- Reden Sie offen, hören Sie zu und nehmen Sie Kritik ernst. Sie sind Freunde und keine Feinde. Auch beste Freunde sind nicht immer einer Meinung. Akzeptieren Sie, dass andere Menschen anders sind. Jeder hat seine Grenzen und Verletzlichkeiten.

- Gehen Sie aufeinander zu. Setzen Sie Kritik um.

- Große Konflikte brauchen große Gesten. Überraschen Sie dann Ihren Freund oder Ihre Freundin mit einer Versöhnungsaktion. Ob Konzertbesuch, Wandertrip oder Wellnesswochenende – es geht um gemeinsame Zeit, Verzeihen und das Signal, dass Ihnen die Freundschaft wichtig ist.

FUCK YOUR LUCK: Umgeben Sie sich mit lieben Menschen. Pflegen Sie Bindungen, aber machen Sie Ihr Glück nie davon abhängig.

25

Erlernen Sie die Kunst des Alleinseins

Lieben Sie es, allein zu sein? Oder hängt die Angst davor wie eine rabenschwarze Gewitterwolke an Ihrem Gedankenhimmel? Für viele ist schon die Vorstellung bedrohlich, weil sie es nie gelernt haben, allein zu sein. Als Kind sprangen Eltern und Geschwister um Sie herum, dann die Clique, Klassenkameraden und später Freund oder Freundin. Sie sind in die eigene Wohnung gezogen, vielleicht in eine fremde Stadt. Freundschaften gingen verloren, die Liebe auch – und plötzlich starren Sie mutterseelenallein die eigenen vier Wände an. Sie wissen nichts mit sich anzufangen, tigern herum, fühlen sich ungeliebt und einsam. Geht oder ging es Ihnen schon mal so?

Natürlich sind Partner, Freunde und Familie eine Bereicherung fürs Leben. Wer sich aber zwanghaft mit irgendwelchen Menschen umgeben und ablenken muss, flieht vor sich selbst. Können Sie nicht allein sein, dann machen Sie Ihre Zufriedenheit von anderen abhängig – und werden früher oder später Probleme bekommen. Dann verharren Sie in einer unglücklichen Beziehung oder entscheiden sich vorschnell für einen Partner, missbrauchen ihn als Notnagel, weil er Ihr Retter aus der Einsamkeit ist. Das ist zum Scheitern verurteilt. So verplempern Sie Zeit und programmieren zukünftige Enttäuschungen, die Sie sich ersparen könnten, würden Sie die Kunst des Alleinseins beherrschen und die Zeit für sich und Ihre persönliche Entwicklung nutzen.

> **Barbara erzählt: Über die Einsamkeit**
>
> Kürzlich sagte ein Freund nach gerade gescheiterter Ehe zu mir, dass er unbedingt ganz bald wieder mit jemandem zusammenleben will. Ich war irritiert: »Mit jemandem? Das hört sich so wahllos an, als würde es dir in erster Linie darum gehen, nicht allein zu sein?« Zwar wollte er das so nicht ganz stehen lassen, aber er erklärte, dass er sich richtig schlecht fühle, wenn nicht den ganzen Tag Menschen um ihn herum wuselten, und schon die Vorstellung, nach dem Arbeitstag in eine leere Wohnung zu kommen, würde ihn bedrücken. Kurzum, er könne nicht so leben wie ich und auch nicht verstehen, warum ich freiwillig so leben und das sogar genießen würde!

FUCK YOUR LUCK: Nutzen Sie das Alleinsein für die Verwirklichung anderer Lebensziele.

Die Kunst des Alleinseins ist eine Kernkompetenz. Auch wenn Sie heute in einer glücklichen Beziehung leben, werden Sie sie brauchen. Das Leben wird Sie in Situationen zwingen, die Sie allein meistern müssen. Das kann ein beruflicher Wechsel in die Fremde, der Tod eines geliebten Menschen oder die Trennung von einem Partner sein. Über einen Verlust zeitlich begrenzt zu trauern ist legitim. Wenn Sie sich aber darin verlieren, programmieren Sie sich negativ und katapultieren sich in eine Abwärtsspirale. Sie wollen doch keine hundert Punkte im Leiden gewinnen!

Ist die Zweisamkeit vorbei, akzeptieren Sie das als Teil Ihrer Vergangenheit. Das gehört zu dem Stück vom Maßband Ihres Lebens, das unwiderruflich abgeschnitten

> **Barbara erzählt: Zeit allein als Chance**
>
> Ich bin seit vier Jahren Single, auch wenn ich mir das früher nie hätte vorstellen können, weil ich immer in langjährigen Beziehungen gelebt habe. Heute glaube ich, dass ich mich damals manchmal vorschnell für eine neue Liebe entschieden habe, weil ich nicht allein sein wollte und es für mich einfach dazugehörte, zu zweit zu sein. Deshalb habe ich nicht genau hingesehen, ob der Mann, der in dem Paket drin war, für mich tatsächlich der Richtige ist. Heute tue ich das. Ich schaue sehr genau hin, weil eine Beziehung für mich nur wie ein schönes Geschenk ist, aber nicht mein Leben ausmacht. Das hat mir viel emotionalen Stress und Fehlentscheidungen erspart. Ich genieße jeden Tag auch allein, konzentriere mich auf meinen Beruf, mich, und auch mal auf eine prickelnde Affäre, ohne mich gleich in Illusionen zu verstricken. Klar gibt es Sehnsuchtsmomente nach dem Mann, mit dem ich mein Leben teilen kann. Aber ich weiß ja, er wird kommen!

und nicht mehr zu ändern ist. Je schneller Sie diese Tatsache annehmen, umso besser für Sie. Sind Sie unfreiwillig Single, hören Sie auf zu jammern, sich als Opfer zu fühlen, sich in Selbstmitleid zu suhlen oder verzweifelt nach einem Retter zu suchen: Retten Sie sich selbst! Schluss mit »ja, aber«! Akzeptieren Sie, dass im Leben nicht alles so läuft, wie Sie es sich wünschen. Wäre es so, würden Sie nie dieses berauschende Gefühl erleben, nach einem Tal der Tränen wieder oben auf dem Gipfel zu stehen und zu lachen.

Als Fuckyourluckler blicken Sie nicht zurück. Sie schauen nach vorn. Nehmen Sie Ihr Maßband zur Hand. Das ist die Zeit, die noch vor Ihnen liegt. Gestalten Sie Ihre Gegenwart und damit auch Ihre Zukunft. Ändern Sie Ihre Einstellung zum Alleinsein. Allein zu sein bedeutet nicht, einsam zu sein! Das ist nur negatives Kopf-Kino und gespeist von Angst vor dem Ungewissen, Neuen und vor der Auseinandersetzung mit sich selbst. Weinen Sie nicht Beziehungen hinterher und glorifizieren Sie sie nicht. Eine Partnerschaft bringt nicht automatisch das große Glück. Ebenso wenig wird das

---

Stefan erzählt: Der Tod meines Vaters

Als mein kerngesunder Vater mit siebzig unerwartet starb, wusste ich, dass ich allein mit seinem Tod klarkommen musste. All die Beileidsbekundungen waren mir ein Horror. Kurz nach der Beerdigung bin ich nach Alaska geflogen und vier Wochen allein die Pazifik-Küste entlanggepaddelt. Dort, wo das Meer auf Gletscher, Berge und atemberaubende Fauna trifft, habe ich gespürt, dass Leben und Sterben Bestandteil der Natur sind. Ich kämpfte gegen Regen, Stürme und die Strömung an, litt auch körperlich, und das war wie mein Kampf gegen die Trauer. Selbst der mir liebste Mensch hätte nur gestört. Eines Abends, ich hatte gerade mein Zelt in einer einsamen Bucht aufgebaut und wollte etwas kochen, da tauchte ein riesiger Grizzlybär aus dem Dickicht auf und lief schnurstracks auf mein Lager zu. Mit gemischten Gefühlen und um innere Ruhe bemüht griff ich nach Kochtopf und Deckel und schlug sie gegeneinander, um den Bären durch Lärm zu vertreiben. Aber der Bär stand nur da, blickte mich an, drehte sich dann um und trottete weg. Die intensive Erfahrung, auch die Endlichkeit meines eigenen Lebens zu spüren, hat mich über Vaters Tod hinweggebracht.

Single-Leben Sie automatisch unglücklich machen. Es ist Ihre Entscheidung, ob Sie sich allein einsam fühlen! Als Fuckyourluckler sehen Sie das Alleinsein als Geschenk und gestalten es gewinnbringend. Fangen Sie heute damit an! Als Fuckyourluckler sehen Sie das Alleinsein als neue Erfahrung, Lernchance und zeitlich begrenztes Abenteuer. Es wird Sie unabhängiger, stärker und freier machen. Nur wer mit sich allein klarkommt, kann morgen eine fruchtbare Beziehung führen. Sonst verkommen Beziehungen schnell zu Zweckgemeinschaften – eingegangen aus Angst vor dem Alleinsein.

Wenn Sie sich dabei ertappen, mit Ihrem Single-Leben zu hadern, schalten Sie Ihre mentale Ampel auf *Rot*. Sehen Sie bewusst auf die vielen Vorteile, füttern Sie sich mit positiven Gedanken und schalten Sie dabei Ihre Ampel auf *Grün*. Sagen Sie sich:

- Ist das nicht klasse: Endlich kann ich all das tun, was mir Spaß macht! Vorbei ist die Zeit der Absprachen, Kompromisse und Rücksichtnahme. Ich bin frei! Ich kann flirten oder Sex haben, mit wem ich will. Ich kann so laut meine Musik aufdrehen, bis sich höchstens die Nachbarn beschweren, stundenlang zappen oder bis in die Puppen um die Häuser ziehen.

- Herrlich, diese Ruhe! Niemand will etwas von mir und redet auf mich ein. Ich kann entspannt auf dem Sofa vor mich hin träumen oder dort Urlaub machen, wo ich es will.

- Ich bin niemanden Rechenschaft schuldig. Nur mir selbst.

- Alles, was mich genervt hat, bleibt mir erspart: Miese Stimmung, anstrengende Diskussionen, das große

Schweigen, rumfliegende Socken, Schnarchen oder Meckern.

- Wie schön, meine Zeit mit mir selbst zu genießen und mehr Raum für Hobbys und Freunde zu haben. Und die nächste Beziehung kommt ja bestimmt.

- Endlich habe ich Muße für Selbsterkenntnis! Die ist zwar manchmal auch hart, aber wichtig. Nur so kann ich alte Fehler morgen in einer neuen Beziehung vermeiden. Nur so werde ich souveräner und unabhängiger. Dann brauche ich nie mehr zu klammern – was ohnehin der Tod jeder Beziehung ist.

Für Fuckyourluckler ist die wichtigste Beziehung im Leben die zu sich selbst. Denn nur, wenn Sie mit sich im Reinen sind, können Sie Ihre Beziehungen zu anderen Menschen positiv gestalten. Integrieren Sie deshalb selbst in der glücklichsten Beziehung das Alleinsein in Ihr Leben: Das können regelmäßige Spaziergänge, ab und an mal ein Wochenende oder ein Urlaub allein sein. Genießen Sie Zeit, die nur Ihnen gehört. Sie ist intensiv, befreiend und gibt Ihnen die Chance, einen klaren Kopf zu bekommen und zu lernen. Wer Alleinsein vermeidet, verharrt und stagniert. Seien Sie bereit, auch in die Abgründe Ihrer Psyche zu blicken, weil eine knallharte Selbstanalyse der erste Schritt zur Veränderung ist.

FUCK YOUR LUCK: Alleinsein ist Ihre Chance, zu lernen!

Jeder Mensch wird im Leben mit Ereignissen konfrontiert, die er nur allein bewältigen kann. Das kann eine Trennung, Krankheit, der Verlust einer gewohnten angenehmen Lebenssituation oder der Tod eines geliebten Menschen sein. Freunde können nie mehr leisten, als Ihnen ihr Ohr zu leihen. Das tut gut, aber auch das x-te Gespräch wird nichts ändern. Es ist Ihre Aufgabe, das zu verarbeiten. Niemand kann Ihnen dabei helfen. Da müssen Sie allein durch. Decken Sie das nicht zu, sondern stellen Sie sich dem – allein!

FUCK YOUR LUCK: Betrachten Sie das Alleinsein nicht als verlorene Zeit, sondern als tolle Möglichkeit, in Einklang mit sich selbst zu kommen.

26

Erkennen Sie Genügsamkeit als Lebenselixier

> **Stefan erzählt: Freiheit finden**
>
> In einem meiner Stressmanagement-Seminare traf ich auf einen Teilnehmer vom Vorjahr und war überrascht. Im Gegensatz zu früher wirkte er strahlend, gelöst und offen. In der Vorstellungsrunde lüftete er das Geheimnis seiner Wandlung: Er hatte sich für ein neues Leben entschieden und von vielem getrennt, es verschenkt oder für einen symbolischen Euro verkauft, von dem er bis dahin geglaubt hatte, es zum Leben unbedingt zu brauchen. Seitdem fühlte er sich freier und konnte sich auf das Wesentliche konzentrieren. Das ließ mich nicht mehr los und erinnerte mich an Jonas, einen Aussteiger auf Zeit, den ich in der Südsee getroffen hatte. Jonas war ein total positiver Mensch. Er lachte viel und erzählte, dass er in Hamburg alles verkauft hatte, um seinen Traum zu leben, ein Jahr lang die Welt zu bereisen. Wochen später trafen wir uns auf Tahiti wieder. Mir schien, als würden seine Augen noch mehr leuchten und sein Lächeln noch breiter sein. Er gab mir recht und erzählte beim Bierchen, was ihm passiert war: Ihm war der Rucksack gestohlen worden und nur ein paar kleine Geldreserven geblieben. Nach dem ersten Horror fühlte er sich jetzt so frei und gut wie nie zuvor. Fast wie Mahatma Gandhi.

Keine Angst: Sie müssen nicht Auto, Handtaschen, Schuhe, Smartphone, Computer oder Ihr sonstiges Hab und Gut verschenken oder verkaufen, um zu Ihrer inneren Zufriedenheit zu finden. Aber brauchen Sie schon wieder ein neues Handy, nur weil das gerade alle haben und es Funktionen hat, die Sie bislang nie vermisst haben? Verzichten Sie auf den Kauf. Brauchen Sie tatsächlich noch mehr Schuhe, Sakkos, Kleider, Kosmetika oder das angebliche Schnäppchen?

Überfluss beginnt nicht bei den wenigen teuren Anschaffungen, sondern bei vielen kleinen, entbehrlichen Dingen. Sich da zu mäßigen, hat nichts mit »Geiz ist geil« zu tun, sondern mit dem Gegenteil.

Als Fuckyourluckler entscheiden Sie, wofür Sie Geld ausgeben, und fallen nicht auf ausgeklügelte Marketingstrategien herein. Stecken Sie Ihr Geld für echte Träume ins Sparschwein, wann immer Sie einer Konsumverführung widerstanden haben.

Barbara erzählt: Meine eigene Währung

Ich rechne schon immer in Flugtickets und habe dank diesem kleinen Trick bereits viel von der Welt gesehen: Ein Designerkleid kostet locker so viel wie ein Flug nach Bangkok. Für die Jeans, die ich nicht dringend brauche, kann ich nach Andalusien oder Nizza fliegen und habe mehr von den unvergesslichen Eindrücken, als vom kurzen Hochgefühl, mich in neuen Klamotten vor dem Spiegel zu drehen.

Zu viel Konsum erhöht die Gefahr, dass Neues zu schnell altert, Glanz verliert und wieder durch Neues ersetzt werden muss, das schon bald das gleiche Schicksal ereilt. Das

Fatale ist: Sie geben viel Geld für eine kurzfristige Befriedigung aus. Dem Konsum hinterherzujagen, macht nicht glücklicher. Schätzen Sie, was Sie haben, freuen Sie sich daran und befreien Sie sich von Überflüssigem. Entrümpeln Sie alle zwei Jahre rigoros Hausstand und Kleiderschrank. Schalten Sie Ihre mentale Ampel dabei sofort auf *Rot*, wenn Sie Überlegungen starten, ob Sie dieses oder jenes vielleicht doch irgendwann noch einmal brauchen könnten. Denken Sie stattdessen: »Ich schaffe Platz zum Atmen. Das alles müllt nur meine Wohnung, den Keller und mein Leben zu. Ab sofort lasse ich mich nicht mehr manipulieren. Nur ich entscheide, was ich brauche und was nicht.«

Verkaufen Sie alte Schätze auf dem Flohmarkt, über eBay oder andere Internetbörsen, schenken Sie sie einem gemeinnützigen Verein oder dem Sozialkaufhaus. Tragen Sie dazu bei, Ressourcen der Erde zu schützen und anderen zu helfen, denn das liegt auch in Ihrer Verantwortung. Machen Sie aus der Mäßigung **Ihr FUCK-YOUR-LUCK-Spiel.**

Ihr FUCK-YOUR-LUCK-Spiel

So könnten Ihre individuellen Regeln aussehen:
- Ich weiß: Alle wollen mein Geld und versuchen mich mit Tricks zu locken. Wenn ich mich ertappe, Dinge kaufen zu wollen, die nicht anstehen, schalte ich meine mentale Ampel sofort auf *Rot*.

- Ich shoppe nie spontan oder unter Zeitdruck und lasse mich nicht drängen. Sonst kaufe ich Überflüssiges, was ich später bereue.

- Stattdessen spare ich für wichtige Wünsche oder Träume.

- Klar gönne ich mir auch mal was Neues, aber nur, wenn ich das wirklich brauche oder mich damit für ein Teilziel belohne. Dann freue ich mich umso mehr über meinen Einkauf.
- Ich schätze, was ich besitze, werfe Überflüssiges nicht auf den Müll, sondern gebe es an Menschen weiter, die das dringend brauchen.

Übung: Wunschzettel

Schreiben Sie jetzt einen Wunschzettel an sich selbst. Das Besondere an diesem Wunschzettel ist: Darauf stehen nur Dinge, die Sie längst besitzen, mit denen Sie sich aber gern mal wieder beschäftigen würden. Sie werden erstaunt sein und erkennen, dass Sie in Wahrheit schon alles haben, was Sie brauchen – bis auf das, wovon Sie träumen!

»Lebe deinen Traum!« Das ist für viele das ganz große Ziel, das Maß aller Dinge, weil das vermeintlich der Glücksbringer ist. Schließen Sie jetzt Ihre Augen und visualisieren Sie Ihren Traum: Sehen Sie sich in einem entspannten Leben an einem sonnigen Platz, im Eigenheim, glücklich mit dem Partner Ihrer Träume oder dem Wunschberuf?

Jetzt öffnen Sie die Augen wieder.

So weit zu Ihrem Traum. Aber wie sieht die Realität aus? Beim Zappen durch die Fernsehkanäle sind Sie bestimmt mal bei einer Doku hängen geblieben und haben verfolgt, wie Träume zum Albtraum werden können: Das Leben in der Fremde wird zum finanziellen Desaster, zur Zerreißprobe für die Familie. Das Eigenheim muss zwangsversteigert werden, der Traummann entpuppt sich als Ekel, der Traumberuf als wenig traumhaft. Der irische Schriftsteller Oscar Wilde hat mal geschrieben: Es gibt im Leben zwei

Tragödien. Die eine ist die Nichterfüllung eines Herzenswunsches. Die andere ist seine Erfüllung. Von den beiden ist die zweite die bei Weitem tragischere.[11] Denn ist das Ziel erreicht, ist es schon vernichtet. Danach kommt die große Leere, falls man es nicht schafft, genügsam zu sein oder sich neue Ziele zu setzen.

> **Barbara erzählt: Vom Sterben eines Traums**
>
> In den vielen Jahren, in denen ich zeitweise auch in Andalusien lebe, traf ich auf unzählige Paare, die dort in ihrer Finca oder einem Appartementhaus am Strand den Ruhestand genießen wollten. Darauf hatten sie sich seit Jahren gefreut, auf die Auswanderung hingearbeitet und dafür auf vieles verzichtet. Der Großteil dieser Träumer ist gescheitert, desillusioniert zurückgekehrt, längst geschieden oder zu Alkoholikern geworden, weil ihnen im Dauerurlaub neue Ziele fehlten und sie diese durch zu viel Bier und Brandy ersetzt haben.

In solchen Fernseh-Dokus lässt sich prima mitverfolgen, wie weit Erwartungen und Realität oft auseinanderklaffen. Manchmal ist es klüger, es bei Hoffnung und Sehnsucht zu belassen. Sich Tagträumen beim Müßiggang hinzugeben macht auch zufrieden. Nicht alle Träume müssen in Erfüllung gehen. Um nicht in Traumfallen zu tappen, machen Sie den **FUCK-YOUR-LUCK-Traum-Check:**

✓ Ist das tatsächlich *Ihr* Traum – oder der Ihres Partners?

✓ Falls es der Traum Ihres Partners ist, dann lassen Sie ihm seinen Traum, aber machen Sie ihn sich nicht zu eigen.

Das geht schief. Es geht um Ihr Leben. Denken Sie an Ihr Maßband!

✓ Ist es Ihr Traum, machen Sie einen knallharten Realitätscheck.

✓ Hält Ihr Traum der Realität nicht stand, behalten Sie ihn als das, was er ist: ein schöner Traum, nicht mehr.

✓ Hat Ihr Traum den Realitätscheck bestanden, dann tun Sie alles für Ihr Ziel, damit es kein Traum bleibt.

FUCK YOUR LUCK: Weniger ist oft mehr und nicht alle Träume müssen sich erfüllen!

27

Genießen Sie, sonst werden Sie ungenießbar

Als wir in einer Studie[12] gelesen haben, dass etwa die Hälfte der Deutschen heute ihr Leben nicht richtig genießen kann, haben wir uns gefragt: Woran liegt das? Wir leben nicht im Krieg, nicht in schlechten Zeiten, sondern in einer Überflussgesellschaft, wie es sie nie zuvor gab. Gemeint sind damit nicht nur kulinarische Köstlichkeiten. Genuss ist alles, was Ihr Leben bereichern könnte, würden Sie es tatsächlich genießen! Das muss nichts Besonderes sein. Das kann ein Spaziergang durch den bunt leuchtenden Herbstwald oder eine entspannte Pause mit einem guten Buch auf Ihrem Kuschelsofa sein. Genuss ist es, sich von Musik davontragen zu lassen, dazu ausgelassen zu tanzen, sich auf den Lieblingssport zu fokussieren, sich einen schönen Abend mit Freunden oder auch allein zu gönnen. Genuss muss nicht zwangsläufig teuer erkauft werden. Oft ist sogar das Gegenteil der Fall. Was und ob Sie genießen, ist eine Frage Ihrer Einstellung, Betrachtungsweise und Fähigkeit, den Augenblick mit allen Sinnen auszukosten.

Diese Kunst wird heute durch Konsum der Genüsse ersetzt. Wir füllen, statt zu erfüllen. Alles muss noch mehr, höher, weiter, besser, schöner und teurer sein. Haben Sie sich auch schon dabei ertappt, von Genuss zu Genuss zu hetzen und doch nie zufrieden zu sein? Haben Sie sich gefragt, warum Sie den eigentlich schönen Abend, den Sex,

> **Barbara erzählt: Genuss im Selbstverständlichen finden**
>
> In meinem Rückzugsort, einem kleinen, weißen Dorf in Südspanien, fernab vom Massentourismus, finde ich es immer wieder faszinierend, die alten Männer zu beobachten, wie sie ganz zufrieden auf den Bänken unter den Orangenbäumen auf dem Kirchplatz sitzen. Sie grüßen freundlich, lächeln und manchmal kommen wir ins Gespräch. Obwohl dort fast immer die Sonne scheint, freuen diese alten Männer sich jeden Tag wieder über den blauen Himmel und ihr schattiges Plätzchen. Sie besitzen die Fähigkeit, auch das für sie Alltägliche immer aufs Neue zu genießen.

einen Urlaub, den Ausflug oder ein echtes Highlight nicht genießen konnten? Die Antwort ist einfach: Ihr Kopf hat Sie um den Genuss gebracht, denn darin sind wir heute zu Meistern geworden. Als Fuckyourluckler kennen Sie die Feinde, die Ihnen Ihren Genuss vermiesen wollen:

- **Genuss-Druck und Genuss-Neid:** Alle anderen machen den Eindruck, sie würden genießen, also wollen Sie das auch! Sie konsumieren Genuss, weil Sie beim Genuss-Marathon mithalten wollen oder sich mit anderen vergleichen (siehe ab Seite 149). Vielleicht blicken Sie neidisch zum Nachbarn, der sich am Pool in der Sonne aalt, und ärgern sich im Schwimmbad, keinen Pool zu besitzen. Das macht unzufrieden, zerstört den Genuss des Augenblicks.

- **Genuss-Konsum:** Noch mehr und möglichst immer öfter, das verdirbt Ihnen den Genuss im Hier und Jetzt, weil Ihre Gedanken auf diese Art bereits zu noch größeren Genusschancen eilen, die vielleicht morgen auf Sie warten.

- **Ihr schlechtes Gewissen:** Getreu dem deutschen Motto »Erst die Arbeit, dann das Vergnügen« erlauben Sie sich Genuss nur, wenn Sie ihn sich durch Leistung verdient haben. Haben Sie keine innere Erlaubnis im Kopf, minimieren Sie Ihren Genuss, weil Sie sich unbewusst dafür bestrafen und daran denken, was Sie jetzt eigentlich alles tun müssten.

- **Genuss-Vertagung:** Aufgeschoben ist meist aufgehoben. Im Falle einer Diät und der lockenden Tafel Schokolade ist das klug (siehe Seite 235). Sonst genießen Sie bitte heute, weil Sie nie wissen, ob Sie das Morgen noch erleben werden. Belohnen Sie sich mit Genuss für kleine Etappen-Siege auf Ihrem Weg zum Ziel. Genießen Sie den Weg. Er ist viel länger als der Moment, in dem Sie Ihr Ziel dann erreicht haben.

- **Glücksangst:** Wann immer Sie daran denken, dass Ihr Glück morgen vorbei sein könnte, haben Sie es bereits vertrieben. So verbieten Sie sich unbewusst das Glück, um ihm morgen nicht hinterher zu trauern. Das macht auch Angst vor der Liebe, vor Verletzungen... Wer so drauf ist, fährt in den Urlaub und denkt schon nach wenigen Tagen über die traurige Abreise nach. So können Sie das Hier und Heute nie genießen!

- **Defensiver Pessimismus:** Sie wagen nichts, weil Sie nicht glauben, gewinnen zu können. Sind Sie Single, reden Sie sich vielleicht ein, nicht allein in den Urlaub fahren zu wollen, weil Sie ihn allein nie genießen könnten.

Stefan erzählt: Spagat zwischen Verzicht und Genuss

Ich forciere und schule meinen Blick bewusst für Genuss und Verzicht. Bin ich zu Fuß auf einer Tour durch die Wüste, macht mich eine größere Wasserration zum glücklichsten Menschen, selbst wenn es lau und schal schmeckt. Kämpfe ich mich auf Skiern durch Eis und Schnee, ist ein heißer Tee für mich das Größte. Verliere ich mich allein im Sonnenuntergang auf einer Südseeinsel ohne Strom, genieße ich es, den Rhythmus der Natur zu fühlen und zu leben.
Wieder daheim, macht mich die Nähe meiner Frau, der Familie und der Freunde glücklich. Ich freue mich an Blumen, die in meinem Garten gedeihen, Nachbarn, denen ich helfen kann, an Vorträgen und Seminaren, die mir und den Teilnehmern viel gebracht haben. Ich genieße das Spiel auf meinem Konzertflügel und die heiße Dusche nach langem Trainingslauf im kalten Dauerregen. Aber der darf auch gern mal ausfallen, weil die Nacht kurz und die Party lustig war, Bier und Pfeife gut geschmeckt haben.
Mäßigung und Lebensfülle sind keine Widersprüche. Ich will beides leben. Erst das ergibt die Vielfalt, den großen, bunten Blumenstrauß des Lebens. Dazu gehören für mich auch körperliche und mentale Extremleistungen, wie das Ultramarathon-Laufen. Dabei genieße ich nicht den Kampf, sondern das Unterwegssein. Je größer dabei die Herausforderung, die Anstrengung und auch das Leiden, umso größer mein Genuss als Läufer. Das ist mein Weg. Als Fuckyourluckler müssen Sie Ihren selbst finden.

Oder Sie probieren nie etwas Neues aus, aus Angst, es könnte nicht gelingen. Seien Sie mutig und nehmen Sie Herausforderungen an (siehe ab Seite 154).

- **Zu dressiert und angepasst sein:** Vernünftig sein zu müssen, nicht über die Stränge zu schlagen und gesund zu leben, das ist der Trend der Zeit. Safer Sex mit gefahrlosen Emotionen gibt's im Internet, statt Freunde beim Kaffeeklatsch zu treffen, wird gesimst oder getwittert. Kneipen sind rauchfrei, Sahne ist ohne Fett und Bier ohne Alkohol. Zu viel Vernunft nimmt oft auch zu viel vom Genuss.

Genuss und Verzicht – als Fuckyourluckler schaffen Sie den Spagat zwischen beidem. Für Sie steckt sowohl im Genuss als auch in der Askese Genusspotential. Sie müssen es nur entdecken. Durch gezielten Verzicht, aber auch durch negative Ereignisse, die unvermeidlich zum Leben gehören, öffnet sich der Blick für all die kleinen Dinge, die es wert sind, genossen zu werden.

Lernen Sie die Kunst zu genießen mit unserem **FUCK-YOUR-LUCK-Leitfaden.**

Der FUCK-YOUR-LUCK-Leitfaden

- **Leben Sie Ihre Emotionen:** Seien Sie ruhig mal unvernünftig: Tanzen, trinken, diskutieren Sie oder genießen Sie Sex – auch mal bis in die Puppen, selbst wenn Sie früh aufstehen müssen. Am nächsten Morgen werden Sie zwar müde, aber happy sein. Was soll's! Sie tun das ja nicht jede Nacht.

- **Halten Sie immer wieder inne – um den Moment zu genießen:** Beschleunigung und Hetze gehen immer zu Lasten von Genuss. Von einem Ziel zum nächsten zu hetzen ist idiotisch. Als würde ein Bergsteiger sagen:»Stehe ich auf dem Gipfel des Mount Everest, bin ich im Geist schon auf dem nächsten Gipfel.« Als Fuckyourluckler tun Sie das nicht. Sie genießen den Moment.

- **Lieben Sie das, was Sie tun:** Leben Sie heute und setzen Sie nicht darauf, vielleicht in der Zukunft den größeren Genuss zu erleben. Sonst verschenken Sie wertvolle Lebenszeit.

- **Stärken Sie Ihre Sinneswahrnehmung:** Genießen bedeutet, mit allen Sinnen zu erfühlen. Möchten Sie das trainieren, so reduzieren Sie alles, was Sie ablenken könnte: Sind Sie in der Natur, dröhnen Sie sich nicht mit Musik zu, sondern konzentrieren sich auf das Rauschen der Blätter, den Gesang der Vögel, das Quaken eines Frosches und den Duft der Blumen.

FUCK YOUR LUCK: Nehmen Sie sich Zeit zum Genießen. Sehen Sie das Große in den vermeintlich kleinen Dingen des Lebens.

28

Vergleichen Sie – aber richtig

Sich mit anderen zu vergleichen ist normal und passiert fast automatisch. Kollegen, Geschwister, Freunde, Partner oder Bekannte werden zum Maßstab nach oben wie nach unten. Medien geben noch mehr Standards vor und wir alle gleichen daraufhin ab, ob wir so sind wie da beschrieben, ob wir so sein wollen oder froh sind, dass wir anders sind.

Gedankenblitze wie »Zum Glück bin ich nicht so« oder »ich bin viel besser« oder »warum bin ich nicht so wie ...« sind immer auch Botschaften Ihres Unterbewusstseins. Manche bringen Sie ins Grübeln. Andere bauen Sie auf. Aber auch das ist mit Vorsicht zu genießen: Sehen Sie im Fernsehen eine Reportage über Menschen, denen es schlechter geht, freuen Sie sich vielleicht über Ihre bessere Gesundheit, soziale oder gesellschaftliche Situation. Flimmern fragwürdige Erziehungs-Shows über die Mattscheibe, sind Sie erleichtert, dass Ihre eigenen Kinder keine Türen eintreten. Verfolgen Sie Leben und Leiden von 200-Kilo-Menschen im TV, fühlen Sie sich rank und schlank. Aber gerade extreme Vergleiche sind gefährlich. Sie senken die Motivation, die eigene Situation zu verändern, weil Sie sich gleich viel besser fühlen, wenn es anderen schlechter geht als Ihnen.

Orientieren Sie sich zu weit mit Blick nach oben, ist das auch nicht hilfreicher: Junge Mädchen hungern sich dünner als ein Model. Auch gegen Millionäre, Stars oder Profisportler können Sie nie gewinnen – egal wie schön, toll, intelligent, sportlich oder erfolgreich Sie sind, es wird immer einen Menschen auf dieser Welt geben, der noch viel besser oder schöner ist als Sie. Abwärts- wie Aufwärtsvergleiche haben immer ein »open end«, sie sind sinnlos. Deshalb: Freuen Sie sich über das, was Sie in Ihrem Leben erreicht haben. Als Fuckyourluckler vergleichen Sie sich so, dass es Sie weiterbringt und nicht blockiert.

FUCK YOUR LUCK: Sie haben die Wahl, ob und mit wem Sie sich vergleichen!

Vorbilder zu haben ist gut. Vorbilder bringen Anreize, Orientierung, Ziele und Motivation. Aber nur, wenn Sie sich mit den Richtigen vergleichen. Nur dann ist ein Vergleich sinnvoll. Fragen Sie sich immer: Welche Strategie kann ich übernehmen, was lernen, wie auf mich übertragen – und dem Ganzen meinen eigenen Stempel aufdrücken? Sie möchten ja kein Plagiat sein, sondern ein neues Original. Legen Sie den Fokus immer auf das, was Sie durch den Vergleich gewinnen können.

> **Barbara erzählt: Vergleich als Ansporn**
>
> Als ich im ersten Semester Kommunikationswissenschaften studierte, verliebte ich mich in einen Studenten, der bereits Redakteur war. Er hatte sich gerade selbstständig gemacht. Damals noch beruflich schwankend, wusste ich plötzlich: Das will ich auch! Ich will freie Journalistin werden! Der Blick zu ihm hat mich so angespornt, dass ich Gas gegeben und bald für Illustrierte und Frauenzeitschriften geschrieben habe. Als ich gerade meinen Studienabschluss in der Tasche hatte, konnte ich als Freie schon gut vom Schreiben leben und habe mein erstes Sachbuch veröffentlicht.

Menschen neigen dazu, ihre Zufriedenheit am Unterschied zu anderen festzumachen. Quälen Zweifel oder mangelndes Selbstwertgefühl, blickt man nach unten, weil Abwärtsvergleiche scheinbar wie Seelen-Medizin sind. Gerade äußerlich erfolgreiche, aber innerlich unzufriedene Menschen instrumentalisieren dafür in ihrem Umfeld »Wasserträger«, die sie bewusst kleinhalten. Mit klarem Blick und Menschenkenntnis (siehe ab Seite 169) blicken Sie als Fuckyourluckler viel leichter hinter die Fassaden. Nur so können Sie adäquat reagieren. Hüten Sie sich vor Vergleichen nach unten. Das bedeutet Stillstand. Akzeptieren Sie sich mit all Ihren Schwächen und Ängsten, aber gehen Sie konstruktiv damit um. Das ist oft ein schmerzhafter Prozess, aber da müssen Sie durch. Fragen Sie sich: Was vertusche ich vor mir und anderen? Warum schaue ich zu sehr nach unten oder nach oben? Vielleicht sind Ihre Erwartungen an sich selbst in Wahrheit die Erwartungen anderer? Würden Sie anders tatsächlich glücklicher leben? Seien Sie ehrlich zu sich selbst und beschönigen Sie nichts.

Als Fuckyourluckler denken Sie an Ihr Maßband. Nur wenn Sie Ihre Fehler erkennen, können Sie daraus lernen (siehe Seite 165). Sie haben es in der Hand, an sich zu arbeiten. Wenn Sie sich vergleichen, dann tun Sie es realistisch und für Sie motivierend mit der **FUCK-YOUR-LUCK-Vergleichsstrategie.**

Die FUCK-YOUR-LUCK-Vergleichsstrategie

- Ertappen Sie sich beim Vergleich mit Blick zu weit nach oben, schalten Sie Ihre mentale Ampel auf *Rot:* Sie wissen ja nichts über den Preis, den der andere dafür bezahlt hat, dass er das hat, um das Sie ihn gerade so beneiden. Vielleicht hat er für die Karriere das Privatleben geopfert? Vielleicht liegt die schlanke Kollegin abends mit knurrendem Magen im Bett? Wüssten Sie das, würden Sie den anderen Menschen vielleicht bedauern. Jetzt können Sie getrost Ihre Ampel wieder auf *Grün* schalten.

- Sie machen Ihre Selbstwahrnehmung nie mehr von anderen abhängig! Blicken Sie auf Ihre bisherige Entwicklung: Was haben Sie dazugelernt, an was gilt es zu arbeiten? Was wünschen Sie sich?

- Vergleiche sind selten objektiv. Alles ist Ihre Sicht der Dinge. Beneiden Sie Ihre Freundin um die Figur oder eine Kollegin um ihren Erfolg, findet Ihre Freundin sich vielleicht selbst zu dick und die Kollegin sich längst nicht so erfolgreich.

- Sprechen klare Fakten gegen Sie, halten Sie sich die Bedeutungslosigkeit dieses Details in Ihrem Lebenskontext vor Augen. Das relativiert. Nutzen Sie diese Selbsterkenntnis für Ihre Motivation, aber nur dann, wenn der Vergleich realistisch ist.

- Gönnen Sie anderen Glück und Erfolg. Sie zeigen so Größe und Stärke – beglückwünschen Sie die Menschen zu ihrem Erfolg, die Ihnen wichtig sind. Neid und Missgunst bringen Ihnen nur negative Gefühle.

- Meiden Sie Menschen, die Sie benutzen, um sich selbst aufzuwerten.

- Vergleichen Sie sich nie mit Facebook-Freunden. Weder das gepostete Foto vom Palmenstrand noch von den süßen Kindern sagt etwas über die Zufriedenheit des Absenders aus.

- Grübeln Sie nicht, das macht traurig. Vertreiben Sie trübe Gedanken durch Hobbys, Sport oder Freunde.
- Bleiben Sie wachsam. Ertappen Sie sich beim ungesunden Vergleichen oder Grübeln, schalten Sie Ihre mentale Ampel sofort auf *Rot*. Denken Sie an etwas ganz Banales. Was ziehe ich an? Oder wie wird das Fußballspiel ausgehen? Dabei schalte ich wieder auf *Grün* und schon ist das Grübeln verflogen.

FUCK YOUR LUCK: *Vergleichen Sie sich nicht mit anderen. Aber lernen Sie von ihnen, Ihre Fähigkeiten auszubauen und Ihre Persönlichkeit zu entwickeln.*

29

Herausforderungen bringen Sie nach vorn

Gehören Sie zu den Menschen, die gern immer wieder an denselben Urlaubsort zurückkehren? Bevorzugen Sie dasselbe Hotel und Ihr angestammtes Zimmer? Ist es für Sie wohltuend, wenn sich bei Ihrer Ankunft alles bekannt, vertraut und deshalb entspannend anfühlt? Sie wollen im Urlaub einfach auf der sicheren Seite sein? Vielleicht sind Sie sogar sauer, wenn Ihr Lieblingsplatz am Pool anderweitig besetzt ist und Sie sich ein neues Plätzchen suchen müssen. Oder Sie finden es schade, dass der charmante Kellner, mit dem Sie in Ihrem Stammrestaurant immer so nett gescherzt haben, dort nicht mehr arbeitet oder dass das Eiscafé an der Strandpromenade, in dem Sie regelmäßig Eiskaffee geschlürft haben, geschlossen wurde.

Viele Menschen halten an Bekanntem fest und das ist für einen Fuckyourluckler völlig okay. Lassen Sie sich nie einreden, Sie wären langweilig und müssten im Urlaub auf Entdeckungsreise gehen. Ihre Art Urlaub zu machen muss nur Ihnen selbst gefallen. Auf jeden Fall gehören Sie dann aber zu den Menschen, die sich im Urlaub gern in ihrer persönlichen Komfortzone aufhalten. Komfortzonen sind klasse. Die hat jeder mehr oder weniger und sie sind wichtig, weil sie perfekte Stress-Killer sind.

Eine Komfortzone kann der Urlaubsort sein, Komfortzonen sind auf jeden Fall alle »Wohlfühlinseln« oder einfach das wohlige Zusammensein im Kreis der Familie, mit Freunden oder dem Partner. Sind Sie in einer Komfortzone angelandet, atmen Sie befreit durch. Sie können Sie selbst sein, sich auch mal gehen lassen, abschalten, wieder auftanken und ganz wichtig: Sie müssen sich hier überhaupt nicht anstrengen!

Jeder Mensch schafft sich seine Nischen, in denen er alles im Griff hat und souverän agieren kann, weil da keine Herausforderungen lauern, die Veränderungen bringen. Schaukeln Sie aber zu lange und zu oft in Ihrer Hängematte des Lebens, bleiben Sie stehen. Sie entwickeln sich nicht weiter und das macht Sie auf Dauer unzufrieden, denn der Mensch wächst an seinen Herausforderungen. Das ist keine Binsenweisheit, sondern von der psychologischen Forschung x-fach bestätigt.

FUCK YOUR LUCK: Nutzen Sie Ihre Komfortzonen zum Stressabbau, Begeben Sie sich danach wieder in die Wachstumszone und stellen Sie sich Herausforderungen!

Herausforderungen sind all die Aufgaben, die Ihnen Anstrengung abnötigen – aber deren erfolgreiche Bewältigung im Bereich des Möglichen liegt. Herausforderungen warten im Job, im Familienalltag, in der Partnerschaft, im Sport, bei Hobbys, Bildung, Werten oder Tugenden auf Sie. Seien Sie neugierig! Herausforderungen motivieren. So lernen Sie dazu, entwickeln sich weiter und trauen sich dann immer mehr zu. Jede gemeisterte Herausforderung macht Sie zufriedener.

Der FUCK-YOUR-LUCK-Reiseführer

Werden Sie zum Reisenden zwischen Ihrer Komfort- und der Wachstumszone!

1. Verlassen Sie aktiv Ihre Komfortzone. Stellen Sie sich Herausforderungen. Tun Sie mal etwas Neues, etwas Ungewöhnliches, was Sie bisher noch nie gemacht haben! Wer noch nie allein in den Urlaub gefahren ist, könnte die Koffer für einen Solo-Trip packen. Wer sich bei neuen Aufgaben im Job sonst in die letzte Ecke verdrückt, könnte bei nächster Gelegenheit nach vorn treten. Auch das Leben schubst Sie manchmal rüde aus Ihrer Komfortzone: durch Arbeitslosigkeit, Trennung oder eine Krankheit etwa. Haben Sie den ersten Schock überwunden, gilt: Annehmen und Handeln!

2. Ganz gleich, ob Sie sich aktiv für eine neue Herausforderung entschieden haben oder dazu gezwungen wurden: Nutzen Sie immer wieder den Rückzug in Ihre Komfortzone, um die seelische Balance zu wahren. Denn wenn Sie sich permanent in der Wachstumszone aufhalten, fühlen Sie sich bald überfordert. Schalten Sie deshalb zwischendurch immer wieder einmal bewusst ab und genießen Sie dann das Gefühl, entspannen zu können.

3. Werden Sie mutiger! Trauen Sie sich mehr zu! Erinnern Sie sich an das gute Gefühl bei Erfolgserlebnissen – Sie haben schon vieles erreicht. Das motiviert Sie, immer weiter zu wachsen, Umstände zu verändern oder Dinge zu bewegen.

4. Schaffen Sie den Spagat zwischen Erneuern und Bewahren. Sie müssen nicht jeden Veränderungswahn mitmachen und ständig neue Wege gehen, wenn alte Strategien sich für Sie bewährt haben. Wägen Sie ab. »Erneuern« Sie nur, wenn ein neues Verhalten Sie besser ans Ziel bringt.

5. Erkennen und akzeptieren Sie Ihre Grenzen. Das ist genauso wichtig, wie sich Herausforderungen zu stellen. Erfolg darf nicht jeden Preis kosten und muss in einer guten Relation zur Anstrengung stehen. Stimmt die Relation nicht, kann Aufgeben die klügste Entscheidung sein. Können Sie Ihr Handeln nicht mehr vertreten oder die Aufgabe nicht bewältigen, lassen Sie los!

6. Ziehen Sie Resümee. Wie ist Ihre Bilanz? Sind Sie bereit, noch größere Herausforderungen anzunehmen?

Jede Herausforderung geht mit einer Veränderung einher – und jede Veränderung ist eine Herausforderung. Von Natur aus sind Menschen bequem. Nur Veränderungs-Junkies rufen sofort »hurra«, weil Verändern in ihr Bild von Flexibilität, Offenheit und Neugier passt. Deshalb wechseln sie oft den Wohnort, Job, Arbeitgeber oder Partner. Nur führt das nicht zwangsläufig zu Erfolg und Zufriedenheit. Verlässlichkeit, Berechenbarkeit und Authentizität sind wichtige Säulen des Lebens. Liegt die Entscheidung in Ihrer Macht, verändern Sie nichts, was Ihnen gut tut. Verändern Sie aber alles, was Sie behindert! Nehmen Sie Herausforderungen an, die Sie Ihren Zielen näherbringen.

Im Veränderungsprozess durchlaufen Sie immer fünf Phasen.[13] Ihre Herausforderung ist es, möglichst zügig Phase V zu erreichen:

Phase I »Stabilität«: Eben noch ist alles in Ordnung – bis plötzlich eine Veränderung eintritt!

Phase II »Widerstand«: Sie sind sauer, verärgert, frustriert und fragen nach dem »Warum«. Das ist normal und menschlich.

Phase III »Hadern«: Sie sind gestresst, lehnen das Neue ab, betrauern den Verlust des Alten. Sie legen den Fokus auf das, was Sie verlieren, und nicht auf das, was Sie gewinnen. Überwinden Sie so schnell wie möglich dieses »Tal der Tränen«!

Phase IV »Perspektivwechsel«: Sie geben dem Neuen eine Chance. Sie nehmen es als Herausforderung an. Sie sehen, was Sie gewinnen können. Das Neue macht Ihnen mehr und mehr Freude. Sie werden sicherer, lernen dazu, werden selbstbewusster.

Phase V »Gewinn«: Sie nehmen das Neue als Gewinn wahr. Sie haben sich weiterentwickelt, sind auf einem höheren Level als vor der Veränderung. Wurde Ihnen die Veränderung per Schicksal aufgezwungen, haben Sie das Beste aus der neuen Situation gemacht und sind in seelischer Balance.

Bei jeder Veränderung haben Sie nur diese drei Handlungsalternativen:

- **Love it:** Sie nehmen die neue Situation an.

- **Change it:** Wenn Sie die neue Situation nicht annehmen können, dann verändern Sie sie so, dass sie für Sie okay ist, falls das möglich ist.

- **Leave it:** Können Sie die neue Situation weder annehmen noch ändern, dann bleibt Ihnen noch der Rückzug.

Als Fuckyourluckler bedauern Sie bei einer Veränderung durchaus auch den Verlust von Liebgewonnenem, lassen Trauer zu – aber Sie versinken nie im Tal der Tränen. Beschleunigen Sie Ihren Veränderungsprozess, indem Sie das Neue annehmen und sich auf das Positive fokussieren. Je schneller Sie sich für eine der drei Handlungsoptionen entscheiden, umso weniger Kraft und Energie kostet Sie die Veränderung.

Wer durch Tod oder Trennung einen lieben Menschen verloren hat, muss das Unabänderliche akzeptieren. Auch an einer Krankheit zu verzweifeln ist sinnlos. Sie können nichts ändern. Sie haben keine Wahl! Negative Gefühle zehren nur an Ihrer Kraft. Fokussieren Sie sich möglichst schnell auf das Positive, das bleibt. »Change it« können Sie immer dann wählen, wenn es eine Chance auf Veränderung gibt. Das gilt für eine Lebenssituation, Beziehung oder den Job, der nicht mehr glücklich macht. Fragen Sie sich: Was kann ich verändern? Was kann ich tun? Findet sich keine befriedigende Lösung, wählen Sie »leave it«. Sagen Sie Ihrem alten Leben, der Beziehung oder dem Job Adieu!

FUCK YOUR LUCK: Begreifen Sie Veränderung als Motor für Ihre persönliche Entwicklung und gestalten Sie Ihren Veränderungsprozess.

30

Schaffen Sie Neues

Kreativität hat viele Gesichter. Manche zeigen eine außergewöhnliche Begabung. Andere Gesichter sind alltäglicher. Und oft ist uns die eigene Kreativität nicht mal bewusst. Denken Sie an all die kleinen Notlösungen, die Sie finden, wenn Sie nicht das zur Hand haben, was Sie gerade brauchen. Dann werden Kochrezepte abgewandelt und neue entstehen, der Nussknacker wird zum Helfer bei festsitzenden Sektkorken oder lustige Spiele werden kreiert, weil man kein Vermögen ausgeben will, um die Kids im Freizeitpark beim Kindergeburtstag zu bespaßen. »Not macht erfinderisch.« Das waren geflügelte Worte im Zweiten Weltkrieg, als Granathülsen beim Klempner zu Wärmflaschen umfunktioniert wurden oder aus Pferdedecken Mäntel genäht wurden. Not und Mangel sind auch heute treibende innovative Kräfte in Ländern ohne Frieden, Stabilität und ohne den Überfluss, in dem wir in Deutschland leben. Wenn es alles gibt, geht eine große Portion Kreativität verloren, weil Fähigkeiten brachliegen.

Als Fuckyourluckler trainieren Sie Ihre Alltagskreativität. Beschränken Sie bewusst die Wahl Ihrer materiellen, räumlichen oder finanziellen Möglichkeiten: Wenn Sie beispielsweise einen Kindergeburtstag ausrichten, geben Sie sich nur ein kleines Budget und erfinden Sie mit den Kindern eine spannende Geschichte, um danach auf Schatzsuche zu gehen. Oder Sie basteln mit Gegenständen, die Sie wegwerfen wollten. Nicht das, was teuer erkauft ist, macht

Kindern automatisch mehr Spaß. Oft fördert Begrenzung auch noch die Kreativität der Kinder – und Ihre eigene. Durch die Suche nach kreativen Lösungen im Alltag schulen Sie gezielt Ihren Blick und trainieren das Finden neuer Wege. Denn gerade dann, wenn Lösungen naheliegend erscheinen, sieht man sie oft nicht. Können Sie mehr und mehr kreative Erfolge im Alltag für sich verbuchen, macht Sie das offener und mutiger, auch in anderen Bereichen Ihr kreatives Talent zu entdecken. Kreativität bringt Ihnen große Pluspunkte im Alltag, im Job und im Leben im Allgemeinen. Durch die Fähigkeit, querzudenken, nach originellen Lösungen zu suchen, stechen Sie aus der Masse heraus. Damit können Sie sich profilieren und fühlen sich sicher in schwierigen Situationen, weil Sie Ihr Improvisationstalent kennen.

Alle Menschen besitzen ein kreatives Potential, auch Sie. Leider ist es nicht gerecht verteilt. Manche Menschen sind von Natur aus mit mehr schöpferischer Kraft gesegnet. Andere weniger. Kreativität ist nie generell. Sie beschränkt sich zumeist auf wenige Bereiche. Wann und wo auch immer Lösungen oder Strategien nicht mehr funktionieren und neue gefunden werden müssen, ist Kreativität gefragt. Intelligenz ist da weder Gradmesser noch Garant. Und leider ist Kreativität auch nur bedingt trainierbar.

Aus wissenschaftlicher Sicht sind viele Kreativitätstechniken wenig effektiv. Meist sind sie zu abstrakt und lassen sich schlecht auf Job oder Alltag transferieren. Das beliebte kollektive Brainstorming in Unternehmen, um gemeinsam nach neuen Ideen zu suchen, gehört auch dazu. Schon die übliche Meeting-Situation verhindert die Entfaltung von Kreativität. Da fühlt jeder den Druck, jeder muss schnell mit vielen guten Ideen glänzen und sie durchboxen, um seine Stellung zu behaupten. Oder eine diffuse Angst verhindert, sich mit unangepassten, verrückten Ideen dem allgemeinen Spott auszusetzen, weil sie sofort niedergebügelt werden. Es fehlen Entspanntheit, ein kreativer Kontext, das inspirierende Umfeld und die Leichtigkeit. Kreativität funktioniert weder auf Knopfdruck noch auf dem Papier. Selbst der berühmte Geistesblitz ist zumeist ein zeitverzögertes Ergebnis harter Arbeit, Kompetenz, Beharrlichkeit, Mut, Ausdauer und einer intensiven Beschäftigung mit der Sache. Das nennt man kreativen Prozess. Ist Ihre schöpferische Kraft gefragt, hängt die Herangehensweise von der Aufgabenstellung ab. Arbeiten Sie künstlerisch, ist oft eine positive Stimmung und Atmosphäre wichtig. Schaffen Sie sich die. Machen Sie sich gute Gedanken, suchen Sie sich Ihren Platz, pflegen Sie Rituale und stimmen Sie sich auf Ihr Thema ein. Arbeiten Sie aber kognitiv und suchen beispielsweise nach einer Lösung beim Programmieren, kommt es weniger auf die Stimmung an, sondern auf die Fähigkeit, sich konzentriert auf diese Arbeit zu fokussieren. Kreativität lässt sich aber niemals erzwingen und es gibt auch kein Patentrezept. Es sind lediglich typische Verhaltensweisen bekannt, die schöpferische Gedanken und damit Ihre Kreativität wachsen lassen. Lassen Sie sich vom **FUCK-YOUR-LUCK-Kreativitätsfinder** inspirieren.

Der FUCK-YOUR-LUCK-Kreativitätsfinder

- **Fachkompetenz:** In allen Bereichen, in denen Sie gut sind, haben Sie kreatives Potential. Wer »sein Fach« beherrscht, findet leichter neue Lösungen. Solides Handwerk ist der Nährboden für Kreativität.

- **Begeisterung:** Sind Sie begeistert, voll involviert? Kommt Ihre Motivation aus Ihrem tiefsten Inneren und macht Ihnen die Aufgabe Spaß? Dann ist das wie Dünger für die Schöpfungskraft. Selbst die tollste Belohnung von außen kommt dagegen nicht an.

- **Querdenken:** Verfremden Sie bewusst etablierte Denkstrategien. Betrachten Sie das Problem aus einer völlig neuen Perspektive. Denken Sie nicht über das Übliche, sondern das Unübliche, das Ungewöhnliche nach. Seien Sie unkonventionell oder sogar verrückt – im Sinne von Ver-rücken. Oftmals sind es die anfangs absurd scheinenden Ideen, die sich zu wirklich tragfähigen Lösungen mausern.

- **Transfer:** Haben Sie eine Kreativitätsblockade, verlassen Sie bewusst Ihren Bereich. Schauen Sie auf andere Kreative oder Ihr Umfeld. Der Dichter könnte sich von einem Bild inspirieren lassen. Der Schriftsteller von einem Besuch im Café, dem Schicksal der Nachbarn oder von einer Zeitungsmeldung. Der Manager verändert seine Führung nach der Lektüre eines Buchs über erfolgreiche Expeditionen. Der Ingenieur oder Arzt lernt von der Natur. Kreativen Transfer halten Wissenschaftler für die beste Möglichkeit, die eigene Kreativität zu steigern.

- **Mut und Risikobereitschaft:** Kreative machen Fehler, sogar häufiger als andere. Das ist normal. Viele große Vorhaben sind erst im zweiten oder dritten Anlauf gelungen. Manche Erfindungen oder Erfolge sind sogar erst durch Fehler zustande gekommen. Chers Song »Do you believe« bekam durch einen Bearbeitungsfehler auf der Gesangsspur das Besondere, das ihn zu einem Mega-Hit machte.

- **Aufmerksamkeit und Achtsamkeit:** Achten Sie verstärkt auf alles, was um Sie herum passiert. Das fokussiert Ihre Aufmerksamkeit und kann Ihnen wertvolle Impulse und Anregungen für Ihre Kreativität geben

- **Die Farbe Grün:** Nutzen Sie die Kraft der Farben. Grün begünstigt schöpferische Ideenfindung.
- **Inkubationszeit:** Lassen Sie Ihr Unterbewusstsein ganze Arbeit leisten. Wer Kreativität erzwingen will, scheitert. Glüht Ihr Kopf, legen Sie eine Pause ein. Genießen Sie entspannt den Müßiggang. Ihr Unterbewusstsein arbeitet derweil für Sie, aktiviert Erfahrungen und leitet sie per Geistesblitz als mögliche Lösung an Sie weiter.

> **Stefan erzählt: Ideen kommen, wann sie wollen**
>
> Als Musikproduzent im Nebenjob bin ich immer auf der Suche nach dem Mega-Hit. Bewährte Harmonien, sogenannte Popformeln, finden sich in vielen Songs wieder, machen aber allein noch keinen Hit. Neben dem Handwerk braucht es neue Melodienverläufe und kreative Stilelemente. Sitze ich im Studio und arbeite unter Zeitdruck an einer Auftragsproduktion, blockiert mich oft das enge Zeitfenster, der gefühlte Druck. Gehe ich anschließend laufen, fallen mir dabei dann oft die guten Melodien ein, die sich später im Song wiederfinden.

FUCK YOUR LUCK: Trainieren Sie Ihre Kreativität. Sie ist der Königsweg zu neuen Lösungen!

31

Wie Sie aus Fehlern lernen

Fehler passieren im Job, in der Beziehung, im Umgang mit Kindern, Freunden, Nachbarn, Kollegen ... Sie geschehen bei alltäglichen Dingen genauso wie bei großen Lebensentscheidungen. Fehler sind allgegenwärtig, weil jede Entscheidung immer auch das Risiko einer Fehlentscheidung beinhaltet. Wenn Sie nicht aus Fehlern lernen, rennen Sie immer wieder wie ein Idiot gegen die Wand und lecken Ihre Wunden. Leider klappt dieses Lernen nicht so einfach – zumindest nicht bei allen Fehlern. Es funktioniert nur bei kleinen Dingen, die ein Reiz-Reaktions-Muster im Kopf auslösen. Als beispielsweise die Westdeutschen nach der Wende bei Ausflügen in den Osten erst durch penetrantes Hupen kapiert haben, dass sie beim grünen Pfeil trotz roter Ampel rechts abbiegen dürfen, haben sie sich das gemerkt und aus dem Fehler gelernt. Wäre das nur immer so einfach!

Je komplexer die Situation und der Fehler, umso unmöglicher erscheint es, daraus zu lernen. Der erste Schritt zum Lernen ist immer, sich den Fehler überhaupt einzugestehen – und dieser Schritt ist oft auch schon der schwierigste. Unbewusst sieht man einen Fehler als Beweis dafür an, dass man als Mensch oder im Leben gescheitert ist. Fehler einzuräumen ist deshalb mit Angst verbunden: Jemand könnte Ihnen mangelnde Kompetenz oder Schwäche unterstellen. Sie befürchten deshalb vielleicht, weniger anerkannt, respektiert und geliebt zu werden.

Diese Angst existiert aber nur in Ihrem Kopf, ist da allerdings tief verwurzelt, weil erlernt. Lassen Sie Ihre Kindheit Revue passieren: Vielleicht hatten Sie schon damals eine große Sehnsucht nach Anerkennung und viel Angst davor, abgelehnt zu werden? Häufig führt das später zu Vermeidungsverhalten. Dann werden Entscheidungen verweigert, um nur ja keine Fehler zu machen. Entscheidungen sind aber das A und O im Leben. Entscheiden Sie nichts, treten Sie auf der Stelle – und im Zweifelsfall entscheidet das Leben für Sie! Es gibt aber auch Menschen, die belügen sich und werden zu Meistern der Selbsttäuschung, um dieser tief verankerten Angst zu trotzen. Sie reden sich so lange ein, toll, gut und unfehlbar zu sein, bis sie selbst daran glauben. Diese Spezies Mensch strotzt nach außen vor Selbstbewusstsein. Um Fehler scheren sie sich nicht. Stur, unsensibel und ignorant machen sie immer die gleichen oder ähnliche Fehler und häufen so Problemberge an. Die Schuld geben sie anderen Menschen oder den Umständen. Es erscheint ihnen leichter, sich als Opfer zu fühlen, als für Fehler die Verantwortung zu übernehmen. Das wird auf Dauer zum Ballast, der Menschen daran hindert, ihre Ziele zu erreichen.

FUCK YOUR LUCK: Erkennen Sie Ihre Fehler und lernen Sie daraus. Denn sonst entwickeln Sie sich nicht weiter.

Schauen Sie Ihre Fehler genau an. Fehler sind menschlich. Hören Sie auf, sie kleinzureden oder sich selbst darüber hinwegzutäuschen. Beruhigungsversuche wie »Das ist doch nicht so schlimm« oder »Ich wollte eh den Job kündigen« bringen nichts. Legen Sie den unrealistischen Anspruch ab, dass Ihnen immer alles gelingen müsste.

Aus Fehlern lernen Sie mehr als aus Ihren Erfolgen, aber nur, wenn Sie Fehler erkennen, analysieren und bewerten:

Was hätten Sie besser machen können? Was sollten Sie in Zukunft anders machen? Haben Sie Ihr Bestes gegeben? Fehler zeigen Ihnen den Weg, wie Sie in Zukunft optimaler handeln könnten. So können Sie frühzeitig gegensteuern. Verzeihen Sie sich eigene Fehler, so können Sie auch bei Fehlern anderer mehr Milde walten lassen. Um sich eine eigene Fehlerkultur zu schaffen, hilft Ihnen die **FUCK-YOUR-LUCK-Lern-Checkliste:**

✓ Schließen Sie Fehler nie von vornherein aus. Das macht es leichter, sie zu akzeptieren. Tun Sie alles, um Fehler zu vermeiden, ohne dabei perfektionistisch zu werden.

✓ Haben Sie einen Fehler gemacht, stehen Sie dazu. Ihr Rückgrat wird anderen Respekt abverlangen.

✓ Auch wenn der Fehler noch so ärgerlich ist, verzeihen Sie ihn sich. Das macht Mut, die Verantwortung dafür zu übernehmen und den Fehler wiedergutzumachen.

✓ Je intensiver und leidvoller eine Erfahrung ist, umso größer die Chance, daraus zu lernen. Vertun Sie diese Chance nicht!

✓ Analysieren Sie den Fehler: Wie hätten Sie ihn vermeiden können? Lassen Sie Ihren Entscheidungsprozess Revue passieren.

✓ Lernen Sie daraus. Nutzen Sie Ihren Fehler für eine neue Verhaltens- oder Entscheidungsstrategie. Aber übernehmen Sie die gemachten Erfahrungen nie 1:1, sondern gleichen Sie sie immer mit neuen Entscheidungssituationen ab.

✓ Bereiten Sie sich auf Ihr neues Verhalten gedanklich vor. Visualisieren Sie vergleichbare Situationen und stellen Sie sich Ihr künftiges Verhalten vor. Nutzen Sie dafür auch die **FUCK-YOUR-LUCK-Mentaltechniken** (siehe ab Seite 292).

FUCK YOUR LUCK: Sehen Sie Fehler als Bestandteil Ihrer persönlichen und beruflichen Entwicklung und legen Sie die Angst davor ab.

32

Wie Sie Menschen erkennen und verstehen

Ohne Menschenkenntnis sind Sie blind wie ein Maulwurf. Ahnungslos tappen Sie durchs Dunkel, werden überrascht, geschockt, geblendet, verpassen Chancen und versäumen es, sich zu schützen, weil Sie die geheimen Codes der Gesten, Mimik und Worte Ihres Gegenübers nicht entschlüsseln können. Das macht Sie zum leichten Opfer für Falschspieler, Lügner oder Feinde, die sich mit dem Mantel eines Freundes, vertrauenswürdigen Beraters, liebenden Partners oder dem eines Gutmenschen tarnen. Ohne Menschenkenntnis ist das Erkennen, Verstehen und Einschätzen von Menschen wie ein Glücksspiel, aus dem Fehlentscheidungen, Enttäuschungen und Missverständnisse resultieren. Eliminieren Sie diese Fallen auf dem Weg zu Ihren Zielen und zu dem Leben, das Sie sich wünschen.

Erschreckend wenige Menschen, nämlich nur rund 20 Prozent, liegen richtig bei der Einschätzung ihres Gegenübers.[14] »Ja klar«, sagen Sie jetzt vielleicht. »Bei fremden Menschen hinter die Maske zu schauen ist ja auch schwer! Aber die Gedanken meines Partners, von Freunden oder Bekannten kann ich natürlich viel besser lesen.«

Da irren Sie gewaltig!

Nur rund 35 Prozent der Gedanken lesen Sie richtig, bei allen anderen liegen Sie total daneben. Ihre Trefferquote wird sogar *noch kleiner*, wenn Sie Ihr Gegenüber lange kennen. Dann schauen Sie noch weniger auf den anderen, weil Sie glauben, ohnehin zu wissen, was der vertraute Mensch denkt! So passiert es, dass kleine Veränderungen, Nuancen in Worten, Blicken, Gesten oder dem Verhalten einfach nicht registriert werden.[14]

Als Fuckyourluckler eignen Sie sich Menschenkenntnis an. Sie üben sich darin, Charaktere schneller und treffender zu erfassen, Worte richtig zu verstehen, damit Sie das Handeln anderer Menschen nicht nur vorhersagen, sondern sogar beeinflussen zu können. Dadurch sind Sie klar im Vorteil!

Um geheime Botschaften von Worten, Gesten und Mimik zu dechiffrieren, brauchen Sie nicht zu einem Verhörspezialisten zu werden. Aber in einem Job, in dem Ihr Erfolg von Menschen abhängt, ist Menschenkenntnis wie eine Geheimwaffe. Dann ist es sinnvoll, tiefer in dieses Thema einzusteigen. Für die meisten Menschen jedoch reichen schon fundiertes Basiswissen und der fokussierte Blick auf das Gegenüber, um zu wissen, wie der andere tickt.

FUCK YOUR LUCK: Schauen Sie weniger auf sich, sondern mehr auf Ihr Gegenüber.

Nur, wenn Sie aufmerksam und achtsam sind, können Sie die Botschaften des Unterbewusstseins, versteckt in Worten, Mimik oder der Sprache des Körpers, überhaupt wahrnehmen. Das ist der erste Schritt zum Entschlüsseln. Dafür braucht es Empathie.

Empathie ist weit mehr als Mitfühlen und Nachfühlen. Empathie ist der Sprung in eine Ihnen fremde Gedanken-, Erlebnis-, Lebens- und Gefühlswelt. Nur, wenn Sie sich darauf einlassen, bekommen Sie eine Vorstellung davon, wie es Ihrem Gegenüber gerade geht. Nur so können Sie hellseherische Fähigkeiten entwickeln. Dann brauchen Sie

Ihren Partner auch nicht zu fragen, was er denkt, was sowieso nur selten ehrlich beantwortet wird. Schulen Sie Ihre Wahrnehmung, Achtsamkeit und Ihren Blick. So können Sie adäquat reagieren und andere fühlen sich von Ihnen verstanden. Psychoanalytiker bezeichnen das als Mentalisierungsfähigkeit, denn sind Sie darin geübt, können Sie Rückschlüsse auf den mentalen Zustand, die Einstellung, Gefühle, Wünsche und Ängste Ihres Gegenübers ziehen. Dabei unterstützen Sie die **FUCK-YOUR-LUCK-Säulen der Menschenkenntnis:**

Hören Sie genau hin
- Entgegen landläufiger Meinung ist die Sprache das wichtigste Indiz für das, was Menschen bewegt. Hinter Worten und Formulierungen verbergen sich Wahrheiten. Fragen Sie einen guten Freund, wie es ihm geht, und er antwortet »Eigentlich ganz gut«, heißt das in Wahrheit, dass es ihm nicht so gut geht.

- Betont er ausdrücklich, dass er mit diesem oder jenem kein Problem hat, hat er wahrscheinlich ein recht großes.

- Suggestive Phrasen wie »Sie werden«, »Sie müssen«, »wenn Sie das tun, werden Sie« zeigen immer, dass jemand Sie gezielt manipulieren will.

- Affirmative Wendungen wie »auf jeden Fall«, »ja klar«, »auf keinen Fall« oder »nie im Leben« stehen für glasklare Stellungnahmen, Überzeugungen oder Ablehnungen.

- Achten Sie auf die Wortwahl Ihres Gesprächspartners. Auf die kleinen Pausen, ein kurzes Zögern, den Satzbau und die Formulierungen. Hören Sie nicht nur sehr genau zu, sondern machen Sie auch die Augen auf!

Erkennen Sie die Sprache des Körpers
- Die Körpersprache verrät viel darüber, was Menschen denken, auch wenn sie es nicht sagen oder sogar etwas ganz anderes behaupten. Körpersprache entspringt direkt dem Unterbewusstsein und ist deshalb schwer zu kontrollieren und zu steuern. Je emotionaler eine Situation ist, umso schwieriger wird es, die Körpersprache zu »verstellen«.

- Achten Sie bei Ihrem Gegenüber auf Stimmlage, Gestik der Arme und Hände, die Bewegung der Beine.

- Das Spiel der Mimik, ein kurzes Zucken der Mundwinkel, ein Flattern der Augenlider oder Augen, die vielleicht nicht mitlächeln – all das zeigt Ihnen, dass etwas anderes gemeint ist, als gerade gesagt wird.

- Stimmen die Signale überein? Angenommen, Ihr Gegenüber lacht. Sehen Sie diese typischen Lachfältchen? Schauen Sie genauer hin. Jetzt blenden Sie den Mund aus und fixieren Sie nur die Augen. Was lesen Sie darin?

- Will der andere Ihnen weißmachen, er wäre Ihr Freund, verschanzt sich aber hinter verschränkten Armen oder Beinen oder dreht sich gar weg? Dann entlarvt die Körpersprache ihn als Lügner. Nonverbale Signale sind authentisch und schwer zu bändigen. Täuschen ist schwierig. Schauen Sie immer genau hin!

Zeigen Sie echtes Interesse
- Charmante, kluge Fragen sind der beste Weg, um Antworten zu bekommen, aber sie lösen auch Irritationen aus, weil viele Menschen um den heißen Brei herum reden. Lächeln Sie Irritationen einfach weg. Erklären Sie,

dass Ihre Fragen von Interesse zeugen. Auch wegen einer leicht indiskreten Frage, verpackt in einem Lächeln, wird Ihnen so niemand böse sein. Außerdem hat der andere immer die Wahl, ob er antwortet. Aber allein, wie er reagiert, gibt Ihnen schon viele Antworten.

* Schaffen Sie Nähe, stellen Sie die richtigen Fragen, hören Sie gut zu, fragen Sie nach und seien Sie dabei ein aufmerksamer Beobachter. Das ist die Taktik von Journalisten, um hinter Masken zu blicken.

* Achten Sie auf all die kleinen unbewussten Signale, die sich in Worten, Gesten, Mimik, Haltung oder der Stimme finden. Komplettieren Sie damit Ihr Bild. Achten Sie darauf, wie dieser Mensch sich in verschiedenen Situationen verhält, bewegt und artikuliert.

Schätzen Sie die Situation des anderen ein
* Achten Sie auf den Kontext. Je besser Sie einen Menschen, sein Umfeld, seine Situation und Vergangenheit kennen, umso einfacher können Sie seine geheimen Signale deuten. Rastet jemand bei einem Scherz über sein Aussehen aus, wurde er vielleicht schon zu Schulzeiten deshalb gehänselt und ist sonst sanft wie ein Lamm.

* Falsche Schlussfolgerungen passieren leicht, wenn Sie Reaktionen über- und Situationen unterbewerten. Wer sich beispielsweise bei Hitze mehrfach kratzt, der muss nicht zwingend unsicher sein. Sondern er schwitzt vielleicht nur, weil ihm zu heiß ist. Wer gereizt reagiert, muss nicht automatisch aggressiv sein. Vielleicht war dieser Mensch gerade im Stress, hat eine schlechte Nachricht erhalten oder ist einfach mal nicht so gut drauf.

- Verhält sich der andere anders als sonst? Fragen Sie sich das, falls Sie ihn länger kennen. Was ist anders als sonst? Liegt es daran, wie er schaut, spricht, sich verhält oder was er sagt? Ist das eine Ausnahme oder stolpern Sie jetzt immer öfter darüber? Behalten Sie das im Auge!

Stellen Sie Ihr Gegenüber in den Mittelpunkt
- Sie wollen etwas erfahren, warum reden Sie dann selbst? Überlagern Sie das Gespräch nicht durch Ihre Einschätzung, Erfahrung oder Sicht der Dinge. Schaffen Sie keine Parallelen zu Ihrer Welt. Es geht nicht darum, was das alles für Sie bedeuten würde, sondern wie Ihr Gegenüber das bewertet. Sie wollen doch mehr über ihn erfahren!

- Halten Sie das Gespräch einfach nur in Fluss. Carl Rogers, der Begründer der Gesprächstherapie, empfiehlt in solchen Fällen: Fassen Sie einfach nochmal zusammen, was der andere gesagt hat. Haben Sie ihn so richtig verstanden? Und schon gibt es neue Antworten für Sie!

- Wahren Sie immer auch eine gewisse Distanz: Schlüpfen Sie nicht **zu** tief in die Perspektive des anderen hinein. Machen Sie sich seine Gefühle nie zu eigen. Tanzen Sie weder mit ihm vor Freude auf dem Tisch, noch stürzen Sie mit ihm ins Tal der Tränen ab. Ausgleichend sein, einen klaren Blick behalten und den anderen vor Kurzschlussreaktionen oder voreiligen Schlüssen bewahren, das können Sie nur aus einer Distanz!

Kalkulieren Sie Fehlinterpretationen ein
- Seien Sie realistisch: Sie sind kein perfekter Gedankenleser, kein Spezialist für Körpersprache und die Entschlüsselung aller geheimen Codes. Jede Interpretation bleibt Ihre Interpretation und muss nicht zwingend die

Wahrheit sein. Wer mit verschränkten Armen und übereinandergeschlagenen Beinen dasitzt, schirmt sich vielleicht nicht ab, sondern sitzt gerade so bequem. Achten Sie deshalb auf alle Signale!

- Und: Suchen Sie nicht nach allem, was Ihren ersten Eindruck bestätigt, sondern bewusst nach dem Gegenteil. So tricksen Sie Ihren Autopiloten aus. Das schützt Sie vor dem »Halo-Effekt«, den es gibt, wenn eine Eigenschaft alle anderen überstrahlt und damit das Gesamtbild prägt. Bewerten Sie jede Eigenschaft einzeln. Wer ein guter Liebhaber ist, ist deshalb noch lange kein guter Mensch oder Partner! Wer sich gekonnt in Szene setzt, ist deshalb nicht automatisch erfolgreich und selbstbewusst.

FUCK YOUR LUCK: *Menschenkenntnis ist der Schlüssel zur richtigen Reaktion.*

33

So fallen Sie nicht auf andere herein und bekommen, was Sie wollen

Eine ganz alltägliche Situation: Sie sind in einer Boutique, durchstöbern noch unentschlossen die neue Kollektion und die sympathische Verkäuferin motiviert Sie, doch etwas anzuprobieren. Aber nichts überzeugt Sie so richtig. Sie wollen die Boutique verlassen, da eilt sie mit einem anderen Modell herbei, das Sie unbedingt anprobieren sollten! Sie tun Ihr den Gefallen, treten aus der Kabine, drehen sich unschlüssig vorm Spiegel und die nette Verkäuferin strahlt Sie an: »Das steht Ihnen ausgezeichnet! Das macht eine tolle Figur!«

»Wirklich?«, zweifeln Sie. Aber sie räumt alle Zweifel aus, dekoriert Sie gekonnt noch mit Schal und Schuhen. Als Sie die Boutique verlassen, ist in Ihrer Einkaufstüte nicht nur viel mehr drin, als Sie kaufen wollten, sondern auch ein Kleidungsstück, das Ihnen auf Anhieb nicht so gut gefallen hat.

Später dann, in einem Elektronikmarkt, haben Sie sich fest vorgenommen, Ihr Budget für die neue Kaffeemaschine nicht zu überschreiten. Aber dann zeigt Ihnen der Verkäufer dieses Super-Schnäppchen, quasi den Rolls Royce unter den Kaffeemaschinen, und preist dessen Vorteile an. Richtig sparen würden Sie auch, weil das Gerät nur noch heute so günstig zu haben ist. Sie schlagen zu, kaufen – und haben mehr ausgegeben, als Sie wollten.

Am Nachmittag bekommen Sie Besuch von Ihrem Versicherungsvertreter. Sie finden es supernett, dass er samstags bei Ihnen vorbeikommt und sich zuallererst einmal erkundigt, wie es Ihnen geht. Eigentlich wollten Sie ja eine Versicherung kündigen, aber als er sich mit warmem Händedruck etwas später verabschiedet, haben Sie Ihre Hausratsversicherung aufgestockt. Danach raffen Sie sich zu einer Verkaufsparty bei einer Bekannten auf, wo Sie sich gleich noch etwas »andrehen« lassen. Abends beim Einschlafen denken Sie über diesen Tag nach, ärgern sich, dass Sie all das gekauft haben, obwohl Sie es doch gar nicht wollten! Warum haben Sie das getan?

Die Antwort ist simpel: Menschen haben es geschafft, Sie zu manipulieren. Sie haben etwas getan, was Sie so nicht vorhatten. Typisch wäre es jetzt, nach Erklärungen zu suchen, um Fehlkäufe oder Fehlentscheidungen vor sich zu entschuldigen, weil niemand gern zugibt, dass er Opfer einer Manipulation geworden ist.

Als Fuckyourluckler aber sehen Sie den Tatsachen ins Auge: Die meisten Menschen wollen Sie manipulieren, um eigene Ziele zu erreichen. Dafür wird einfach auf die richtigen Knöpfe gedrückt. Die zu finden ist nicht allzu schwierig: »Teuer« assoziieren Sie – wie die meisten Menschen – sofort mit »gut«. Knappe Produkte halten Sie für »beliebt« und deshalb ebenfalls für »gut«. Stark nachgefragte Produkte müssen doch »gut« sein und kurzfristig reduzierte Preise damit einmalige »Schnäppchen«. Spendenlisten mit vielen oder gar bekannten Namen signalisieren Ihnen: »seriös«. Und das sind nur ein paar Beispiele für Knopfdrucksituationen, in denen Sie nicht mehr selbstbestimmt entscheiden und handeln.

Steuern Sie gegen: Sie leben in einer Welt der Marketingstrategen und Marktschreier, die sich selbstbewusst anpreisen, die eine schöne Verpackung oft ohne brauchbaren Inhalt verkaufen oder den Anschein erwecken, jemand zu sein, der sie gar nicht sind. Wer am lautesten schreit, ist noch lange nicht der Beste. Wer verspricht, Ihr Bestes zu wollen, muss das noch lange nicht so meinen.

Als Fuckyourluckler fallen Sie nicht auf solche Menschenfänger herein, weil Sie deren fiese Psychotricks entlarven. Dabei hilft Ihnen Ihre Menschenkenntnis und die **FUCK-YOUR-LUCK-Psychotrick-Checkliste:**

✓ **Soziale Bewährtheit:** Was viele Leute wollen oder tun, muss gut und richtig sein! Das ist falsch. Laut Studien[15] irrt die Mehrheit meistens, zum Beispiel bei Geldanlagen. Hören Sie auf, ihr blind zu vertrauen. TV und Werbung nutzen Ihren inneren Automatismus, um Sie durch Attribute wie »meistverkauft«, »Bestseller« oder »höchste Zuwachsraten« zum Kauf zu überzeugen. Folgen Sie auch keinen Meinungen oder einem allgemeinen Verhalten, nur weil andere das tun.

✓ **Knappheits-Prinzip:** Durch Werbung wie »nur so lange der Vorrat reicht« oder Sprüche wie »Sie müssen sich jetzt aber schnell entscheiden …« wird Ihr Schutzmechanismus aus dem Steinzeitalter aktiviert. Er versetzt Ihr Gehirn in eine Art Erregungszustand, um Sie zu veranlassen, rechtzeitig für alles zu sorgen. Machen Sie diesen Schutzmechanismus zu Ihrem Manipulationswarner. Wann immer er schrillt, schalten Sie Ihre mentale Ampel auf *Rot*. Kaufen Sie nichts, was vermeintlich knapp ist, wenn Sie es nicht wirklich brauchen.

✓ **Kontrast-Prinzip:** Haben Sie sich schon einmal gefragt, warum Ihnen der Verkäufer immer zuerst den teuren Anzug und danach das Hemd verkaufen will? Ganz einfach: Im Vergleich zum Anzug wirkt alles andere plötzlich viel billiger. Und das Hemd nimmt man so auch noch schnell mit, weil es auf die fünfzig Euro nun nicht mehr ankommt und es doch so gut zum Anzug passt.

✓ **Gegenseitigkeits-Prinzip:** Wollen Sie niemandem etwas schuldig bleiben? Fühlen Sie sich verpflichtet? Sie teilen diesen Impuls mit vielen Menschen. Das ist genetisch bedingt – und noch dazu anerzogen. Sie wollen kein Schnorrer sein und sind bemüht, mindestens das zurückzugeben, was Sie bekommen haben. Das nutzen andere, um selbst schneller zum Ziel zu kommen, indem sie absichtlich Schuldgefühle bei Ihnen erzeugen. Denn dann fühlen Sie sich in der Pflicht, geben einem Wunsch viel schneller nach. Lädt Sie in Zukunft ein Bekannter zum Essen ein und bittet Sie danach um einen Gefallen, dann wissen Sie Bescheid. Hilfsorganisationen verschicken deshalb Weihnachtskarten, damit Sie durch Ihre Spende etwas zurückgeben. Durchschauen Sie die Tricks! Geben Sie nur, wenn Sie etwas geben wollen!

✓ **»Tür-ins-Gesicht-Taktik«:** Stellen Sie sich vor: Ein Freund bittet Sie um einen großen Gefallen. Obwohl Sie sich dabei schlecht fühlen, lehnen Sie ab. Kurz darauf bittet er Sie um einen kleineren Gefallen. Wahrscheinlich werden Sie ihn erfüllen. Sie wollen nicht zweimal »Nein« sagen und einer kleinen Bitte nachzukommen fällt leichter.

✓ **»Fuß-in-der-Tür-Taktik«:** Diese wird gern auch von Spendenorganisationen benutzt. Werden Sie mit den Worten angesprochen »Das Schicksal notleidender Kinder in Afrika ist Ihnen doch sicher nicht egal« und Sie bestätigen das, fällt es Ihnen danach schwerer, eine Spendenbitte abzuschlagen. Menschen neigen zum konsistenten Verhalten. Stoppen Sie den Automatismus. Wer A gesagt hat, muss nicht automatisch B sagen.

✓ »Commitment-Technik«: »Du willst doch auch, dass ich die schönste Frau des Abends bin!« – Kommt Ihnen solch ein Satz bekannt vor? Haben Sie genickt, zahlen Sie ein neues Kleid oder den Friseur. In Beziehungen sind solche Tricks verbreitet. Sie können sie aber auch durchschauen – und trotzdem mitspielen. Aber nur, wenn *Sie* es wollen.

Fällt Ihnen in Zukunft der eine oder andere dieser Psychotricks auf, schalten Sie sofort Ihren Autopiloten aus und steuern Sie bewusst dagegen. Das fällt bei fremden Menschen, wie in einer typischen Verkaufssituation, natürlich viel leichter, als wenn Sie solche Manipulationsversuche bei Menschen entlarven, die Ihnen nahestehen. Da hilft nur Geradlinigkeit und Klarheit: Wollen Sie etwas nicht, lehnen Sie freundlich, aber bestimmt ab. Nur *Sie* entscheiden!

FUCK YOUR LUCK: Sie fallen nicht auf die Psychotricks der anderen herein!

Da Sie der wichtigste Mensch in Ihrem Leben sind, sollten Sie auch bekommen, was Sie wollen. Aber billige Tricks und Manipulationen haben Sie ebenso wenig nötig wie »mehr Schein als Sein«. Fuckyourluckler sind authentisch. Sie beeinflussen Menschen zwar auch, aber durch ihre Persönlichkeit und ihr Charisma.

Charisma bringt Menschen dazu, Ihnen zu folgen, sogar wenn die Botschaften, die Sie überbringen, nicht unbedingt positiv sind. Sind Sie authentisch, ehrlich und moralisch integer, können Sie andere durch Ihren Charme,

Ihr Können und die Fähigkeit, positive Gefühle zu erzeugen, für sich gewinnen. Bedienen Sie sich fairer Überzeugungsstrategien. Achten Sie darauf, dass es keine klaren Verlierer gibt, sondern eine Win-win-Situation entsteht. Nutzen und schulen Sie Ihre Menschenkenntnis, dann entwickeln Sie ein Gefühl dafür, wie der andere tickt. Nur so können Sie ihn erreichen. Überzeugen Sie durch Sympathie, Vertrauen und trainieren Sie Ihr Charisma mit **den FUCK-YOUR-LUCK-Strategien.**

FUCK-YOUR-LUCK-Strategien, mit denen Sie überzeugen!

- **Hohe emotionale Intelligenz:** Sprechen Sie über Ihre Gefühle. Seien Sie offen. Begeistern Sie Menschen, wecken Sie Hoffnungen, aber ordnen Sie sich auch anderen Ideen und Idealen unter. Es ist nicht Ihre Aufgabe, andere zu »bekehren«. Zeigen Sie Verletzlichkeiten. Geben Sie Ängste und Schwächen zu und Ihren emotionalen Schutzmantel auf. Dann tun andere Menschen das oft auch!

- **Interesse zeigen:** Schenken Sie Ihrem Gegenüber ungeteilte Aufmerksamkeit. Beobachten Sie sein Verhalten und seine Sprache. Warten Sie nicht darauf, dass andere den ersten Schritt machen. Gehen Sie auf Menschen zu, ergreifen Sie die Initiative. Übernehmen Sie die Führung! Stellen Sie Fragen und hören Sie gut zu.

- **Gemeinsamkeiten finden:** Suchen Sie im Gespräch nach Gemeinsamkeiten, ähnlichen Erfahrungen, Interessen oder Meinungen. Je mehr Sie auf einer Wellenlänge schwimmen, umso positiver entwickelt sich der Kontakt. Das gilt beruflich wie privat.

- **Rhetorik und Körpersprache:** Halten Sie Blickkontakt. Andere beurteilen Sie dann positiver und ordnen sich eher unter. Setzen Sie Ihre Körpersprache bewusst ein. Achten Sie darauf, dass Ihr Körper dasselbe sagt wie Ihre Worte! Lernen Sie die Tiefenatmung (siehe ab Seite 292), variieren Sie Sprechtempo, Stimmlage und Rhythmik. Finden Sie zu Ihrem Stil, sonst wirkt das künstlich.

- **Machen Sie sich interessant:** Haben Sie etwas zu erzählen? Erzählen Sie es! Stellen Sie im Gespräch Bezüge zu eigenen Erlebnissen her, die Ihre Fähigkeiten ins rechte Licht rücken. Seien Sie dabei nie penetrant – und übertreiben Sie nicht. Wer sich zu sehr in den Mittelpunkt drängt, der nervt, während gut gesetzte »Aktionen« offen und sympathisch wirken. Bekennen Sie sich zu Ihren Ecken und Kanten und betonen Sie Ihre Stärken.

- **Selbstsicherheit:** Nur, wenn Sie von sich und der eigenen Sache überzeugt sind, können Sie andere überzeugen. Zeigen Sie Begeisterung! Treten Sie für Ihre Ziele ein. Kokettieren Sie mit kleinen Schwächen. Eine Portion Selbstironie öffnet Türen!

- **Glaubwürdigkeit:** Halten Sie, was Sie versprechen! Glaubwürdigkeit erzeugt Akzeptanz. Haben Sie einen Experten-Status, schafft Ihnen das einen Vertrauensvorschuss. Demonstrieren Sie Aufrichtigkeit, indem Sie kleine Schwächen Ihres Standpunktes oder des Produkts einräumen, die unterm Strich aber unbedeutend erscheinen.

- **Positive Gefühle:** Erreichen Sie die emotionale Welt des anderen. Erzeugen Sie positive Gefühle. Üben Sie sich darin im Alltag. Können Sie und Ihr Partner sich zum

Beispiel nicht auf einen Kino-Film einigen, vergessen Sie sachliche Argumente. Schildern Sie, wie toll es sein wird, aneinandergekuschelt mit einer Tüte Popcorn im Kino zu sitzen und dort wie früher wieder zu knutschen, weil der Film bestimmt so tolle gemeinsame Erinnerungen in Ihnen beiden wachrufen wird.

FUCK YOUR LUCK: Sie sprechen gezielt Emotionen an, um andere Menschen zum Handeln zu bewegen.

34

Egoisten sind die glücklicheren Helfer

Was Sie bislang im Leben behindert, ist wahrscheinlich die Vorstellung, kein Egoist sein zu dürfen. Allein bei dem Wort bauen sich Bilder von fiesen, rücksichtslosen Zeitgenossen auf, die nur auf sich und ihren Vorteil schauen und denen andere egal sind. Wirft Ihnen jemand Egoismus vor, fühlen Sie sich garantiert schlagartig schlecht, verteidigen sich oder geben Ihr Vorhaben auf. Der Egoisten-Vorwurf ist der älteste Trick, um Menschen zu manipulieren.

So setzen wir auf Selbstlosigkeit. Die mündet aber oft in Selbstaufgabe. Das passiert, wenn Sie versuchen, es allen und jedem recht zu machen. Da bleibt kein Raum mehr für Sie und keine Zeit, an sich zu denken. Geschweige denn, Ziele und Wünsche zu leben.

Als Fuckyourluckler leben Sie nach dem Netto-Prinzip, bei dem unterm Strich gesunder Egoismus und softer Altruismus herauskommt:

✓ Sie sind gesund egoistisch, wenn Sie zu Ihren Wünschen und Zielen stehen.

✓ Sie sind gesund egoistisch, wenn Sie alles dafür tun.

✓ Sie sind gesund egoistisch, wenn Ihr Leben für Sie stimmig ist, selbst wenn andere das nicht so sehen.

✓ Sie sind gesund egoistisch, wenn Sie sich nicht für alles und jeden verantwortlich fühlen, auch nicht für das Glück Ihres Partners.

✓ Sie sind gesund egoistisch, wenn Sie auf sich achten, ohne andere zu vergessen!

✓ Sie sind gesund egoistisch, wenn Sie mit sich im Reinen sind.

✓ Sie sind gesund egoistisch, wenn Sie sich für ein gutes »Gesamtpaket« halten und sich lieben.

✓ Sie sind gesund egoistisch, wenn Sie auf Ihren Vorteil achten.

✓ Sie sind gesund egoistisch, wenn Ihre Lebenszufriedenheit Ihnen am wichtigsten ist.

Für den gesunden Egoisten ist es aber immer tabu, andere Menschen zu übervorteilen oder ihnen bewusst zu schaden. Das ist schändlich. Sich so zu verhalten, macht nicht zufrieden. Das Wissen, zu fiesen Tricks gegriffen zu haben, bleibt wie ein Stachel in der Seele stecken. Als gesunder Egoist überzeugen Sie durch Ihre Qualitäten. Sind Sie gesund egoistisch, legen Sie sich fair ins Zeug und freuen sich, wenn Sie Ihr Ziel erreicht haben. Und jetzt, nach so viel »gesund egoistisch«, haben Sie längst begonnen, den alten negativen Beigeschmack dieses Wortes in Ihrer Programmierung positiv zu überschreiben!

Egoismus liegt in der Natur des Menschen. Er unterstützt Willenskraft und Ehrgeiz. Sonst gäbe es weder Pioniere noch Innovationen. Der Philosoph Michael Pauen hat es auf den Punkt gebracht:[16] Ohne eine große Portion Größenwahn und zuweilen krankhaften Ehrgeiz der Menschen, die Entdeckungen oder Erfindungen gemacht haben, würden wir noch friedlich und gelangweilt in Höhlen oder auf Bäumen hocken. Eine Gesellschaft funktioniert nur durch das Zusammenspiel von Egoismus und Gemeinsinn.

Gemeinsinn liegt auch in der Natur des Menschen. Daraus resultieren wichtige Tugenden wie Hilfsbereitschaft oder Mitleid. Als Fuckyourluckler sind Sie ein softer Altruist. Sie ziehen aus Gemeinsinn innere Befriedigung und stehen dazu. Selbst Mutter Teresa hat einst zugegeben, dass sie aus ihrer Arbeit eine tiefe innere Befriedigung zieht. Was spricht dagegen? Nichts. Denken Sie an sich! Fühlen Sie sich gut, wenn Sie Gutes getan haben! Seien Sie stolz darauf! Das mindert nicht die Qualität Ihrer Hilfe. Sie haben einfach Gutes mit Nützlichem für Sie verbunden.

Jedes noch so kleine positive Gefühl ist ein Baustein zu Ihrer inneren Zufriedenheit, auch wenn es keinen direkten Nutzen bringt. Wenn Sie einem Kumpel beim Umzug helfen, einer Freundin Ihre Aufmerksamkeit schenken oder sie vom Flughafen abholen, jemandem handwerklich behilflich sind, als Babysitter einspringen, einen Freund ins Restaurant einladen, der gerade knapp bei Kasse ist ... bringt Ihnen das nicht nur ein gutes Gefühl. Das festigt die Freundschaft und Verbundenheit. Dafür dürfen Sie keine Dankbarkeit oder direkte Gegenleistung erwarten. Aber Sie dürfen erwarten, dass Sie für Ihre Hilfsbereitschaft etwas zurückbekommen, wenn Sie darum bitten und der andere dazu in der Lage ist. Stellen Sie fest, dass Sie immer der Gebende und andere die Nehmenden sind, lassen Sie sich ausnutzen. Das kann auch Ihrer Suche oder Sucht nach Anerkennung entspringen. Fragen Sie sich dann: Motiviert Sie zu wenig Anerkennung dazu, sich noch mehr anzustrengen – und sich ausnutzen zu lassen?

Als Fuckyourluckler wissen Sie: Selbstlosigkeit trennt Sie von Ihrem Selbst. Das kommt einer Aufgabe Ihrer Persönlichkeit gleich. Kurzfristig kann das okay sein, aber unterm Strich ist es wichtig, dass etwas Positives für Sie rauskommen. Das kann die Befriedigung sein, Gutes getan zu haben. Oder das Plus auf dem Freundschaft-Konto, auf das Sie eingezahlt haben. Selbstlosigkeit in Reinform widerspricht der menschlichen Natur. Das macht Sie nicht zu einem Zeitgenossen, der alles aufrechnet. Sie schauen einfach nur auf sich und Ihr Wohl. Das ist Ihr Recht – und Ihre Pflicht.

FUCK YOUR LUCK: Nutzen Sie Möglichkeiten, anderen zu helfen oder ihnen eine Freude zu machen, aber lassen Sie sich nicht ausnutzen.

Sie haben viele Möglichkeiten, die Welt in Ihrem direkten Umfeld besser, liebevoller oder freundlicher zu gestalten. Schon ein freundliches Wort, Anteilnahme oder Zeit zu verschenken bewirkt viel Gutes.

In unserer Gesellschaft ist psychische Not oft größer als die existentielle. Der Verkäuferin verschönt es den Tag, wenn Sie ein nettes Wort an sie richten, genauso wie es Ihren Tag schöner macht, wenn Chef, Partner oder Kollegen ein freundliches Wort für Sie übrig haben. Berühren Sie Seelen. Schenken Sie gute Gefühle. Es geht nicht nur ums Geld, auch wenn Spenden wichtig sind.

Als Fuckyourluckler geben Sie im Rahmen Ihrer Möglichkeiten. Mal ist das der Euro für den Bettler, eine Spende für ein Herzensprojekt, die Patenschaft für ein Kind oder Unterstützung von Menschen in Ihrem Umfeld. Darüber hinaus können Sie täglich Ihren kleinen Beitrag leisten, damit die Welt ein Stücken besser wird durch:

- **Rücksichtnahme:** Machen Sie das zu Ihrer Tugend! Auch wenn Nachbarn die Türen schlagen, Kinder außer

Rand und Band in der Wohnung über Ihnen toben oder Musik ewig dröhnt – Sie sind anders. Rücksichtnahme ist für Sie selbstverständlich, aber Sie dürfen sie auch für sich erwarten und einfordern.

- **Weg mit der Erwartungshaltung:** Erwartungen programmieren Enttäuschungen. Keine Erwartungen zu haben zeugt von Größe. Das heißt aber nicht, dass Sie sich ausnutzen lassen sollen. Sie entscheiden, wann die Waage für Sie noch in Balance ist.

- **Aufrechnen unter Freunden:** Die Vorstellung, absolut nichts schuldig bleiben zu wollen oder immer sofort etwas zurückzubekommen, widerspricht dem Grundsatz der Freundschaft. Trotzdem sollte das Freundschaftskonto nie für den einen dauerhaft im Minus sein.

- **Freundlichkeit:** Kostet so wenig und bringt so viel. Schenken Sie möglichst oft vielen Menschen ganz viel davon.

- **Kleine Gefälligkeiten:** Die bringen Sie nicht um und schaffen eine Basis für neue Freundschaften.

Als Fuckyourluckler sind Sie ein altruistischer Egoist, der gern hilft, unterstützt und anderen eine Freude bereitet. Das positive Feedback ist ein Schub für Ihre Motivation und Zufriedenheit. Dabei verfolgen und verwirklichen Sie gesund egoistisch Ihre Ziele, Wünsche und verbinden geschickt Eigen- mit Fremdinteresse.

FUCK YOUR LUCK: Seien Sie so oft altruistisch, wie es Ihnen gut tut!

35

Sie haben ein Recht auf schlechte Laune

Als Fuckyourluckler sind uns zwei Menschentypen suspekt. Erstens: Die Dauermiesepeter! Sie haben den Humor einer Ameise, legen den Finger nur auf das Negative, schleichen griesgrämig durchs Leben und legen es darauf an, anderen die gute Laune zu verderben. Zweitens: Die Dauerlächler! Angeblich ist für die immer alles so easy. Sie wirken, als wären sie geradewegs einem Lachseminar oder Humorworkshop entsprungen. Solche Bildungsangebote gibt es tatsächlich, weil Lachen und Humor als Pille gegen alles verstanden werden.

Lachen ist zweifelsohne eine prima Medizin, baut Stress ab, stärkt das Immunsystem und wirkt sich positiv auf Atmung und innere Organe aus. Wer viel lacht, senkt seine Risiko für Herzinfarkt, Bluthochdruck, Schlaganfall oder Essstörungen. Lachen lässt Aggressionen verschwinden, macht genussfähiger und zufriedener. Nur lässt sich gute Laune weder erzwingen noch verordnen. Das häufig empfohlene Lachen oder Lächeln »auf Kommando« mag kurzfristig okay sein, hat aber langfristig nachteilige Auswirkungen. Dauerhaft aufgesetztes, nicht authentisches Lächeln steigert das Risiko eines Herzinfarkts genauso stark wie Ärger.[17] Es strengt an, sich im Gegensatz zu seinen echten Emotionen zu verhalten. Gestatten Sie sich also, auch mal schlecht gelaunt zu sein. Lassen Sie sich Ihre schlechte Laune nicht vermiesen!

Das ist gesund und wichtig. Mal mies drauf zu sein ist Bestandteil des emotionalen Gleichgewichts und gehört zu einem zufriedenen Leben dazu. Kein Mensch kann immer nur gut drauf sein. Auch Sie nicht! Verabschieden Sie sich von diesem Anspruch. Sie sind doch kein Automat, der ewig lächelt. Stimmungen sind Reaktionen auf das, was Ihnen widerfahren ist. Sie sind Ausdruck dafür, wie Sie Ereignisse bewerten. Dass Launen schwanken, ist auch in der Konstruktion Ihres Gehirns begründet und so normal wie ein Wetterumschwung. Natürlich sollte es bei Ihnen nicht allzu oft stürmen und regnen. Sind Sie aber mal in dieser Stimmung, nützen negative Gefühle Ihnen sogar. Denn dann sind Sie ...

- ... selbstkritischer und eher bereit, die Verantwortung für Fehler bei sich und nicht bei anderen zu suchen.

- ... risikofreudiger und mutiger.

- ... besser in der Lage, sich durchzusetzen, aber weniger kooperativ.

- ... fitter im Kopf mit besserer Gedächtnisleistung.

- ... viel aufmerksamer und deshalb auch schwerer zu manipulieren.

Nach einem Streit wütend, zornig oder traurig zu sein ist normal. Reagieren Sie aber mit Verachtung, wirkt das zerstörerisch auf Sie zurück. Auch Trauer ist ein wichtiger emotionaler Prozess, um Verluste zu bewältigen und Neues annehmen zu können. Fragen Sie sich in solchen Situationen: Ist Ihre schwarze Sicht der Dinge angebracht oder gerechtfertigt? Wie lange sind Sie schon auf diesem Trip?

Als Fuckyourluckler lassen Sie düstere Stimmungen zeitlich begrenzt zu. Nach dem **FUCK-YOUR-LUCK-Netto-Prinzip** muss unterm Strich aber die gute Laune deutlich überwiegen. Begreifen Sie die Flüchtigkeit der negativen Momente, aber auch der schönsten Augenblicke. Lassen Sie sie kommen und gehen wie den Wechsel der Jahreszeiten, aber managen Sie sie mit der **FUCK-YOUR-LUCK-Checkliste:**

✓ Sie allein sind für Ihre Stimmung zuständig.

✓ Lassen Sie schlechte Laune begrenzt zu. Das strengt weniger an, als sie zu bekämpfen.

✓ Nehmen Sie sich nicht so ernst und wichtig. Seien Sie souverän und lachen Sie auch über sich, wenn etwas danebengeht.

✓ Üben Sie sich in Humor, Selbstironie und Leichtigkeit. Das sind soziale Kompetenzen. Sie wirken wie »Türöffner« auf andere und sind Ihre Gute-Laune-Helfer.

✓ Wechseln Sie die Perspektive: Geht etwas schief, achten Sie auf das Komische und nicht auf das Problem, das daraus resultiert.

✓ Lachen Sie über Missgeschicke von anderen. Ein bisschen Schadenfreude ist legitim, solange niemand ernsthaft geschädigt wird.

✓ Gehen Sie aufmerksam durchs Leben. Denn auf diese Art fallen Ihnen viele Situationen und Momente auf, die Sie lächeln lassen.

✓ Seien Sie ruhig mal richtig albern. Das tut gut. Werden Sie deshalb aber nicht gleich zum Dauerwitzbold. Das nervt und kaschiert ein schwaches Selbstwertgefühl.

FUCK YOUR LUCK: Sie sind für Ihre Launen zuständig. Seien Sie viel öfter gut als schlecht gelaunt!

36

Damit Erwartungen nicht enttäuscht werden

»Ich hätte erwartet, dass du dich früher meldest!«, »Ich habe erwartet, dass du für mich Partei ergreifst«, »Ich darf doch wohl erwarten, dass du mir beim Umzug hilfst!«, »Ich hätte erwartet, dass du dich freust!«, »Ich habe erwartet, dass du mehr im Haushalt hilfst«, »Ich darf doch wohl erwarten, dass du dich um die Kinder kümmerst!«, »Ich hätte erwartet, dass du für mich da bist und mich unterstützt«, »Ich erwarte, dass mein Chef meine Leistung belohnt!«, »Ich hätte erwartet, dass du siehst, was ich für dich tue«...

Hand aufs Herz: Wie oft haben Sie das oder ähnliches gesagt oder gedacht? Und wie oft ist Ihre Erwartung enttäuscht worden? Wie oft hat Sie das wütend gemacht, frustriert und verletzt? Wahrscheinlich oft, denn Erwartungen programmieren Enttäuschungen, Leid, Ärger, Wut, Missverständnisse oder Konflikte.

Er-warten Sie etwas, dann warten Sie auf exakt die Reaktionen, die Sie sich vorstellen. Sie programmieren Ihr Unterbewusstsein, konstruieren so Ihre Realität und damit auch Ihre Zukunft. Seien Sie sich bewusst: Alles ist nur Ihre Sicht der Dinge in Ihrer eigenen Welt und mit Ihrem persönlichen Wertesystem. *Sie* würden sich so verhalten! Deshalb erwarten Sie genau das auch vom anderen. Verhält er sich so, ist alles gut. Tut er das nicht, sind Sie sauer und enttäuscht.

Mit welchem Recht glauben Sie, dass Ihr Verhalten das richtige ist? Andere Menschen sind anders. Sie leben in einer anderen Welt als Sie, haben andere Werte, Erwartungen und Ziele. Es ist purer Zufall und wunderbar, wenn Ihre Welt mit der eines anderen kompatibel ist. Oft ist das aber nicht so. Nur haben Sie durch Ihre Erwartungshaltung längst Ihr Unterbewusstsein programmiert, das dann Ihre Wahrnehmung beeinflusst. So erschaffen Sie sich Ihre Realität. Sie sehen nur das, was Sie durch Ihre Brille sehen wollen. Ein klassisches Beispiel für enttäuschte Erwartungen ist ein Date:

Nehmen wir Lisa und Thomas. Lisa ist seit drei Jahren Single und wünscht sich einen Partner. Thomas ist frisch geschieden. Nach dem ersten Date kommt Lisa mit Schmetterlingen im Bauch nach Hause. Lisa geht fest davon aus, dass Thomas fühlt wie sie und er sich spätestens übermorgen bei ihr melden wird. Nur hat sie ihm das nie gesagt! Das erwartet sie stillschweigend, weil sie sich so verhalten würde, wäre sie Thomas. Dumm nur, dass sie nicht Thomas ist. Also wartet sie, aber nichts passiert. Ständig fragt sie sich: »Warum ruft er nicht an?«

Lisa wird täglich frustrierter. Das lässt auch ihr positives Bild von Thomas in ihrer Erinnerung schwinden. Nach vierzehn Tagen Wartezeit ruft Thomas endlich an. Entsprechend kühl klingt Lisas Stimme. Von Freude keine Spur. Ein nächstes Date lehnt sie schroff ab. Thomas hat keine Ahnung, was mit Lisa los ist. Er war beruflich eingespannt, wollte nichts überstürzen, hatte nichts versprochen – und ist auch längst noch nicht so bereit für eine Partnerschaft wie Lisa.

Hätte Lisa nichts erwartet, hätte sie sich über seinen Anruf gefreut. Die beiden hätten ein zweites Date gehabt, und vielleicht wäre aus ihnen ein Paar geworden. Alternativ hätte Lisa über ihre Erwartung sprechen können.

Thomas ist kein Hellseher. So hätte Thomas die Chance gehabt, »ja« oder »nein« zu ihrer Erwartung zu sagen. Als Fuckyourluckler gehen Sie raus aus der passiven Position der *Er-wartung*. Mit einseitigen unausgesprochenen Erwartungen vermiesen Sie sich Lebenszeit. Erwartungen machen abhängig von den Reaktionen anderer Menschen. Zudem ist es anmaßend, das Verhalten anderer bestimmen zu wollen. Ebenso, wie Sie das Recht haben, die Welt mit Ihren Augen zu sehen, haben andere das auch! Das bedeutet nicht, dass Sie grundsätzlich nichts erwarten dürfen oder alles gut finden müssen. Es bleibt immer Ihre Entscheidung, wie Sie mit dem Verhalten eines anderen umgehen. Sind bestimmte Erwartungen für Sie sehr wichtig, sprechen Sie darüber. Nutzen Sie dabei die **FUCK-YOUR-LUCK-Strategie.**

Die FUCK-YOUR-LUCK-Strategie

Mit den folgenden Tipps können Sie sich vor falschen Erwartungen an andere und von anderen Menschen an Sie schützen:

- Nichts zu erwarten ist Selbstschutz. Das ist Ihr Schutzschild vor Enttäuschungen. Ertappen Sie sich bei Erwartungen, schalten Sie Ihre mentale Ampel auf *Rot*. Sagen Sie bewusst: »Ich erwarte nichts.« Denken Sie an etwas ganz anderes und schalten Sie Ihre Ampel wieder auf *Grün*. Nur Wünsche sind erlaubt!

- Akzeptieren Sie: Andere Menschen sind anders. Das macht Sie frei. Sie werden feststellen, wie oft Sie positiv überrascht werden. Nehmen Sie es dann als Geschenk an. Reagieren Sie auf das Verhalten anderer Menschen einfach nach der Formel: Love it, change it or leave it!

- Ist das Verhalten für Sie negativ, wählen Sie die Option *change it*. Sprechen Sie darüber. Das gibt Ihrem Gegenüber die Chance, sein Verhalten zu ändern. Oder sie einigen sich auf einen Kompromiss. Ist das nicht möglich, bleibt Ihnen *leave it*. Verabschieden Sie sich aus einer Situation oder von einem Menschen.

- Haben Sie Erwartungen, bemühen Sie sich um eine verbindliche Vereinbarung. Wird diese akzeptiert, gibt Ihnen das ein Anrecht auf die Erfüllung Ihrer Erwartung. Denn Absprachen einzuhalten ist eine Basis in allen Beziehungen.

- Haben Sie einer Vereinbarung zugestimmt, gilt diese auch für Sie. Haben Sie das nicht, kümmern Sie sich nicht um die Erwartungen anderer. Sie sind nicht Ihr Problem.

- Treffen Sie nur solche Vereinbarungen, die mit Ihren Zielen übereinstimmen. Erfüllen Sie keine Erwartungen, weil Sie sich dazu gezwungen fühlen. Sonst kommen Sie nie dazu, Ihr Leben zu leben.

- Bei stillschweigenden Vereinbarungen, also Erwartungen aus Gewohnheit, kündigen Sie verändertes Verhalten an. Das erspart Enttäuschungen.

- Provozieren Sie nie eine unberechtigte Erwartungshaltung bei anderen.

FUCK YOUR LUCK: Es ist nicht Ihr Job, Erwartungen zu erfüllen. Keine Erwartung ohne Vereinbarung. Das gilt für Sie und andere!

Was für die Erwartungen gilt, die Sie anderen gegenüber hegen, gilt auch für Erwartungen, die Sie an sich selbst haben. Die gilt es klug zu wählen. Denn auch Sie programmieren Ihr Unterbewusstsein. Fokussiert auf Ihre Erwartung nehmen Sie alles selektiv wahr und verankern das in Ihrem Unterbewusstsein. Kurz: Sie sehen nur noch das, was Sie sehen wollen! Erwarten Sie zu viel von sich oder zu wenig – etwa, dass Sie etwas ohnehin nicht schaffen –, reagiert Ihr Unterbewusstsein prompt. Dann wird das zu einer selbsterfüllenden Prophezeiung.

Ein Beispiel: Angenommen, Sie sind mit Ihrer Clique im Skiurlaub, aber Sie fahren nicht gut Ski. Anfangs fahren alle auf einer mittelschweren Piste. Einfacher wäre für Sie die leichte, blaue Piste gewesen. Aber jetzt sind Sie stolz, die Herausforderung zu meistern. Sie haben Spaß, sind motiviert. Dann aber beschließen Ihre Freunde, eine noch schwierigere Piste zu fahren. Sie möchten nicht als Spielverderber oder Angsthase gelten, fragen sich aber schon im Lift: »Warum habe ich mich bloß darauf eingelassen?«. Sie sind überzeugt, dass es Sie bös hinhauen wird. Oben angekommen, schauen Sie die Abfahrt hinunter und bekommen Panik. Trotzdem fahren Sie los. Nach dem dritten Schwung stürzen Sie. Zwar ist die Herausforderung tatsächlich zu groß, aber Sie haben auch im Lift Ihr Unterbewusstsein schon aufs Fallen programmiert. Deshalb haben Sie und Ihre Muskeln sich so verkrampft, dass ein Sturz nur logisch war!

»Ich habe es gewusst«, sagen Sie, rappeln sich auf, fühlen sich bestätigt. Vielleicht treffen Sie sogar die Entscheidung, das Skifahren ganz zu lassen, obwohl Sie selbst dafür gesorgt haben, dass diese Abfahrt schiefgegangen ist!

Als Fuckyourluckler hüten Sie sich vor unrealistischen Erwartungen, um sich nicht auf Misserfolg zu programmieren und negative Erfahrungen anzusammeln. Sie achten auf Ihre eigene realistische Erwartungshaltung und stellen sich nur solchen Herausforderungen, die Sie mit Anstrengung gerade noch so bewältigen könnten. So programmieren Sie Ihr Unterbewusstsein klug auf Ihre Ziele.

FUCK YOUR LUCK: Sie stellen zwar anspruchsvolle, aber nur erfüllbare Erwartungen an sich selbst!

37

Lassen Sie andere Menschen doch einfach anders sein

Stellen Sie sich vor, Sie sind Torwart und fühlen sich fast so gut wie früher Oliver Kahn. Aber in Ihrem Verein gibt es diesen einen Schützen, der beim Training immer genau auf rechts oben zielt. Ausgerechnet da ist Ihre schwache Ecke. Da haben Sie ein Abwehr-Manko. Deshalb kassieren Sie immer wieder dort von ihm ein Tor!

Oder Sie stellen sich vor, Sie sind der kreative Kopf eines Unternehmens. Aber dort gibt es diesen einen Kollegen, der all Ihre guten Ideen ständig mit Machbarkeitsanalysen, Statistiken oder Bedenken kaputtredet.

In beiden Fällen haben Sie die Wahl: Sie können sich ärgern, dem anderen fiese Absichten unterstellen und ihn als Ihren persönlichen Feind betrachten. Oder Sie sind klug: Als Torwart würden Sie gezielt an Ihrer Rechts-oben-Schwäche arbeiten. Als Kreativer würden Sie dem Bedenkenträger allen Wind aus den Segeln nehmen, indem Sie sich von vornherein mit seinen möglichen Bedenken auseinandersetzen und sie gleich mit in Ihre Präsentation einbauen.

FUCK YOUR LUCK: Bereiten Sie sich besser auf das Anderssein des anderen vor! Trainieren Sie Ihre Fähigkeiten, statt sich zu ärgern.

Sie werden immer auf Menschen treffen, die anders sind als Sie. Von manchen können Sie lernen und das nutzen. Andere verhalten sich, als würden Sie auf einem anderen Planeten leben als Sie. Das tun sie tatsächlich. Deshalb verstehen Sie sie nicht. Jeder konstruiert sich seine eigene Welt. Jeder hat seine Sicht der Dinge und misst andere daran. Daraus resultieren typische Aussagen wie: *Ich würde nie so reagieren! Ich würde das nie so sagen! Ich würde nie so handeln!*

Passt Ihr Gegenüber so gar nicht in Ihre Vorstellungswelt, fühlen Sie sich angegriffen. Die Ärger-Alarmglocken schrillen. Bei kurzen unbedeutenden Zusammentreffen brauchen Sie sich darüber keine Gedanken machen. Gehen Sie diesem Zeitgenossen einfach aus dem Weg. Quatscht Sie beispielsweise im Zugabteil ein Sitznachbar voll, können Sie das Abteil wechseln. Nur ist das Leben kein Zugabteil. Nicht immer können Sie sich nur mit Menschen umgeben, mit denen Sie sich verstehen. Sie müssen sich mit Kollegen, Nachbarn, Schwiegereltern oder Freunden des Partners auseinandersetzen, selbst wenn Sie und die in völlig verschiedenen Welten leben und Ihnen deren Weltbild, Verhalten, Meinungen oder Reaktionen gehörig auf den Wecker fallen. Arrangieren Sie sich trotzdem!

Stecken Sie nämlich viel Energie und Anstrengung in das Projekt, Menschen ändern zu wollen, ärgern Sie sich immer wieder aufs Neue. Das ist so sinnlos, wie einer Kuh das Tanzen beibringen zu wollen: Egal, wie sehr Sie sich bemühen, ganz gleich, wie geschickt Ihre Überzeugungsversuche sind, Sie können Menschen nicht verändern! Das kann jeder Mensch nur selbst! Und wenn Sie beharrlich weitermachen, eskalieren Situationen.

Als Fuckyourluckler heißen Sie zwar die Reaktionen oder Handlungsweisen des anderen nicht immer gut, aber Sie nehmen Menschen so an, wie sie sind. Haben Sie eine verschiedene Sicht der Dinge, haben Sie in Ihrem Privatleben die freie Wahl: Sie können sich von diesem Menschen verabschieden. Wollen Sie das nicht, verlassen Sie ein Stück weit Ihre eigene Vorstellungswelt, lassen Sie dem anderen seine Sicht der Dinge und finden mit ihm zu einer Gemeinschaftswelt.

FUCK YOUR LUCK: Akzeptieren Sie das Anderssein.
Sie möchten auch so akzeptiert werden, wie Sie sind!

Manchen Menschen können Sie aber nicht so einfach den Rücken kehren. Vielleicht leben Sie mit ihnen in einer Zweckgemeinschaft oder müssen im Job gemeinsame Ziele erreichen. Dann braucht es eine gute Strategie, und die wäre: Sie müssen diesen Mensch nicht lieben und nicht mal mögen. Aber Sie müssen eine gemeinsame Ebene finden, auf der Sie entspannt Ihre übergeordneten Ziele erreichen können. Nutzen Sie dafür die **FUCK-YOUR-LUCK-Strategie.**

Die FUCK-YOUR-LUCK-Strategie, mit der Sie Ihre Ziele erreichen

- **Bleiben Sie freundlich!** Mobben Sie nicht! Pflegen Sie fairen Umgang. Achten Sie auf Ihre nonverbalen Signale. Die machen sonst jedes noch so freundliche Wort von Ihnen zunichte.

- **Versuchen Sie Ihr Gegenüber zu verstehen.** Versetzen Sie sich in seine Gedanken- und Gefühlswelt. Setzen Sie sich »seine Brille« auf: Was sind seine Motive? Was erhofft er sich von seinem Verhalten?

- **Jeder hat etwas Positives!** Versuchen Sie es in Ihrem Gegenüber zu finden. Vielleicht ist sein Contra-Verhalten ja auch ein getarnter Hilferuf, weil er sich nach mehr Zuwendung und Anerkennung sehnt? Danach sehnt sich jeder Mensch!

- **Hinterfragen Sie sich:** Sind Sie selbst vielleicht das Problem? Schieben Sie eigene Schwächen nur auf Ihr Gegenüber? Sind Sie vielleicht momentan intolerant, mies oder egoistisch drauf? Geben Sie deshalb Ihrem Chef oder Nachbarn die Schuld für ein schlechtes Arbeits- oder Nachbarschaftsklima? Für Psychologen ist eine solche Projektion auch eine unbewusste Taktik, von sich selbst abzulenken.

- **Bleiben Sie souverän.** Ändern Sie Ihr Verhalten, denn das des anderen können Sie nicht ändern. Suchen Sie nach einem Kompromiss.

FUCK YOUR LUCK: Anderssein ist auch Inspiration, Quelle und Anregung, sich selbst zu verändern.

38

Streiten will gelernt sein

Ob Streiten gut oder schlecht ist – nun, darüber lässt sich streiten. Streiten Sie konstruktiv, dann ist das gut. Zerschlagen Sie Porzellan, sind Sie starrköpfig, verletzend, cholerisch, rechthaberisch und unversöhnlich, so ist das schlecht! Glauben Sie, Sie hätten eine gute Ehe, weil Sie nie streiten, gibt es dafür auch verschiedene mögliche Gründe: Entweder leben Sie nebeneinanderher, haben wenig Berührungspunkte und deshalb keine Konflikte. Vielleicht haben Sie aber auch den absoluten Lottogewinn mit Ihrer Beziehung gezogen. Oder Sie sind ein klassischer Streitvermeider! Solchen Menschentypen macht Streit Angst. Deshalb ordnen sie sich lieber unter, geben klein bei, verdrängen ihre Wünsche, schließen sich anderen Meinungen an – oder schweigen. Wer aber potentielle Konflikte unter den Teppich kehrt, lebt gegen sich selbst. Das macht auf Dauer krank.

Also streiten Sie. Aber richtig!

Konflikte und Streit sind wichtige produktive und kreative Prozesse, weil sie die Interessen, Meinungen und Ziele aller Beteiligten abbilden. Nur so lassen sich ein gemeinsamer Konsens und ein Ergebnis erzielen, das allen gerecht wird, mit dem alle zufrieden sind. Das ist spannend, interessant und eröffnet neue Blickwinkel. Das ist ein Quell Ihres persönlichen Wachstums. Für Konflikte und Streit gibt es Millionen Gründe, für die es selten ein objektives Richtig oder Falsch gibt. Eskaliert der Streit, lässt sich das oft auf eines von zwei Grundproblemen zurückführen:

Erstens: Jeder beharrt auf seiner Sichtweise, hält sie für die einzig richtige.
Zweitens: Es gibt Defizite in der Kommunikation. Jeder von uns ist anders – und möchte sein Gegenüber von seiner Sicht der Dinge überzeugen. Deshalb beharren Menschen darauf, zu wissen, was gut, schlecht, richtig, falsch, schön oder hässlich ist. Wird ihre Meinung nicht geteilt, fühlen sie sich abgelehnt, angegriffen und verteidigen ihre Sicht der Dinge bis aufs Messer. Sie werden zu Missionaren oder Rechthabern. Das schürt Streit und treibt das Gegenüber in die Enge. So wird man zu Feinden. Je-

---

Stefan erzählt: Der Klügere gibt nach?

Ich absolvierte gerade meine Flugausbildung in Südafrika und war im finalen Landeanflug. Das Besondere an diesem kleinen Flugplatz war, dass man aus beiden Richtungen landen durfte. Da es aber keinen Tower gab, mussten die Flugzeuge im Landeanflug das untereinander koordinieren. Wer am nächsten an der Landebahn war, hatte immer das Vorrecht – und in dem Fall hatte ich es! Also funkte und funkte ich das entgegenkommende Flugzeug an, um dem Piloten zu sagen, dass er kreisen sollte, um nach mir zu landen. Keine Antwort! Ich vertraute auf mein Recht, setzte meinen Landeanflug fort, war kurz vom Aufsetzen, sah dieses Flugzeug direkt auf mich zufliegen, versuchte nochmals zu funken – wieder keine Antwort vom Piloten. Er behielt seinen Kurs ebenso bei wie ich! Dann gab ich Schub! Ich zog meine Maschine abrupt hoch und Sekunden später rauschte das gerade gelandete Flugzeug unter mir vorbei. Ich war schweißgebadet. Es war echt klug gewesen, nicht auf meinem Recht bestanden zu haben!

der versucht, den anderen in Widersprüche zu verwickeln und eine logische Kette zu entwickeln, warum man im Recht ist. Rechthaberische Menschen sind unangenehm, intolerant, unbeliebt und verlieren Freunde.

Als Fuckyourluckler beherrschen Sie die hohe Kunst des Streitens. Dabei hilft Ihnen die **FUCK-YOUR-LUCK-Streitkultur.**

Die Regeln der FUCK-YOUR-LUCK-Streitkultur

Zeigen Sie Souveränität.
Steigen Sie aus einem destruktiven emotionalen Schlagabtausch frühzeitig aus. Er kostet nur Energie. Sie sind so souverän, dass Sie niemandem Ihre Meinung aufdrängen müssen. Sie wissen ja, dass Sie in verschiedenen Welten leben. Ansonsten fragen Sie sich: Was ist Ziel der Diskussion? Ist das ein Abgleich von Interessen, Kompetenzen oder Meinungen? Oder ist es ein Machtspiel? Geht es nicht ohne gemeinsame Lösung, überzeugen Sie durch Ihre Argumente. Setzen Sie sich aber auch offen mit den Argumenten anderer auseinander. Wer souverän ist, lässt sich vom besseren Argument überzeugen. Oder Sie streben einen Kompromiss an, der für alle okay ist. Manchmal ist es auch klüger, nachzugeben. Nur schwache oder dumme Menschen beharren immer auf ihrer Sicht der Dinge.

Verlassen Sie nie die Sachebene.
Vermeiden Sie emotionale Argumente und Angriffe. Flippen Sie nicht aus! Stellen Sie nie die moralische und persönliche Integrität Ihres Gegenübers in Frage. Achten Sie auf Ihre Wortwahl. Verallgemeinern Sie nicht und verkünden Sie nicht *Ihre* absoluten Wahrheiten!

Wählen Sie »Ich-Botschaften«. Dieses einfache Prinzip hat unsere Zusammenarbeit an diesem Buch produktiv gemacht und uns viel Spaß, neue Einsichten, viele Gespräche und eine Freundschaft gebracht.

Es macht einen riesigen Unterschied, ob Stefan jemals, auch nur im Scherz, gesagt hätte: »Barbara, was du da geschrieben hast, ist Mist!« Oder ob er mal gesagt hat: »Kann man das noch treffender formulieren? Ich denke, da müsste noch dies oder jenes rein.« Die erste Version hätte Barbara, je nach Tagesform, als Angriff auffassen können. Dann hätte ihr Autopilot sofort Kurs auf »Verteidigungshaltung« genommen, die bei Stefan dann einen Gegenangriff ausgelöst hätte. So haben unsere »Ich-Botschaften« nicht nur zu einer konstruktiven Lösung geführt, sondern wir haben auch unser Ziel erreicht und FUCK YOUR LUCK geschrieben!

Setzen Sie Taktgefühl und Empathie ein.
Hüten Sie sich vor Worten, die Sie auch verletzen würden! Behalten Sie die Kontrolle über das, was Sie sagen. Versuchen Sie, sich in die Lage Ihres Gegenübers zu versetzen, um ihn besser zu verstehen. Je mehr Sie über ihn wissen, umso besser gelingt das. Ein Wortgefecht im Affekt ist trotzdem immer drin. Sich mal falsch verstanden zu fühlen ist normal. Solange das nicht aus dem Ruder läuft, lässt sich das verkraften. Üben Sie sich in der Kontrolle Ihrer Emotionen und des Verhaltens (siehe ab Seite 273). Achten Sie auf Ihre Mimik und Gestik. Sonst können diese alles zunichtemachen.

Üben Sie die hohe Kunst des Kritisierens.
Kritik ist oft nur der Versuch, Ihnen die Brille des anderen auf die Nase zu setzen. Das meiste davon können Sie getrost vergessen. Als Fuckyourluckler entscheiden Sie, ob Sie Kritik annehmen. Ist sie nützlich, gibt sie Ihnen Impulse, dann bringt Sie das weiter! Sonst vergessen Sie sie.

Sind Sie in der Position des Kritikers, achten Sie auf das richtige Timing. Tabu ist immer eine Kritik im Affekt, etwa um einfach mal Dampf abzulassen, vielleicht noch vor anderen Menschen. Damit stellen Sie lediglich Ihr Gegenüber bloß. Sprechen Sie Probleme nur unter vier Augen an. Bleiben Sie konkret und sachlich!

Bleiben Sie offen.
Lösungen scheitern oft an verhärteten Fronten. Überzeugen Sie und lassen Sie sich überzeugen. Das ist in allen Lebensbereichen sinnvoll!

Lieben Sie den Kompromiss.
Legen Sie den Fokus immer auf das, was Sie gewinnen, nie auf das, was Sie glauben zu verlieren. Ohne Kompromiss keine Lösung! Deshalb können Sie nur gewinnen! Lernen Sie von den Politikern!

FUCK YOUR LUCK: Streiten Sie mit Stil und nach dem Motto: Überzeugen und überzeugen lassen!

Ein spanisches Sprichwort sagt: »Wenn einer nicht will, können zwei nicht streiten.« Machen Sie sich das zunutze, wenn Ihr Gegenüber all diese schönen Regeln verletzt, die Sachebene verlässt und einfach ausflippt. Dabei hilft Ihnen dann der **FUCK-YOUR-LUCK-Notfallplan**.

Der FUCK-YOUR-LUCK-Notfallplan

- Abwarten und austoben lassen! Bleiben Sie ruhig, auch wenn es schwerfällt. Brüllen Sie auf keinen Fall zurück, auch wenn Sie der Typ dafür sind. Bleiben Sie souverän. Unterbrechen Sie nie den Menschen, der gerade ausflippt, und machen Sie niemals ironische, provokative oder sarkastische Bemerkungen. Bleiben Sie bei Verstand! Selbst ein schlichtes »Reg dich doch nicht so auf« oder »Reg dich doch mal ab« ist dann nur neues Futter!

- Schalten Sie einfach ab! Lassen Sie ihn schreien und toben. Lassen Sie Angriffe und Beleidigungen an sich abperlen. Vor Ihnen brüllt nur ein bedauernswerter Mensch. Vergessen Sie Versuche, auf die Sachebene zurückzukehren. Auch das wäre nur neues Futter!

- Ohne Futter lauert der Hungertod und der Anfall verpufft.

- Verblüffen Sie mit einem bewusst ruhigen, freundlichen Ton. Signalisieren Sie Kompromissbereitschaft. Rechtfertigen Sie sich auch jetzt nie für Unterstellungen oder entschuldigen sich gar. Suchen Sie die Sachebene!

- Achten Sie darauf, dass Ihr Gegenüber trotz allem sein Gesicht wahren kann. Beweisen Sie Größe. Verzichten Sie auf den Triumph!

Wichtig ist aber auch: Choleriker sind schwache, unsichere, unzufriedene Menschen mit geringem Selbstwertgefühl. Selbst wenn sie in anderen Bereichen toll sind und Sie ihr Potential sehen – nützt alles nichts. Menschen können sich nur selbst verändern. Als Fuckyourluckler machen Sie einen Bogen um sie!

FUCK YOUR LUCK: Umgeben Sie sich nur mit Menschen, die zum konstruktiven Streiten fähig sind!

39

Wie Sie richtig lieben

Kaum etwas wirkt sich so massiv auf Ihre Lebenszufriedenheit und Ihr Glücksempfinden aus wie die Liebe. Von der Hoffnung, es gemeinsam zu schaffen, Träume zu leben, bis hin zum täglichen Frust, zu Depressionen und dramatischen Trennungen – in der Liebe ist jede Gefühlsvariation geboten.

Hätten wir ein FUCK-YOUR-LUCK-Patenrezept dafür, wie Sie den richtigen Partner finden und wie Sie beide dann auch richtig lieben – dann wären wir bald Millionäre! Für 90 Prozent aller Deutschen ist eine glückliche Zweisamkeit sehr wichtig. Nur zerbricht dieser Traum in sehr vielen Beziehungen früher oder später. Zurück bleiben Enttäuschungen, die sich summieren. Wir werden zu einer Gesellschaft der Singles, der Patchwork-Familien, weil der gefühlt richtige Partner scheinbar nicht in Sicht ist oder der letzte es mal wieder nicht war.

Psychologen und Sozialforscher haben das untersucht und machen radikal veränderte Ansprüche und einen falschen Liebesstil dafür verantwortlich. Wir sind anders als unsere Vorfahren. Wir idealisieren Beziehungen, hegen zu romantische Gefühle und haben überzogene Erwartungen. Das sind Stolpersteine in jeder Partnerschaft und die Hürden, warum Sie vielleicht ungewollt Single bleiben.

Schuld daran ist eine viel zu lange Wunschliste an Ihren Partner oder den Partner in spe: Vielleicht erwarten Sie, dass er Sie glücklich macht? Erwarten Sie mit ihm ein leichteres, schöneres Leben? Erwarten Sie, verstanden zu werden? Erwarten und erwarten Sie? Insgeheim träumen Sie vielleicht davon, immer gemeinsam auf Wolke sieben zu schweben. Klar gehen Sie davon aus, dass »Pretty Woman« mit Richard Gere glücklich bleiben wird und ihn nicht morgens anraunzt, weil er nach dem Zähneputzen nicht das Waschbecken geputzt hat! Liebesfilme zeigen immer nur das große Glück. Die Zeit, bevor der Alltag losgeht, in dem sich jede Partnerschaft beweisen muss.

FUCK YOUR LUCK: Romantisieren Sie nicht. Ihr Partner ist nicht dazu da, Ihre Erwartungen zu erfüllen!

Als Fuckyourluckler wissen Sie: Auch das Liebesglück fällt Ihnen nicht in den Schoß. Es ist Ihre Aufgabe, viel dafür zu tun, dass Ihre Partnerschaft Ihr Leben zufriedener macht. Das ist Arbeit, auch wenn das nicht sexy klingt. Aber ohne Arbeit und Achtsamkeit gibt es keine gute Beziehung. Sind Sie achtsam, bewahrt Sie das auch vor der Idealisierungsfalle am Anfang jeder neuen Liebe, und das erspart Ihnen dann wiederum das schreckliche Erwachen.

- Sehen Sie Ihren Partner als den Menschen, der er ist. Nehmen Sie ihn mit allen Vorzügen, aber auch allen Schwächen war. Das erspart Ihnen Frust, sinnlose Veränderungsarbeit und eine Enttäuschung.

- Sie bekommen den Partner, den Sie sich ausgesucht haben. Er bleibt der Mensch, der er ist. Und Sie bleiben der Mensch, der Sie sind!

- Sehen Sie sein Anderssein als Bereicherung an. Das ist eine Ergänzung zu Ihrem Ich und Ihre Chance, inspiriert zu werden und zu wachsen.

Selbst die beste Ehe oder Partnerschaft macht nur anfangs »automatisch« glücklich. Mit den Jahren nimmt die Zufriedenheit kontinuierlich ab. Das liegt an den großen biochemischen Gefühlen, die nach spätestens zwei Jahren abgeflaut sind. Ihr Hormonspiegel ist dann wieder auf seinem normalen Level. Sie fühlen sich sicher, haben sich an die Zweisamkeit gewöhnt, verstauen Ihre Glücksbrille im Keller und sehen klar. Je mehr Sie Ihren Partner anfangs idealisiert haben, umso größer ist nun die Gefahr, dass Sie plötzlich vieles an ihm kritisieren. Eigenarten oder Verhaltensweisen, die Sie früher kaum gestört haben oder die Sie sogar anziehend fanden, stoßen Ihnen jetzt sauer auf. Hier lauert die Gefahr, in Beziehungsfallen zu tappen:

Falle 1: Der Veränderungstrip
Sie wollen Ihren Partner für Ihre Bedürfnisse passend machen. Haben Sie es früher vielleicht geliebt, dass Ihre Partnerin beruflich engagiert ist, meckern Sie jetzt, weil Sie deshalb mehr Pflichten im Haushalt haben. Haben Sie seinen durchtrainierten Körper geliebt, regen Sie sich jetzt darüber auf, wenn Ihr Partner lieber durch den Wald joggt, als Sie zu einer Familienfeier zu begleiten. Hallo! Das haben Sie alles von Anfang an gewusst! Hören Sie auf, an Ihrem Partner herumzudoktern. Sie wollen ja auch nicht verändert werden! Sicher findet sich ein Kompromiss. Wenn nicht, entscheiden Sie nach dem FUCK-YOUR-LUCK-Netto-Prinzip!

Falle 2: Du musst mich glücklich machen
Das ist nicht nur ein völlig unrealistischer, falscher Anspruch, er ist auch dumm. Wer so denkt, macht sich zum Opfer, gibt sein Leben aus der Hand – und ruiniert garantiert seine Beziehung. Als Fuckyourluckler sind Sie selbst dafür verantwortlich, dass Ihre Beziehung Sie glücklich und zufrieden macht.

Falle 3: Zu viel Nähe
Nähe ist wichtig und ein Pfeiler in jeder glücklichen Beziehung. Leiten Sie daraus aber keinen Daueranspruch ab, denn jeder braucht auch Zeit und Raum für sich. Zu viel Nähe nimmt Ihnen oder Ihrem Partner irgendwann die Luft zum Atmen. Reden Sie offen darüber! Sonst wird der Blick auf den Partner immer negativer. Unordnung, Hausarbeit und sogar das Fernsehprogramm werden zum Zündstoff. Im Endstadium wirken selbst kleine Marotten so abstoßend, dass Sie Ihren Partner erwürgen könnten, wenn er neben Ihnen schnarcht. Steuern Sie rechtzeitig mit den FUCK-YOUR-LUCK-Beziehungsregeln am Ende dieses Kapitels dagegen.

Als Fuckyourluckler sind Sie der wichtigste Mensch in Ihrem Leben. Es geht um Ihre Zufriedenheit. Geht es Ihnen gut, geht es meist auch Ihrer Partnerschaft gut. Steckt Ihre Beziehung aber schon länger in einer Krise, machen Sie die Plus-minus-Rechnung nach dem FUCK-YOUR-LUCK-Netto-Prinzip: Positives und Negatives sollten im Verhältnis 3:1 stehen. Stimmt bei Ihnen die Rechnung nicht, überwiegen in Ihrer Beziehung die negativen Momente, dann fragen Sie sich: Lohnt es sich, um die Beziehung zu kämpfen? Wie viel sind Sie bereit (noch) zu investieren?

Könnten Sie als Single wieder glücklicher und zufriedener leben, dann tun Sie das bitte auch. Allein zu sein ist allemal besser, als in einer verkorksten Beziehung zu verharren. Sehen Sie das als zeitlich begrenzten Zustand an, in dem Sie sich intensiv um sich, Ihre Wünsche und Ziele kümmern können, denn der nächste Partner kommt bestimmt.

Wissenschaftlich gesehen sind Ihre Aussichten auf eine gute Beziehung bei »Gleich und Gleich gesellt sich gern« am besten. Je ähnlicher die Persönlichkeitsstruktur, Kultur, die Religion, Interessen oder die Freundeskreise von zwei Menschen sind, umso höher ist der Zufriedenheitslevel in der Partnerschaft. Also: Auch, wenn es der romantischen Idee einer leidenschaftlichen Liebe widerspricht, sind pragmatische Entscheidungen oft sogar gut für eine dauerhafte zufriedene Beziehung.

Haben Sie sich verliebt, entscheidet Ihr Beziehungs-Commitment darüber, wie gut oder schlecht es in Ihrer Partnerschaft läuft. Damit ist Ihre Bereitschaft gemeint, sich emotional langfristig zu binden, dazu zu stehen und die neue Partnerschaft als etwas Besonderes wahrzunehmen. Das bringt Zufriedenheit und Beziehungsstabilität, weil keiner den anderen verlieren möchte.

- Bekennen Sie sich klar zur Partnerschaft – oder eben nicht! Sich ein Hintertürchen offen zu halten sitzt sonst wie ein Stachel in Ihrer Beziehung.

- Haben Sie sich für Ihren Partner klar entschieden, legt das automatisch Ihren Fokus auf das Positive in Ihrer Beziehung. Das fördert Ihre Bereitschaft zu verzeihen – und ebenso für Treue und Kompromisse.

- Achten Sie auf den Zufriedenheitspegel bei sich und Ihrem Partner. Er steigt mit positiven und sinkt mit negativen Erlebnissen.

- Weder bedingungslose Liebe, Selbstaufopferung noch berechenbares Kalkül machen glücklich. Es braucht aufrichtige Liebe und eine tragfähige Interessensgemeinschaft mit wirtschaftlicher Sicherheit.

Wie gut Ihre Beziehung ist, zeigt die Art und Weise, wie Sie Nähe leben. Schon 1990 hat die Psychologin Kim Bartholomew das heute noch wichtige Modell der Bindungstheorie und der Beziehungstypen entwickelt.[18] Sie unterscheidet vier »Beziehungsstile«, die das Zufriedenheitsniveau und Erleben von Einsamkeit beeinflussen. In welchem Liebesstil finden Sie sich wieder?

Der sichere Liebesstil
Sie leben gern in einer engen Beziehung mit einem ausgewogenen Verhältnis zwischen Abhängigkeit und Autonomie. Grundsätzlich haben Sie ein positives Selbst- und Fremdbild. Sie entwickeln schnell erfüllende Beziehungen, haben aber auch kein Problem damit, allein zu sein. Lieben Sie so, haben Sie die besten Voraussetzungen für eine lange, glückliche Beziehung.

Der verstrickte Liebesstil
Sie sind besitzergreifend, denken viel zu viel über Ihre Beziehung nach und analysieren alles. In Ihrem tiefsten Innersten sehnen Sie sich nach Verschmelzung, um Ihren Partner zu kontrollieren. Ihnen sitzt die Angst im Nacken, verlassen zu werden. Schon den schlichten Wunsch Ihres Partners, mal etwas allein zu unternehmen, empfinden Sie als Zurückweisung. Das liegt an Ihrem geringen Selbstwertgefühl. Arbeiten Sie daran, sonst trudeln Sie in Ihrer negativen Beziehungsspirale immer schneller abwärts.

Der abweisende Liebesstil
Sie haben ein großes Freiheitsbedürfnis, vermeiden zu viel Intimität und neigen zur Selbstüberschätzung. Ihr Credo ist: Sie möchten auf niemanden angewiesen sein und Sie möchten auch keinen Partner, der von Ihnen abhängig ist! Ständig sind Sie in Sorge, Ihre Selbstständigkeit einzubüßen. Deshalb fällt es Ihnen schwer, innige Beziehungen

einzugehen. Da Sie ein klares »Ja« für die Beziehung verweigern, verweigern Sie die Basis für eine funktionierende Partnerschaft.

Der ängstliche Liebesstil
Sie mögen sich nicht, haben ein negative Selbst- und Fremdbild. Es fällt Ihnen schwer, zu vertrauen und sich geborgen zu fühlen. Sie fürchten, verletzt zu werden, und haben deshalb Angst vor Intimität und Nähe. Dabei ist es genau das, was Sie sich in Wahrheit wünschen. Sie stehen der Liebe selbst im Weg!

Als Fuckyourluckler suchen Sie die Gründe für eine schlechte Beziehung oder für Ihr Singleleben nicht bei anderen Menschen, sondern zuerst einmal bei sich selbst. Schauen Sie auf das Maßband. Sie wollen doch keine Zeit mit Einsamkeit oder Streit verschwenden! Arbeiten Sie an Ihrem Liebesstil. Dabei helfen Ihnen die **FUCK-YOUR-LUCK-Beziehungsregeln.**

Die FUCK-YOUR-LUCK-Beziehungsregeln

1. Seien Sie sich selbst genug. Nur wer auch allein zufrieden ist, kann eine Beziehung souverän gestalten. Ansonsten lauert die Gefahr auf Sie, zu große Kompromisse einzugehen, nur um nicht allein zu sein. So bleiben Sie und Ihre Wünsche garantiert auf der Strecke!

2. Sind Sie verliebt, genießen Sie diese erste Phase. Setzen Sie trotzdem die rosarote Brille ab. Schauen Sie genau hin. Was lieben Sie an diesem Menschen? Was stört Sie? Sehen Sie das wie ein Paket, das Ihnen der Postbote bringt. Entweder nehmen Sie es so an, wie es ist, oder Sie schicken es zurück. Aussortieren geht nicht!

3. Ist die erste Verliebtheit vorbei, legen Sie den Fokus auf die Pflege Ihrer Beziehung. Sind Sie und Ihr Partner sehr verschieden, braucht es mehr Achtsamkeit und bewusste Beziehungsgestaltung.

4. Machen Sie regelmäßig gemeinsame Unternehmungen. Schaffen Sie sich gemeinsame Interessen.

5. Widmen Sie sich mindestens fünf Stunden pro Woche ganz bewusst Ihrem Partner.

6. Schaffen Sie sich Rituale. Das kann das Abendessen ohne Fernsehen sein, bei dem Sie sich auf das Gespräch mit Ihrem Partner konzentrieren. Lassen Sie ihn an Ihrem Leben teilhaben.

7. Akzeptieren Sie, dass Ihr Partner anders ist als Sie. Er denkt anders, er fühlt anders, er handelt anders und lebt in einer anderen Welt als Sie. Sehen Sie das für sich als Bereicherung und Inspiration!

8. Räumen Sie Ihrem Partner das Recht auf zeitweiligen Rückzug ein. Fassen Sie das nicht als persönliche Ablehnung auf. Das ist Ihr und sein gutes Recht!

9. Zeigen Sie Zuneigung durch kleine Gesten wie ein Lächeln, eine Umarmung oder einen Kuss. Heißer Sex ist immer nur die Sahne auf dem Erdbeerkuchen.

10. Haben Sie mindestens einmal pro Woche ein richtiges Rendezvous mit Ihrem Partner. Planen Sie die ungestörten Stunden zu zweit fest in Ihrem Terminkalender ein. Genießen Sie bewusst die Leichtigkeit des Zusammenseins.

11. Zeigen Sie dem anderen Ihre Wertschätzung und Dankbarkeit.

12. Seien Sie spontan. Angenehme Überraschungen beleben die Beziehung. Das macht wieder attraktiv, neugierig und anziehend.

13. Feiern Sie die Erfolge des Partners wie Ihre eigenen. Seien Sie stolz. Zeigen Sie Respekt und Bewunderung, aber ohne unterwürfig zu sein.

Falls Sie in einer negativen Beziehungsspirale feststecken, geben Sie Ihrer Beziehung einen positiven Kick mit dem **FUCK-YOUR-LUCK-Partnerbrief:**

Nehmen Sie sich Zeit für diesen handgeschriebenen Brief auf edlem Papier. Das wirkt schon ganz anders als eine schnelle Mail. Erinnern Sie sich in diesem Brief an schöne gemeinsame Erlebnisse. Danken Sie Ihrem Partner für seine Unterstützung. Verkneifen Sie sich Kritik, negative Bemerkungen oder Forderungen. Am Ende Ihres Briefes laden Sie Ihren Partner zu etwas ein, das ihm Freude macht. Das kann ein romantisches Dinner, ein Ausflug oder ein Konzert sein. Schicken Sie den Brief unbedingt per Post. Findet Ihr Partner den Brief in seinem oder Ihrem gemeinsamen Briefkasten, wirken die Überraschung und Ihre lieben Worte wie ein positiver Kick auf Ihre Beziehung. Das macht nicht nur Ihren Partner, sondern auch Sie glücklich!

FUCK YOUR LUCK: Arbeiten Sie an einem sicheren Beziehungsstil und machen Sie Ihren Partner nicht für Ihr Glück verantwortlich.

40

Kümmern Sie sich um gutes Family-Management

Barbaras Familie besteht aus ihren Eltern, ihrer Schwester und ihrem Schwager, Nichten und Neffen. Ihre Familie besteht vielleicht aus Ihrem Partner, gemeinsamen Kindern, Stiefkindern, Ihren Eltern, Schwiegereltern, Geschwistern, Nichten, Neffen, Onkeln und Tanten. In unserer Gesellschaft ist der Begriff »Familie« zu einer Variable geworden, weil Menschen hinzukommen oder die Familie wieder verlassen. Nicht immer versteht man sich mit allen Familienmitgliedern gleich gut, hat gleich viel Kontakt. Aber gerade weil die Familie eine große, wertvolle Kraft ist, nutzen Fuckyourluckler die Kraft ihrer Ursprungsfamilie und der eigenen Familie für sich.

Geschätzt, gepflegt und richtig gemanagt, ist die Familie Ihr sicherer sozialer Raum, der Geborgenheit, Entwicklung und Wachstum schenkt. Die Familie ist der Gegenpol zu all den Anforderungen und Belastungen in unserer Hochgeschwindigkeitsgesellschaft. Die Familie ist Ihr Rückzugsort, ein Platz der Harmonie, Unterstützung, Gemeinschaft und bringt Trost für die Seele, wenn Sie die Kraft richtig nutzen. Nirgends sind Sie besser aufgehoben als im Schoß Ihrer Familie, hat Philosoph und Schriftsteller Jean François Marmontel im 18. Jahrhundert proklamiert. Seitdem ist viel passiert. Die Kraft der Ursprungsfamilie wird kaum noch wahrgenommen. Alte Eltern werden in

Heime abgeschoben, verwahrt, weil sie jetzt Zeit kosten, die viele Menschen nicht mehr glauben zu haben. Jeder fühlt sich mit seinem eigenen Leben ausgelastet, fast überfordert, sodass die Familie für Dinge geopfert wird, die zunächst verheißungsvoller erscheinen: Mal ist es der Job, mal sind es Vergnügungen, mal Verpflichtungen. Bis man dann eines Tages feststellt, dass man etwas verloren hat. Oft ist es dann zu spät. Die Eltern sind tot, die Kinder aus dem Haus und auch innerlich so weit entfernt, dass sich die Kraft der Familie nicht mehr entfalten kann.

Als Fuckyourluckler fühlen Sie sich für Ihre Ursprungs- und die eigene Familie verantwortlich. Sie sehen es als moralische Verpflichtung und Bereicherung an, Ihren in die Jahre gekommenen Eltern ein Stück von dem zurückzugeben, was Sie in Ihrer Jugend von ihnen bekommen haben. Sich um seine Eltern zu kümmern ist keine verlorene Zeit. Füllt man sie mit Nähe, hat sie eine große Qualität, die positiv auf Sie zurückwirkt.

Barbara erzählt: Beziehungen brauchen Pflege

Da meine mittlerweile sehr alten Eltern weit entfernt wohnen, rufe ich fast täglich an und »umarme« sie auch telefonisch. Das empfinde ich nicht als Verpflichtung, sondern ich tue es von Herzen gern, weil mir das ein großes Bedürfnis ist. Ich möchte ihnen nah sein und weiß, wie sehr sie sich freuen. Manchmal ist nur Zeit für ein kurzes »Hallo«, ein anderes Mal führen wir intensive Gespräche. Ich weiß, was sie bewegt, und sie wissen, was in meinem Leben passiert. Wir teilen Freude und Sorgen. Bin ich mal traurig, geben die Worte und Liebe meiner Eltern mir heute noch Kraft und ich gebe sie ihnen, weil sie wissen, dass ich sie liebe.

> **Stefan erzählt: Wie mein Bruder in mein Leben kam**
>
> Mein Bruder war in meiner Jugend für mich fast wie ein Phantom. Neun Jahre älter als ich, war er im Internat und nur in den Ferien daheim. Daher waren unsere Berührungspunkte nicht so zahlreich. Später dann war er beruflich sehr eingespannt, wohnte weiter weg, hatte Familie und wir sahen uns nur einige Male im Jahr.
> Ich war Anfang vierzig und er Anfang fünfzig, da erzählte ich ihm eines Tages von meinem geplanten Abenteuerurlaub in Namibia. Er war sofort Feuer und Flamme und schloss sich spontan an. In den drei Wochen, in denen wir mit Geländewagen und Zelt Namibia bereisten, haben wir uns besser kennengelernt. Wir hatten unendlich viel Zeit zum Reden, tolle Naturerlebnisse und haben so manches Abenteuer gemeinsam bestanden, was uns wieder näher zusammengebracht hat.

Leben Ihre Eltern noch und haben Sie Geschwister, aktivieren Sie den Kontakt und das Kraftpotential dieser Beziehungen. Oft hat man nur deshalb wenig miteinander zu tun, weil man sich im Laufe des Erwachsenenlebens auseinandergelebt und aus den Augen verloren hat. Jeder weiß zu wenig vom anderen oder alte Konflikte aus der Kindheit trennen bis heute. Reden Sie darüber. Schenken Sie Zeit, emotionale Nähe, Offenheit und hören Sie zu. Bleiben Sie souverän. Alte Befindlichkeiten aus Kindertagen sind Ihre Vergangenheit.

Als Boss in Ihrem Leben gestalten Sie Gegenwart und Zukunft neu. Gehen Sie auf Ihre Eltern und Geschwister zu. Auch Geschwister können wunderbare Freunde fürs Leben sein – oder dazu werden. Bauen Sie auf altem Vertrauen auf, das Sie als Kinder zueinander hatten. Pflegen Sie den Kontakt und gemeinsame Unternehmungen. Diese Nähe gibt auch Ihrem Leben eine neue positive Wendung.

FUCK YOUR LUCK: Nutzen Sie das Kraftpotential Ihrer Ursprungsfamilie!

Eine eigene Familie samt Kindern zu gründen, ist der Wunsch der meisten Menschen. Oft folgt man damit einfach nur automatisch dem Standard-Lebensentwurf unserer Gesellschaft. Wer da ausschert, wird erst mal misstrauisch beäugt und Kinderlosigkeit wird als Manko gewertet: »Ach? Sie haben keine Kinder? Wieso wollten Sie keine haben?« ist typisch und die Frage, die darauf folgt, auch: »Tut es Ihnen denn heute nicht leid, dass Sie keine Kinder bekommen haben?«

Als Fuckyourluckler beugen Sie sich nicht dem Diktat einer Norm. Es ist Ihre Entscheidung, ob Sie Kinder wollen oder nicht. Horchen Sie ehrlich in sich hinein: Warum wollen Sie Kinder? Verbannen Sie Gedanken wie »Das erwarten doch alle« oder »Die Schwiegermutter nervt schon mit Fragen, wann sie endlich Oma wird« aus Ihrem Kopf. Gesellschaftliche oder wirtschaftliche Zwänge, Egoismus oder Selbstverwirklichungsträume, die Kinder stellvertretend für die Eltern leben sollen, sind falsche Motive. Kinder sind eigenständige Lebewesen, die auf Ihre Starthilfe angewiesen sind, auch wenn sie später eigene Vorstellungen vertreten und vielleicht ganz anders leben als Sie. Kinder zu »guten Menschen« zu erziehen ist eine echte Aufgabe, für die man auch einen langen Atem braucht. Nur wenn Sie sich aus grenzenloser Liebe und Wertschätzung für Kinder entscheiden, werden Sie ihnen gerecht. Dann sind Kinder eine wunderbare Bereicherung Ihres eigenen Lebens, für die Sie gern die Verantwortung übernehmen.

Die FUCK-YOUR-LUCK-Denkanstöße

Nutzen Sie die folgenden Denkanstöße, um Ihre Familie so zu managen, dass allen Bedürfnissen Genüge getan wird. Auch Ihren eigenen:

- Betrachten Sie Ihre Familie als kleines Unternehmen, das Sie managen. Schon das Wort impliziert, dass es darum geht, etwas zu unternehmen – und zwar gemeinsam. Das schweißt zusammen und macht Spaß.

- Die Bedürfnisse Ihrer Kinder sind wichtig. Aber lassen Sie Ihre Bedürfnisse dabei nicht außer Acht. Ständig zu verzichten, macht dauerhaft schlechte Laune, die ein schlechtes Betriebsklima bringt. Auch Kinder müssen lernen, auf die Bedürfnisse ihrer Eltern Rücksicht zu nehmen. Nehmen Sie Ihre Wünsche genauso ernst wie die Ihrer Kinder. Oft lässt sich beides durch aktives Familienmanagement prima verbinden.

- Kinder sind Mitglieder in Ihrem Unternehmen, die ihren eigenen Platz haben. Verteilen Sie Rollen und Aufgaben, für die jedes Kind Verantwortung übernehmen muss. Wurde sie gemeistert, nehmen Sie das auch wahr und freuen Sie sich. Das ist motivierend.

- Experten raten zum autoritativen Erziehungsstil. Das ist ein Mix aus liebevollem Eingehen auf das Kind und klaren Grenzen.

- Geben Sie Ihrem Kind Liebe, Halt und Unterstützung, damit es seine individuellen Fähigkeiten entfalten kann. Fördern Sie Ihr Kind, ohne es zu überfordern!

- Überlassen Sie die Erziehung nicht Schule oder Medien. Sie sind dafür verantwortlich!

- Kinder brauchen Werte. Nur so werden sie zu seelisch gesunden Erwachsenen. Hinterfragen Sie Ihr eigenes Wertesystem und werden Sie sich Ihrer Werte bewusst, um sie Ihren Kindern vorleben zu können. Wertorientierte Eltern lesen oft vor, singen mit dem Kind, schmusen viel, würdigen erste »Kunstwerke« und legen Wert auf eine gesunde Ernährung. Sie können Kindern auch leichter vermitteln, dass manche materiellen Wünsche unerfüllt bleiben.

- Pflegen Sie Familienrituale. Rituale haben eine positive Wirkung auf die Seele, geben Lebensfreude und festigen Beziehungen und den Familienzusammenhalt. Rituale können gemeinsames Spielen, Kochen, Essen oder der Sonntagsausflug sein. Welches Ritual passt zu Ihrer Familie? Seien Sie kreativ! Ziel ist es, die Bedürfnisse von allen Familienmitgliedern bestmöglich zu erfüllen. Sie könnten ausmachen, dass jeder sich abwechselnd sonntags eine gemeinsame Unternehmung wünschen darf. Ist der Wunsch erfüllbar, sollte er kommentarlos umgesetzt werden.

- Behüten Sie Ihre Kinder nicht zu sehr! Wenn Sie ihnen alle Schwierigkeiten aus dem Weg räumen, sind sie nur unzureichend auf das »wirkliche« Leben vorbereitet. Auch nicht jeder Streit unter Kindern erfordert das Eingreifen der Eltern. Üben Sie sich im Spagat zwischen Fürsorge und Loslassen!

- Erziehen Sie spielerisch, wann immer es möglich ist.

Was, wenn es nicht geklappt hat?

Natürlich hofft man, für immer eine Familie zu bleiben, wenn man sich zusammentut. Oft wird die Hoffnung aber enttäuscht. Kriselt es in Ihrer Familie oder ist sie zerbrochen, vergessen Sie nie: Partner können sich trennen oder scheiden lassen. Eltern aber bleiben Eltern. Ihre Kinder haben ein Recht auf Mutter und Vater!

Streiten Sie nie in Gegenwart Ihrer Kinder. Tun Sie das Ihren Kindern nicht an. Nähren Sie nicht ihre Ängste und Sorgen. Falls Sie sich tatsächlich trennen, dann erklären Sie Ihren Kindern immer wieder, dass sie weiterhin beide Eltern lieben dürfen. Missbrauchen Sie nicht die Liebe Ihres Kindes, um sich am Partner zu rächen. Versuchen Sie nicht, Kinder durch Geschenke oder Tränen auf Ihre Seite zu ziehen. Bringen Sie Ihre Kinder nie in einen Loyalitätskonflikt.

Teilen Sie sich Erziehung und Fürsorge möglichst gleichberechtigt auf. Verständigen Sie sich zum Wohle aller auf eine faire wirtschaftliche und finanzielle Lösung.

FUCK YOUR LUCK: Familienmanagement sorgt für eine gute Balance zwischen den Bedürfnissen aller.

41

Damit Zeitmanagement keine Zeit kostet

Ist Ihr Terminkalender übervoll? Haben Sie alle kommenden Wochenenden längst verplant? Sind Sie so ausgebucht, dass spontane Aktionen so gut wie unmöglich sind? Lässt sich nur schwer ein passender Termin für das längst geplante Abendessen mit Freunden finden? Ärgern Sie sich, dass Sie in Ihrer Freizeit so viele Termine haben wie im Job? Versuchen Sie, möglichst viel in jede Minute zu pressen, damit Sie alles besser unter einen Hut bringen? Betreiben Sie Zeitmanagement, um Zeit effektiver zu nutzen? Wollen Sie allen gerecht werden? Ist Ihr Tag straff durchorganisiert? Denken Sie, wenn Sie erschöpft ins Bett fallen: »Ach, hätte ich endlich mal mehr Zeit für mich«? Haben Sie sich in mindestens einer dieser Aussagen wiedererkannt? Dann sind Sie in die Zeitmanagement-Falle getappt!

Zeitmanagement ist modern. Es ist zum Handwerkszeug des produktiven Multitasking-Menschen geworden. Mit dem Ziel, das Leben in Zeiteinheiten aufzuteilen, diese noch effektiver zu nutzen, damit Zeit gewonnen wird, um sie mit noch mehr Aktionen zu füllen. Dabei geht es immer nur um Quantität, Produktivität und Leistung. Aber Sie sind kein Roboter mit Optimierungsbedarf! Was Ihnen im Job in Fleisch und Blut übergegangen ist, haben Sie unbewusst auf Ihre Freizeit übertragen. Sie wollen Meister darin werden, möglichst viel Erleben in freie Stunden zu pressen, um sie optimal zu nutzen. Tun Sie mal nichts, empfinden Sie das sogar als »verlorene« Zeit und ärgern sich vielleicht darüber.

Vergessen Sie die meisten herkömmlichen Zeitmanagement-Techniken, außer Sie sind total chaotisch und desorganisiert. Organisierte, strukturierte Menschen haben ihre Zeit sowieso im Griff. Termine, Pläne und Listen gehören zu ihrem Leben, ob im Kopf, Computer oder auf dem Papier. Sind Sie dagegen kreativ tätig, sind feste Zeitraster sogar lähmend und kontraproduktiv. Kreativität braucht Freiheit, um sich ohne Terminzwänge dem Flow des Bio-Rhythmus anpassen zu können. Wer also glaubt, Zeit durch Techniken in den Griff zu bekommen, liegt falsch, verplempert sie, kommt ins Schleudern und tut sich nichts Gutes. Wollen Sie tatsächlich Zeit für sich gewinnen, müssen Sie Ihren Blick auf die Zeit verändern.

Zeit ist für alle Menschen gleich verteilt. Es gibt keine größere Gerechtigkeit auf Erden als die Zeit. Jeder Tag hat 24 Stunden, jede Stunde 60 Minuten und jede Minute 60 Sekunden. Physikalisch betrachtet verläuft Zeit linear, aber das reale Zeitempfinden ist für jeden Einzelnen unterschiedlich. Für den einen vergeht Zeit wie im Fluge, läuft schier davon, während sie für andere stillzustehen scheint oder manche Menschen sie gar »totschlagen« müssen. Zeit ist immer ein persönliches Empfinden.

Als Fuckyourluckler entscheiden Sie, was Zeit für Sie bedeutet – und wie Sie Zeit für sich optimal einteilen und nutzen. Sie verabschieden sich vom quantitativen Zeitbegriff, weil es Ihnen um Zeitqualität geht. Für Sie gibt es keine »verlorene«, weil scheinbar ungenutzte Zeit, auch wenn das in den Augen anderer vielleicht so ist. Ihnen kann das egal sein. Es geht um Ihr Leben, um Ihre Zeit!

Definieren, empfinden und bewerten Sie Zeit für sich

neu. Grundvoraussetzung ist, dass Sie Zeit nicht nur füllen, sondern bewusst erleben. Seien Sie bei allem, was Sie tun, präsent, fokussiert und zu hundert Prozent geistig anwesend. Lassen Sie sich nicht vom wirren Automatismus Ihrer Gedanken ablenken. Grübeln Sie nicht über Vergangenheit oder Zukunft. Außer Sie entscheiden bewusst, sich damit zu beschäftigen. Nutzen Sie die folgenden **FUCK-YOUR-LUCK-Zeitmanagement-Strategien**, um Zeit für das zu gewinnen, was Ihnen wirklich wichtig ist:

Setzen Sie Prioritäten
- Orientieren Sie sich an Ihren Lebensrollen, Zielen, Wünschen und Bedürfnissen und nicht an denen anderer Menschen. Im Job konzentrieren Sie sich auf Ihre Schlüsselaufgaben. Sie machen den Großteil Ihres Erfolgs aus.

- Verzichten Sie auf überzogenen Perfektionismus und konzentrieren Sie sich auf das Wesentliche. Bei Präsentationen sind Inhalte oft schnell erstellt, während viel Zeit für perfekte grafische Aufbereitung oder Formatierung verschwendet wird.

- Fragen Sie sich: Lohnt Sich eine unwesentliche Aufwertung Ihrer bereits guten Arbeit? Wenn nicht, verzichten Sie auf unnötiges Beiwerk, das nur viel Zeit kostet. Nutzen Sie gesparte Zeit für Wesentliches.

- Wie Sie bereits wissen: Mit circa 20 Prozent Ihrer Arbeit erzielen Sie rund 80 Prozent Ihres Erfolgs.

- Streichen Sie alles, was unwichtig ist. Das Checken von E-Mails gehört zu den größten Zeitfressern. Selbst Belangloses wird gelesen aus Angst, etwas zu verpassen. Machen Sie sich nicht zum Sklaven Ihrer Mails. Nicht die Mail bestimmt, was wirklich wichtig ist, sondern Sie alleine! Deaktivieren Sie den automatischen Abruf. Löschen Sie Mails, die Sie nach Absender oder Betreff als unwichtig einstufen.

Lernen Sie, »nein« zu sagen
- Sie können es nicht jedem recht machen. Sie können nicht alles leisten. In Ihrem Privatleben müssen Sie sich von Erwartungen anderer befreien. Erfüllen Sie sie nur, wenn Sie eine Vereinbarung getroffen oder Lust dazu haben. Anderenfalls sind Erwartungen anderer Menschen nicht Ihr Problem.

- Lernen Sie, Menschen zu enttäuschen. Sie müssen sich Liebe, Zuneigung, Freundschaft und Anerkennung nicht erarbeiten. Lassen Sie sich durch Ihre Angst, zu verletzen, auf Unverständnis oder Ablehnung zu stoßen, nicht fremdsteuern. Als Fuckyourluckler ist es Ihre Verantwortung und Aufgabe, über Ihre Zeit zu entscheiden und Zeit in Ihrem Sinn zu nutzen.

- Ersetzen Sie erlerntes »Ja-Sagen« durch bewusstes »Nein-Sagen«. Das ist Ihr gutes Recht. Seien Sie ein gesunder Egoist!

- Verschaffen Sie sich Klarheit! Was wollen Sie? Wenn Sie das wissen, kommt Ihnen das »ja« oder »nein« selbstbewusst über die Lippen. Ansonsten wird Ihre Unsicherheit benutzt, um Sie doch noch zu überreden.

- Fühlen Sie sich nie zu etwas gezwungen. Versprechen Sie nichts, was Sie nicht von Herzen bereit sind zu tun.

- Im Entscheidungskonflikt wägen Sie »ja« oder »nein«

situativ ab. Haben Sie eine Radtour mit der Familie geplant, aber ein Freund braucht Hilfe beim Umzug, wägen Sie Wichtigkeiten ab. Enttäuschte Kinderaugen stehen dann gegen Freundschaftsdienst. Sie bewerten, was Ihnen wichtiger ist!

- Sagen Sie nie »ja« aus Angst vor den Folgen. Reagiert Ihr Gegenüber auf ein »nein« beleidigt oder mit Ablehnung, ist das ein Manipulations-Versuch. Ignorieren Sie ihn und seien Sie froh, sich für das »nein« entschieden zu haben!

Nutzen Sie das »Direkt-Prinzip«
- Fällt eine neue, überschaubare Aufgabe an, verschwenden Sie keine Zeit mit Überlegungen, an wen Sie was delegieren könnten. Packen Sie's an, und zwar sofort. Das spart Zeit.

FUCK YOUR LUCK: Definieren Sie Zeit neu.
Achten Sie auf Qualität statt auf Quantität.

42

Wer nicht alt werden will, muss früh sterben

Wer jung ist, kann sich nicht vorstellen, alt zu werden, weil das Stück Maßband der Zukunft noch so viel länger ist als das der Vergangenheit. Zeit erscheint unerschöpflich. Vieles wird auf später vertagt, bis der vierzigste Geburtstag immer näher rückt. Für Frauen wird dann das Kinderkriegen zum Eilprojekt, die Zeichen der Zeit zeigen sich bei Haut und Haaren, die erste Lesebrille wird angeschafft, Wehwehchen bleiben und plötzlich wird sie schleichend immer stärker: die Angst vor dem Alter – und mit jedem Geburtstag nimmt sie zu.

Andere Kulturen kennen diese Problematik nicht, weil Menschen dort mit jedem Lebensjahr mehr an Ansehen genießen. In Japan gibt es sogar einen amtlichen Feiertag, an dem die Alten geehrt werden, während für uns das Altern wie ein Fluch ist, den wir zu gern bannen würden. In Zeiten des Jugendwahns fällt es uns immer schwerer, souverän älter zu werden. In Werbung und TV gehört man ab fünfzig nicht mehr zur relevanten Zielgruppe, im Job wird man schwerer vermittelbar. Alter wird gern mal mit »nutzlos«, »krank« und »hässlich« assoziiert. Deshalb will man aufhalten, was nicht aufzuhalten ist. Trotz boomender Anti-Aging-Industrie, Botox und Schönheits-OPs lässt sich der Kampf nie gewinnen. Wer das versucht, wird belächelt. Wer sich wie Madonna noch jenseits der fünfzig als Disco-Queen und Femme fatale positioniert, erntet Spott, Kritik und hemmt seine Entwicklung. Wer wie die einst so natürlich sympathische Schauspielerin Meg Ryan Schönheits-OPs, Botox-Sucht und Magerwahn verfällt, wird zur Karikatur seiner selbst. Wer sich mit achtzig noch als Marathonläufer beweisen muss, um dann mehr tot als lebendig durchs Ziel direkt in die Arme des Notarztes zu wanken, hat nichts kapiert und schadet sich. Wer sich mit sechzig wie ein cooler »Junge« fühlt und aufführt, der erntet nur noch tiefe Seufzer. Weder glatte, straffe Haut noch Fitness, Potenz, Zeit oder die Unbeschwertheit der Jugend lassen sich zurückholen.

FUCK YOUR LUCK: Sie entscheiden, wie Sie altern. Sie sind der Boss Ihres Alterns.

Fuckyourluckler kämpfen nicht gegen das Alter. Sie haben die Tatsache akzeptiert, dass das Altern ein normaler Prozess des Lebens ist, der mit dem Tod endet, falls man nicht jung stirbt.

Vergeuden Sie keine Energie mit sinnlosen Versuchen, das Altern aufhalten zu wollen. Machen Sie sich nichts vor – und sich nicht lächerlich. Weder Geld oder Askese noch die Kunst der Ärzte ändern die Tatsache, dass Sie nie mehr jung werden und das Altern auch nicht aufhalten können. Wer das versucht, sich daran klammert, programmiert sein Unglück, stresst sich selbst und das macht alt. Das Schlimmste aber ist: Wer die Augen davor verschließt, dass Zeit immer knapper wird, verschenkt die Chance, seine Zeit und all die Vorteile des Älterwerdens zu nutzen. Und die gibt es! Ab dem fünfzigsten Lebensjahr steigt statistisch gesehen das Wohlbefinden.[19] Die Gelassenheit nimmt zu, Sorgen, Wut und Konflikte nehmen ab. Schicksalsschläge lassen sich besser wegstecken und

> **Barbara erzählt: Über die Möglichkeit, in Ruhe zu altern**
>
> Mein Vater ist 94 und meine Mutter 83 Jahre alt. Beide erfreuen sich bester Gesundheit im Rahmen ihres Alters. Diskutiere ich mit Papa über das Leben oder die Politik, habe ich nie das Gefühl, mit einem »Greis«, sondern mit einem klugen, weisen Mann zu sprechen. Älter zu werden hat er schon immer erstaunlich gelassen angenommen und sein Leben seinem Alter angepasst: Mit 65 pensioniert, hat er Geschichte und Religionswissenschaften per Fernstudium begonnen und mit meiner Mutter um die beste Abschlussnote konkurriert. Beide sind noch mehr gereist, ins Theater gegangen und in Konzerte. Mit 82 hat er dann Tennisschläger, Segelboot und Langlaufskier verschenkt. Und mit 86 beschlossen, dass ihm die Urlaubsfahrten nach Italien und Bayern zu weit sind. Jetzt lieben meine Eltern ihr Wellness-Kurhotel mit Abholservice in der Nähe. Sie gehen immer noch ins Theater, diskutieren danach bei einem Gläschen Wein und gehen viel spazieren. Kürzlich habe ich meinen Vater gefragt, ob er Angst vor dem Tod hat. Er hat gelächelt und gesagt: »Ich denke nicht an morgen. Ich genieße das Heute und davon jede Sekunde!«

Negatives lässt sich einfacher beiseiteschieben. Aber nur, wenn man das Altern annimmt!

Schauen Sie auf Ihr Maßband! Sie haben keine Zeit mehr zu vergeuden, nichts zu vertagen. Leben Sie nach der Devise: Jetzt oder nie mehr! Nutzen Sie die Chancen des Älterwerdens und hören Sie auf, damit zu hadern. Alt zu werden macht ebenso wenig automatisch unglücklich, wie es automatisch glücklich macht, jung zu sein. Wie Sie altern, hängt weniger mit Ihren Genen und dem normalen Alterungsprozess zusammen, sondern vielmehr mit Ihrer Einstellung und Lebensweise. Biologische Faktoren und Ihr Gesundheitszustand geben lediglich den Rahmen vor, innerhalb dessen Sie Ihr Älterwerden individuell gestalten können. Als Fuckyourluckler tun Sie auch das bewusst. Am besten stellen Sie die Weichen dafür schon um die fünfzig. Aber egal, wie alt Sie heute sind, es ist nie zu spät, ein Fuckyourluckler zu werden. Leben Sie nach der Devise: Ich akzeptiere mein Alter und passe mein Leben dem an.

Die FUCK-YOUR-LUCK-Strategien für ein zufriedenes Altern

- **Denken Sie neu:** Alles hat seine Zeit. Nehmen Sie Abschied von der Jugend, aber bleiben Sie im Herzen jung und im Denken offen. Die Gestaltung des Alterns beginnt mit der Veränderung Ihrer Einstellung. Begreifen Sie das Älterwerden als einen Prozess, den Sie für sich optimal gestalten. Sehen Sie das Positive. Freuen Sie sich auf das Ende Ihres Berufslebens. Leben Sie alte Träume! Finden Sie neue Interessen, Hobbys, bilden Sie sich weiter oder engagieren Sie sich gemeinnützig. Nehmen Sie die Gelassenheit des Alters als Geschenk an.

- **Leben Sie Ihr Leben:** Bleiben Sie offen, lebenslustig und verrückt. Leben Sie das, was Ihnen Spaß macht. Niemand zwingt Sie zu Seniorentreffs und Kaffeefahrten, wenn Sie lieber im Sportwagen durch die Landschaft düsen. Wollen Sie sich neu verlieben, tun Sie das! Liebe und Erotik haben keine Altersgrenze. Halten Sie sich von »Krankheits-Jammerzirkeln« fern. Es gibt spannendere Themen als Wehwehchen oder die lieben Enkel. Finden Sie die richtige Balance zwischen Aktion und Relaxen. Umtriebig und unternehmungslustig zu sein ist gut, aber für den inneren Frieden braucht es auch Phasen der Ruhe.

- **Gesunder Lebensstil:** Hören Sie spätestens in der zweiten Lebenshälfte mit dem Rauchen auf, reduzieren Sie Alkohol. Achten Sie auf Ihren Blutzuckerspiegel und gesunde kalorienärmere Ernährung. Sonst nehmen Sie automatisch zu. Etwa ab dem 40. Geburtstag verlangsamt sich der Stoffwechsel um jährlich fünf Prozent. Trotzdem dürfen Sie auch ab und an über die Stränge schlagen. Für Fuckyourluckler gehört das zur Lust am Leben dazu. Nur hinterlässt das jetzt schneller seine Spuren. Gleichen Sie es durch mehr Ruhe und mehr Gesundheitstage aus. Halten Sie Vorsorgeuntersuchungen ein! Machen Sie regelmäßig einen Gesundheitscheck, ohne sich in Krankheitspanik zu steigern. Treiben Sie Ihren Körper nicht zu sportlichen Höchstleistungen an, aber bleiben Sie in Bewegung. Regelmäßiges Krafttraining verhindert den Abbau der Muskeln, die sonst ab vierzig jährlich um ein bis zwei Prozent abnehmen. Das wirkt sich positiv auf die Knochendichte aus und erhält die wichtige Stützfunktion des Skelett-Apparates.

- **Akzeptanz der Endlichkeit:** Je älter Sie werden, umso öfter müssen Sie loslassen. Zuerst verlassen die Kinder das Haus, die eigenen Eltern sterben und dann die ersten Freunde. Der Tod verliert seinen Schrecken, wenn man ihn frühzeitig als Bestandteil des Lebens akzeptiert. Das lässt Sie befreiter leben und jeden Augenblick genießen.

FUCK YOUR LUCK: Gestalten und genießen Sie Ihr Alter als eine einzigartige Zeit!

43

Diäten machen dick

Gehören Sie zu den Menschen, die ihr Leben lang mit ihrem Gewicht hadern, die sich zu dick finden, gerade mal wieder beim Abnehmen und Kalorienzählen sind oder die neuen Wunder-Sommerdiäten in Zeitschriften gefunden haben, die sie unbedingt ausprobieren wollen? Damit befinden Sie sich in Gesellschaft Millionen anderer – aber das macht es nicht besser und auch nicht erfolgreicher. Das ist totaler Irrsinn! Sie kämpfen gegen das Essen, als wäre es Ihr Feind und nicht Ihr Freund, der Ihnen viel mehr als nur Energie und ein sattes Bauchgefühl schenkt: Essen ist Genuss, Lust, Sinnlichkeit. Es versorgt Sie mit Glücksgefühlen und beschert Ihnen unvergessliche Stunden. Wie herrlich ist es, an einem schön gedeckten Tisch zu sitzen, den Duft der Speisen in sich aufzusaugen und jeden Bissen im Munde zergehen zu lassen.

Als Fuckyourluckler verbieten Sie Ihrem schlechten Gewissen den Mund. Lassen Sie sich Ihre guten Gefühle nicht niederknüppeln, sondern genießen Sie! Sonst haben Sie lediglich Kalorien zu sich genommen, sich aber um die »good vibrations« gebracht. Hören Sie auf, wie ein Kaninchen am Salatblatt zu knabbern, sich dabei heimlich nach Tortellini in Sahnesauce zu sehnen und sich allein schon für den Gedanken daran zu bestrafen. Ab sofort kämpfen Sie nicht mehr gegen das Essen, quälen sich nicht länger mit Kohlsuppe samt Blähungen, bis Sie ungenießbar werden. Diäten machen nur ihre Erfinder glücklich, weil die

Euros rollen. Sie aber schubsen diese Diäten in eine fatale Falle: Der oft zitierte Jo-Jo-Effekt ist keine Erfindung der Diätgegner, sondern eine Tatsache. Akzeptieren Sie das und hören Sie auf, sich von Diät zu Diät zu quälen!

In Ihrem Körper sind jahrtausendealte Informationen gespeichert und die drehten sich früher um existentielle Dinge wie Hunger und Überleben. Darauf sind Sie programmiert. Deshalb haben sich Körper und Gehirn zu einer intelligenten Überlebensmaschine entwickelt, die jede Nahrung bestmöglich verwertet. Ist Ihre »Hungersnot« nach einer Diät vorbei und essen Sie »normal«, verwertet Ihr Körper ab sofort jede Kalorie noch effizienter und legt Überlebensreserven an, weil er Sie vorm Tod durch Verhungern beschützen will. Das ist toll, macht aber dick und das passiert automatisch. Ab heute vergessen Sie Diätgurus mit lebensfeindlichen Ratschlägen:

- **Nein zum Dinner Cancelling!** Verzichten Sie bloß nicht aufs Abendessen! Das ist ein schönes Ritual, ein Moment der Ruhe und wichtig für Sie und Ihren Partner. Hunger am Abend erhöht die Gefahr, später die Schokolade im hintersten Schrankfach zu suchen oder einen Big Mac in sich reinzustopfen.

- **Essen Sie nicht zu viele kleine Mahlzeiten!** Die summieren sich und Sie verlieren den Überblick, bleiben aber trotzdem hungrig. Gewichtstreiber sind nicht die Hauptmahlzeiten, nach denen Sie satt und zufrieden in die Welt blicken. Es sind die Happen zwischendurch!

- **Es geht nicht ohne Zucker.** Zucker gibt Energie. Aber Süßes ist oft auch fettig und das ist dann der Kalorien-Overkill. Gestatten Sie sich Süßes in Maßen. Auch reife Früchte machen aus dem Frühstücksjoghurt ein Erlebnis. Wenn Sie schon sündigen, dann genießen Sie es bitte. Aber visualisieren Sie danach wieder Ihr Ziel.

- **Durch Sport nehmen Sie nicht so leicht ab:** Um eine Pizza oder ein Stück Sahnetorte wieder »abzutrainieren«, müssen Sie etwa eine Stunde zügig joggen, den Stepper malträtieren oder einen Berg erobern. Sport unterstützt, macht einen sexy Körper – aber auf der Waage macht er sich anfangs nicht bemerkbar. Verlorenes Fett wird zuerst durch Muskelaufbau ausgeglichen. Muskeln sind schwerer als Fett. Deswegen trainieren und trainieren Sie, aber der Zeiger der Waage bewegt sich einfach nicht. Lassen Sie sich davon nicht frustrieren. Kombinieren Sie deshalb unbedingt Sport mit Ihrem neuen Essverhalten und den FUCK-YOUR-LUCK-Abnehmtipps (ab Seite 240).

FUCK YOUR LUCK: Nur SIE entscheiden über Ihr Wohlfühlgewicht!

Lassen Sie keine Diäten oder Mode-Ideale über sich regieren! Wäre Sophia Loren heute jung und Fuckyourluckler, hätte sie ihre Kurven trotzdem behalten. Hören Sie auf sich zu martern, nach Body-Mass-Index, glykämischem Index & Co. zu schielen. Leiden Sie nicht an extremem Übergewicht oder krankheitsbedingter Fettleibigkeit, helfen Ihnen ein paar grundlegende Strategien dabei, die lästigen Kilos loszuwerden.
- Bestimmen *Sie* zuerst Ihr Wohlfühlgewicht! Wie viel wollen Sie abnehmen? Reduzieren Sie Ihre »Ich-will-abnehmen-Bemühungen« auf eine schlichte Formel: nehmen Sie weniger Kalorien zu sich, als Ihr Körper an Energie verbrennt. So schmilzt das Fett!
- Setzen Sie sich *smarte* Ziele. Wie viel wollen Sie abneh-

men? Splitten Sie Ihr Ziel in kleine Schritte: Zwei Kilo in einem Monat. Super! Noch zwei Kilo im nächsten Monat! Wow! Erwarten Sie keine Spitzenergebnisse, sondern geben Sie sich Zeit.

- Nur durch Selbstdisziplin können Sie abnehmen und langfristig Ihr Gewicht halten.

Als Fuckyourluckler nehmen Sie ab, ohne zu darben, und leben trotzdem den Genuss. Behalten Sie immer Ihr Ziel vor Augen! Hängen Sie sich Ihre Lieblingsjeans an den Kleiderschrank, die wieder passen soll. Das *Wann* bestimmen *Sie*! Verstauen Sie Ihre Waage nicht im Keller oder werfen sie gar weg, wie das via Twitter gerade als Befreiungsschlag propagiert wird. Es geht nicht darum, Ihr Selbstbild von der Waage abhängig zu machen, aber unkontrolliertes Essen ist keine Lösung. Machen Sie die Waage zu Ihrem Freund! Hassen Sie Ihren Freund nicht, wenn er Ihnen die Wahrheit anzeigt. Er will Sie nur unterstützen und informieren, dass Sie auf die Bremse treten müssen. Das bedeutet für Sie: Wiegen Sie sich regelmäßig.

Der FUCK-YOUR-LUCK-Weg zu Ihrem Idealgewicht:

- Es wird gegessen, was auf den Tisch kommt! Über das **Was** entscheiden **Sie**! Kaufen Sie wählerisch ein. Finden Sie eine Balance zwischen Genuss und Kalorien. Wenn Sie zum Nachtisch zwei Kugeln Schokoeis essen wollen, könnten Sie sich beim Hauptgericht für gedünsteten Fisch mit Kräutern und Wok-Gemüse entscheiden.

- Essen Sie weniger Kohlenhydrate und mehr Eiweiß. Es geht nicht um Verzicht, sondern nur um weniger Nudeln, Kartoffeln oder Brot. Essen Sie dafür mehr Fisch, mageres Fleisch oder Gemüse.

- Nehmen Sie öfter das Fahrrad oder die Treppe! Regelmäßige Alltagsbewegung plus eine Sportart *Ihrer* Wahl unterstützt das Abnehmen, auch wenn es die Pfunde nicht blitzartig purzeln lässt. Po und Bauch werden auf jeden Fall straffer.

- Trinken Sie sofort, wenn Sie Durst haben, aber nicht auf Vorrat! Ohne Flüssigkeit können Ihre Zellen kein Fett verbrennen. Verbannen Sie Cola und Limonade aus Ihrem Kühlschrank. Peppen Sie stattdessen lieber Mineralwasser mit Zitrone oder Minze auf. Stellen Sie sich eine Kanne selbst zubereiteten Früchtetee in den Kühlschrank.

- Gönnen Sie sich Gelüste und genießen Sie sie! Es ist so lecker, einen Champagner-Sahne-Trüffel im Mund zergehen zu lassen oder die krosse Kruste von einem bayerischen Schweinsbraten in Dunkelbiersoße samt Knödel zu vertilgen. Aber planen Sie zum Ausgleich für die Genüsse immer eine extra Sporteinheit oder einen Gemüsetag ein.

Es geht um Ihre Lebensfreude, Zufriedenheit und Ihr Wohlbefinden. Das können Sie nur durch Harmonie von Körper, Seele und Geist erreichen. Verbissenheit schafft schlechte Gefühle. Frust lockt Sie in die Falle, ihn in einer Heißhunger-Attacke durch Essen zu betäuben, weil Essen auch glücklich macht. Hüten Sie sich vor dem »Scheiß-egal-Effekt«: Nur, weil Sie Ihrem Vorsatz untreu geworden sind und doch ein Stück Schokolade gegessen haben, sollten Sie jetzt nicht die ganze Tafel vertilgen. Menschen neigen dazu,

> **Barbara erzählt: Meine persönliche Wohlfühlstrategie**
>
> Ich habe einen simplen Trick, um mich von der Waage nicht frustrieren zu lassen. Nach einem Tag der Völlerei verzichte ich am nächsten Morgen auf den Gang zur Waage und lege erst einmal zwei Gesundheitstage ein. Das heißt: Ich verzichte auf Kohlenhydrate, Süßes und Alkohol. Stattdessen esse ich Müsli, Salat, Gemüse oder Fisch und lege eine extra Sporteinheit ein. Steige ich danach wieder auf die Waage, gibt sie mir grünes Licht. So halte ich schon immer mein Gewicht.

einen kleinen Regelverstoß zu einem großen zu machen, ganz nach dem Motto: Jetzt ist es schon egal! Und schon essen sie die ganze Tafel Schokolade auf. Tricksen Sie Ihre Psyche mit den **FUCK-YOUR-LUCK-Abnehmtipps** aus.

Die FUCK-YOUR-LUCK-Abnehmtipps

- Putzen Sie sich häufiger die Zähne! Das tut nicht nur den Zähnen gut und macht das Küssen schöner, sondern ist ein tief verankertes Signal für »Fertig fürs Bett« und »Das tut man nur nach dem Essen«. Dann geht Ihr Hunger erst mal schlafen.

- Verbannen Sie Chips, Sahne-Joghurt & Co. Wer sich ständig mit Verführung konfrontiert, muss sich nicht wundern, wenn er schwach wird.

- Bauen Sie sich leichten Druck auf. Wer seine Ich-will-abnehmen-Ziele kommuniziert, ist motivierter. Sie wollen doch nicht als Loser dastehen!

- Suchen Sie sich Gleichgesinnte. Gemeinsam purzeln Pfunde schneller und das macht mehr Spaß.

- Dressieren Sie Ihr Hungergefühl! Essen Sie nur zu bestimmten Zeiten. Oder wenn Ihr Magen so laut knurrt, dass sich Leute nach Ihnen umdrehen. Ist Ihr Unterbewusstsein darauf trainiert, wird es zum Autopiloten. Es sagt Ihnen, wann es okay ist, zu essen, und wann Sie es lassen sollten.

- Essverbot bei spannenden Filmen! Sie wollen doch nichts in sich hineinstopfen, nur weil die Spannung steigt?!

- Benutzen Sie kleine Teller und Gläser! Das signalisiert Ihrem Gehirn: Gefüllt, voll, viel – und schon ist es zufrieden. Das spart Kalorien, macht fast genauso satt und befriedigt das Lustzentrum.

- Essen Sie den Teller nie ganz leer! Das programmiert Ihr Gehirn um, das seit der Kindheit gelernt hat: Iss deinen Teller leer!

FUCK YOUR LUCK: Entscheiden Sie selbstbestimmt, aber ehrlich über Ihr Gewicht. Setzen Sie sich smarte Ziele.

44

»No Sports« – warum Churchill mächtig irrte

Fitness können Sie in jedem Alter erreichen! Der positive Effekt von Sport auf Körper, Geist und Seele ist unumstritten. Hören Sie auf, Bequemlichkeit oder ein potentielles Verletzungsrisiko vorzuschieben, um sich vor Bewegung zu drücken. Klar gibt es Sportarten wie Fußball, Handball, Ski Alpin oder Skaten, bei denen das Verletzungsrisiko höher ist als beim Schwimmen, Nordic Walking, Skilanglauf oder Radfahren. Aber es könnte Ihnen auch heute ein Blumentopf auf den Kopf fallen!

Als Fuckyourluckler machen Sie einen Gesundheitscheck und entscheiden sich danach für eine Sportart, die für Sie einen potentiellen Spaßfaktor hat. Sind Sie ein Sportmuffel, fangen Sie zunächst damit an, Bewegung in Ihren Alltag zu integrieren.

- Erledigen Sie kurze Arbeits- oder Einkaufswege zu Fuß oder per Fahrrad.

- Lassen Sie den Aufzug links liegen und nehmen Sie die Treppe.

- Machen Sie alle zwei Stunden gymnastische Übungen wie Kniebeugen. Mineralwasserflaschen lassen sich prima als Hanteln benutzen.

Stefan erzählt: Mein Weg in den Ultrasport

Falls Sie glauben, dass ich immer ein Sportcrack war, nur weil ich heute Ultra-Sportler bin, dann irren Sie. Ich habe Schulsport gehasst. Glücklich war ich nur beim Waldlauf. Als Student bin ich höchstens mal fünf, sechs Kilometer gejoggt und habe mich dabei schon auf die Zigarette danach gefreut. Über Kommilitonen, die täglich fünfzig Kilometer mit dem Rad zur Uni strampelten, weil sie für den »Ironman« trainierten, witzelte ich gern mal. Aber dann entwickelten sich meine Abenteuerreisen zu fordernden Expeditionen und mir wurde klar: Ich musste fitter werden! Mehr Lauftraining, Fitness-Studio, gesündere Ernährung. Das hat mich in die Sportspirale gebracht.

Im Alter von 44 Jahren, topfit und durchtrainiert, fuhr mich auf der Piste dann ein anderer Skifahrer um. Diagnose: Oberschenkelhalsbruch! Ob ich jemals wieder sportlich laufen könnte, stand in den Sternen. Damals habe ich mir geschworen: Wenn ja, steige ich in den Ultrasport ein. Das war mein Ziel, das ich durch eisernes Training, Disziplin und Willenskraft erreicht habe. Schon drei Monate nach der letzten OP bin ich wieder den ersten Marathon gelaufen. Und heute laufe ich wie früher durch Wüsten – auf Strecken jenseits der Marathon-Distanz. Mich mit mir und der Natur verbunden zu fühlen, mich zu quälen, auch zu leiden, das bringt mir Glücksmomente und am Ziel das überwältigende Gefühl, es geschafft zu haben. Ich trainiere ohne enge Trainingspläne und Messgeräte. Ich höre nur auf mein Körpergefühl. Ich muss nicht der Beste sein. Meinen Lauf zu genießen ist mir wichtiger. Mein FUCK-YOUR-LUCK-Sport-Prinzip: Ich will Genuss und Askese. Es darf auch mal ein Pfeifchen oder ein Glas Rotwein nach gutem Essen sein.

- Verzichten Sie im Büro täglich auf mindestens drei hausinterne Telefonate. Suchen Sie den Kollegen zu Fuß auf. Das bringt nicht nur Bewegung, sondern fördert auch soziale Kontakte.

- Gehen Sie in der Mittagspause dreißig Minuten zügig spazieren.

- Wenn Sie einen Garten haben, betätigen Sie sich darin.

FUCK YOUR LUCK: Integrieren Sie Bewegung in den Alltag. Entscheiden Sie sich auch für eine Ausdauersportart.

Mit positiver Einstellung zum Sport kommt die Lust auf mehr fast von allein. Ausdauersport hat den besten Trainingseffekt, solange Sie nicht nur einmal pro Woche trainieren und dann voll ans Limit gehen. Das ist kontraproduktiv. Wichtig ist regelmäßiges Training. Ideal sind drei- bis fünfmal pro Woche. Durch Regelmäßigkeit bekommt Ihr Körper die Chance, sich anzupassen und nicht in Stress zu geraten. Denn wann immer er für Sie mit Energiegewinnung beschäftigt ist, entstehen freie Radikale, da Ihr Körper nicht alle Kohlenhydrate und Fettsäuren verbrennen kann. Freie Radikale sind positiv, solange sie nicht überhandnehmen. Sie töten Viren, Bakterien und nicht mehr funktionierende Zellen ab, bevor diese entarten können. Bei zu schnellen extremen Belastungen (auch bei Ultrasport) ist die antioxidative Kapazität des Körpers bald erschöpft und dem hohen Energie- und Sauerstoffverbrauch nicht mehr gewachsen. Er ist überfordert, kann überschüssige freie Radikale nicht mehr durch Enzyme und sein Schutzsystem neutralisieren. Trainieren Sie regelmäßig, aber übertreiben Sie nicht. Seien Sie kein Wochenend-Täter! Unterstützen Sie den Job Ihres Körpers mit

Vitamin C, E und Betacarotin über gesundes Essen, aber nicht durch Nahrungsergänzungsmittel, es sei denn, der Arzt hat sie Ihnen verordnet. Künstliche antioxidative Substanzen können gefährlich sein und die Entstehung von Krankheiten begünstigen.

Und das bringt Ihnen richtiges **Ausdauertraining:**
- Es baut Stress ab, weil in dem Teil Ihres Gehirns, wo Stress durch Reizüberflutung entsteht, Sport die Gehirnaktivität reduziert. Ein Effekt, der sich bei höherer Belastung noch verstärkt.

- Es wirkt stimmungsaufhellend.

- Ihre Selbstheilungskräfte gegen chronische Krankheiten werden aktiviert.

- Ausdauertraining wirkt positiv auf Ihr Herz-Kreislauf-System. Ihre Gefäße werden elastischer, der Blutdruck sinkt, Ihr Herz arbeitet effektiver, Blutfettwert und das schädliche LDL-Cholesterin werden gesenkt. Die Stressrezeptoren Ihres Herzens werden unempfindlicher und damit stressresistenter. Ihr Risiko für Herzinfarkt und Schlaganfall sinkt.

- Es schützt Sie vor Diabetes, denn Sport führt zu einem geringeren Insulinbedarf, weil bei Trainierten die Proteintransporter in den Muskelfasern ausreichen, um Glukose aufzunehmen. Ihr Blutzuckerspiegel sinkt. Das wird noch durch die Verschiebung weg vom Körperfett hin zur Muskelmasse unterstützt.

- Es stärkt Ihr Immunsystem durch eine höhere Produktion und Qualität Ihrer Abwehrzellen. Krankheitserreger werden gekillt – und Sie werden weniger anfällig für Infekte. Achtung: Bei Leistungssportlern kehrt sich der Effekt um.

- Ausdauersport wirkt auf Ihre mentale Fitness effektiver als Hirnjogging.

- Und es unterstützt Sie beim Abnehmen, weil Sie damit leichter zu einer negativen Energiebilanz kommen. Besonders im Bauchbereich wird Fettgewebe abgebaut. Allerdings ist es ein Mythos, dass Training bei niedriger Pulsfrequenz das meiste Fett verbrennt. Bei intensivem Training verbrennen Sie in der Summe auch immer mehr Kalorien.

Der Hype mit der Pulsuhr – ein Muss im Training?

Pulsuhren sind *in*. Gerade im Freizeitsport unterwerfen sich viele Ausdauersportler dem Diktat der Pulsuhr, anstatt bewusst aus dem beengenden Regelwerk des Alltags auszusteigen. Als Fuckyourluckler genießen Sie den Sport, schalten ab. Und das können Sie nicht, wenn Sie ständig auf Ihre Messwerte schielen. Pulsuhren sind nur für Einsteiger sinnvoll, weil sie helfen, das eigene Körpergefühl zu entwickeln. Können Sie die Signale Ihres Körpers deuten, legen Sie die Pulsuhr ab und genießen Sie den Sport Ihrer Wahl. Eine leichte Überlastung ist nicht schädlich, sondern leistungssteigernd.

Wie Ihr **FUCK-YOUR-LUCK-Fitnessprogramm** aussieht, ist Ihre Entscheidung. Quälen Sie sich nie zu einem ungeliebtem Sport, nur um abzunehmen oder weil Ihr Partner dafür brennt. Probieren Sie diverse Sportarten aus. Sie werden schon eine finden, die Ihnen Spaß macht. Es zwingt Sie auch niemand, sich für Ausdauersport zu entscheiden. Vielleicht ist ein Spielsport wie Tennis oder Fußball das Richtige für Sie? Sie könnten auch tanzen oder zur Jazzgymnastik gehen. Entscheidend ist nur: Seien Sie mit Begeisterung dabei! Nur so bleiben Sie dran! Verbieten Sie Ihrem inneren Schweinehund den Mund, sobald er Ihnen zuflüstert, Sie hätten keine Zeit oder würden lieber chillen. Schalten Sie einfach Ihre mentale Ampel auf *Rot!* Denken Sie an die vielen positiven Effekte – und dann geht's los mit Ihrem **FUCK-YOUR-LUCK-Fitness-Training:**

- Integrieren Sie mentales Training in Ihr Programm, besonders vor sportlichen Herausforderungen, durch Meditation, Atemübungen oder Yoga.

- Dreimal pro Woche zehn Minuten Coretraining oder Gymnastik. Das trainiert die Tiefenmuskulatur, erhöht die Spannkraft des Körpers und stützt den Skelettapparat. Am besten vor dem Ausdauersport.

- Dreimal pro Woche eine Ausdauersportart. Sind Sie völlig untrainiert, können Sie mit zehn Minuten beginnen und sich steigern. Hören Sie auf Ihren Körper! Joggen ist der effektivste Ausdauersport mit der höchsten Fettverbrennung. Bei richtigem Training und passendem Schuhwerk ist das Verletzungsrisiko gering.

- Bringen Sie Abwechslung ins Sportprogramm. Der Jogger sollte auch mal radeln, der Biker laufen oder schwimmen. Gehen Sie zum Tanzen oder steigen Sie im Winter auf Langlaufskier um. Wichtig sind Abwechslung im Training und Regenerationsphasen. So können sich Muskelgruppen erholen, während andere stärker gefordert werden.

- Einmal pro Woche 30 Minuten Kraftsport. Für Ausdauersportler ist das obligatorisch. Eine gut trainierte Muskulatur schützt vor Verletzungen und einseitigen Belastungen. Trainieren Sie nicht auf »Pump« und dicke Muskeln, sondern auf Schnellkraft.

- Bitte nach dem Sport stretchen, nicht vorher! Mit warmer Muskulatur ist das Verletzungsrisiko geringer. Dehnen Sie alle beanspruchten Muskelgruppen mindestens 30 Sekunden lang.

- Ein Regenerationstag pro Woche. Relaxen Sie in der Sauna, machen Sie Yoga, gönnen Sie sich eine Massage oder entspannen Sie mit einem duftenden Entspannungszusatz in Ihrer Badewanne. Das ist Wellness für Körper, Geist und Seele.

FUCK YOUR LUCK: Regelmäßige Bewegung bringt Körper und Geist auf Erfolgskurs!

45
Nutzen Sie die Spiritualität

> **Stefan erzählt: Die Kraft des Glaubens akzeptieren**
>
> Früher habe ich die Gläubigkeit meines Vaters nicht verstanden, sogar als naiv belächelt. Der sonntägliche Kirchgang war ihm ein Bedürfnis und als er Vorsitzender des Kirchenchors wurde, war er stolz und glücklich, hat die Feiertagsmessen mitgestaltet und sich noch mehr für die Kirchengemeinde engagiert. Wir hatten ein sehr gutes Verhältnis, aber ich konnte nicht verstehen, dass sogar die Familie, die ihm das Wichtigste war, hinter seiner Kirchenarbeit manchmal zurückstecken musste. Damals habe ich oft versucht, meinen Vater zu bekehren und ihn von seinem – meiner Meinung nach – »blinden Glauben« abzubringen. Heute weiß ich, wie falsch das war. Und das ist nicht nur eine Frage der Toleranz! Wenn Menschen sich in ihrem Glauben gut aufgehoben fühlen und nicht fanatisch sind, wäre es fatal, sie da rauszuholen, nur weil man selbst eine andere Meinung vertritt. Mein Vater war mit seinem Leben glücklich und zufrieden. Das war sein Weg, der ihn erfüllt hat. Dank seines Glaubens hatte er nie Angst vor dem Tod und hat viel Gutes getan.

Sie fühlen sich in einer Religionsgemeinschaft gut aufgehoben? Glückwunsch. Religiöse oder spirituelle Menschen sind zufriedener und gesünder als andere.[20] Wer eine Beziehung zu Gott hat, dem gibt Glaube Kraft in schwierigen Zeiten. Glaube stärkt das Selbstwertgefühl, nimmt die Angst vor dem Tod und lässt vieles im Leben leichter erscheinen. Nur dürfen Sie nicht in die Falle »grenzenloses Gottvertrauen« tappen. Wer glaubt, Gott oder eine andere höhere Macht würde es in diesem oder einem nächsten Leben richten, gibt sein Leben aus der Hand und verfällt in Passivität. Sie sind der Boss in Ihrem Leben! Es ist Ihre Aufgabe, das Beste daraus zu machen. Gibt es dafür Unterstützung von ganz oben, umso besser.

Vielleicht gehören Sie aber auch zu den Menschen, die zur Leerung der Kirchen beigetragen haben, weil Sie sich im Korsett von Religionsgemeinschaften nicht wohlfühlen? Oder Sie können nicht glauben, weil alles für Sie beweisbar, mit knallharten Fakten belegbar sein muss?

Wissenschaft und Spiritualität, die auch Religion umfasst, stehen nicht zwangsläufig im Widerspruch. Geniale Physiker wie Albert Einstein oder Max Planck waren religiös, hielten die Existenz eines Gottes, einer höheren Macht, in ihren Überlegungen für möglich. Selbst Charles Darwin, der Begründer der Evolutionstheorie, sah seine Erkenntnis nicht im Widerspruch zur Religion. Verstehen Sie uns nicht falsch: Sie sollen Spiritualität oder Glauben nicht auf Knopfdruck entfachen, nur weil das Ihr Leben leichter und Sie zufriedener machen könnte. So funktioniert das nicht. Spiritualität kommt von innen heraus, muss authentisch sein und darf nicht funktionalisiert werden. Wenn Sie aber ein wichtiges Zufriedenheitspotential nicht verschenken wollen, sollten Sie Ihrer persönlichen Spiritualität auf die Spur kommen.

Spiritualität bereichert den bunten Strauß des Lebens und schließt traditionelle Religionen nicht aus. In Thailand stehen selbst vor Häusern der gläubigsten Buddhisten die Geisterhäuschen. Das sind kunstvoll geschnitzte

Mini-Häuser auf einem Pfahl oder erhöhten Sockel. Sie werden vor Baubeginn aufgestellt, um all den Geistern, die vorher auf dem Grundstück gewohnt haben, ein neues Zuhause zu geben. Und die müssen natürlich mit Opfergaben bei Laune gehalten werden.

Es gibt tausend Möglichkeiten, Spiritualität zu leben. Dazu bedarf es keiner Religionszugehörigkeit, keines Glaubens an einen Gott oder ein göttliches Prinzip. Spiritualität ist eine geistige Grundhaltung und Lebenseinstellung, die auf eine tiefere Sinnsuche ausgerichtet ist. Die Kraft, die daraus resultiert, hat einen positiven Effekt auf Körper, Geist und Seele. Das macht entspannter, gelassener und stressresistenter. Spirituelle oder gläubige Menschen können mit Belastungssituationen und schweren Schicksalsschlägen besser umgehen, leiden seltener an Herz-Kreislauf-Erkrankungen und Depressionen.[21] Spirituelle Menschen leben häufiger in befriedigenden Partnerschaften und engagieren sich öfter in sozialen Projekten für die Gemeinschaft.

Spiritualität hilft Ihnen ...

- ... in Ihrer Sehnsucht nach einem tieferen Lebenssinn und Ihrer Suche nach Antworten.

- ... bei den Fragen nach Ihrer Rolle im Spiel des Lebens, nach dem Sinn und Zweck Ihrer Existenz.

- ... in Ihrer Sehnsucht, in dieser beschleunigten Welt mal innezuhalten.

- ... bei schwerwiegenden traumatischen Erfahrungen und deren Bewältigung.

Ihren persönlichen spirituellen Weg müssen Sie finden. Als Fuckyourluckler fühlen Sie sich dabei völlig frei. Sie können sich sogar, unabhängig von bestehenden Religionen, Ihren eigenen Glauben erschaffen. Er könnte sich zum Beispiel aus Bausteinen des Buddhismus, Christentum, Islam oder den Naturwissenschaften zusammensetzen, könnte die unterschiedlichsten Facetten und Dimensionen haben. Spiritualität können Sie aber auch in Alltäglichem finden. Entdecken Sie das Göttliche in der Natur oder durch Meditation, Gebete oder Exerzitien. Finden Sie Göttliches in Ihrer Berufung oder Lebensaufgabe. Beschäftigen Sie sich mit Philosophie oder Esoterik. Spiritualität kann bis hin zu Transzendenz reichen, Übernatürlichem oder auch dem Glauben an einen personifizierten Allmächtigen.

Wer Kraft durch eine höhere Instanz findet, geht seinen Weg beschwingter. Wer in einem dramatischen Lebensereignis einen Sinn finden und es als Prüfung, Aufgabe oder Botschaft annehmen kann, tut sich leichter, das Beste daraus zu machen, als jemand, für den alles nur ein einziger Albtraum ist. Lieber glauben als jammern! Das Prinzip, das hinter der Spiritualität steht, ist immer gleich: Passiv annehmen, aber dann durch Glaube oder Spiritualität aktiv gestalten!

Öffnen Sie Ihren Geist, um Ihren individuellen Weg zu finden. Alles liegt in Ihrer Betrachtung der Dinge. Verschenken Sie die Chance auf mehr Gelassenheit nicht. Spiritueller zu leben macht zufriedener, beinhaltet Tugenden wie Dankbarkeit, Vergebung, Nächstenliebe und tiefe Beziehungen. Die Fähigkeit zur Spiritualität ist Ihnen weitgehend angeboren. Suchen Sie die zu Ihnen passenden Inspirationen, um Ihre Spiritualität zu finden. Nutzen Sie unseren **FUCK-YOUR-LUCK-Spiritualitätsfinder**.

Der FUCK-YOUR-LUCK-Spiritualitätsfinder

- Gehen Sie regelmäßig in die Natur. Sensibilisieren Sie sich für die Veränderung der Natur und ihre Vergänglichkeit. Erfühlen Sie Ihre Verbundenheit mit der Natur.

- Erkennen Sie das Göttliche im Alltag im sorglosen Spiel Ihrer Kinder, dem Sonnenuntergang, dem Wechsel von Tag auf Nacht oder wenn Sie auf dem Gipfel eines Berges stehen.

- Lesen Sie spirituelle, philosophische oder wissenschaftliche Bücher und Zeitschriften.

- Beschäftigen Sie sich mit der Großartigkeit des Kosmos, der Unendlichkeit des Universums oder der Faszination des Mikrokosmos, der Quantenphysik, die beweist, dass vieles nicht so ist, wie wir es wahrnehmen.

- Öffnen Sie sich für spirituelle Praktiken wie Meditation, Atemübungen, Konzentrations- und Achtsamkeitsübungen, Yoga oder Beten.

- Engagieren Sie sich in sozialen oder religiösen Projekten.

FUCK YOUR LUCK: Finden Sie Ihren persönlichen spirituellen Weg. Wie er aussieht und welche Bedeutung er für Sie hat, entscheiden Sie!

46

Ihre fünf Bausteine zur inneren Freiheit

Wer zufrieden und weitgehend selbstbestimmt leben möchte, braucht eine große Portion Souveränität. Fuckyourluckler erkennen ihre inneren und äußeren Zwänge und machen sich davon frei. Entdecken Sie jetzt Ihre verschiedenen Persönlichkeitsanteile und nutzen Sie diese geschickt für Ihre Ziele. Machen Sie sich unabhängig vom Lob der anderen, verändern Sie nichts, was Sie nicht verändern wollen, und geben Sie niemandem die Macht, Sie nachhaltig zu verletzen – dann würden Sie Ihr Leben aus der Hand geben.

Baustein 1: Ihr inneres Team

Akzeptieren Sie, dass Sie eine vielfältige Persönlichkeit sind. Das bedeutet, in Ihnen stecken viele verschiedene Varianten eines Menschen – mit unterschiedlicher Dominanz. Da gibt es beispielsweise den Antreiber, den Zauderer, den Bedenkenträger, den Bequemen, den Abenteurer, den Selbstzweifler und den Optimisten, den Pessimisten, den Perfektionisten, den Vorsichtigen, den Ängstlichen und den Mutigen, den Motivierten, den Kontrollierten und den Aggressiven ... All diese Persönlichkeiten zusammen sind Ihr Team. Und Sie sind der Boss!

Ihre Aufgabe ist es, Ihr Team so clever einzusetzen, dass es alle Aufgaben und Herausforderungen in unterschiedlichsten Lebenssituationen klug meistern kann. Sind Sie Bergsteiger, bei dem sehr wahrscheinlich die Teampersönlichkeiten Abenteurer, Antreiber und Motivator dominant sind, sollten Sie darauf achten, dass auch Kollege Angst und Herr Vorsicht oft genug ins Spiel kommen. Planen Sie einen Ortswechsel, sollten Sie auch die Kollegen Motivator und Bedenkenträger mit an Bord nehmen – für mehr Realismus, eine bessere Vorbereitung und Planung für Ihr Vorhaben. Wollen Sie eine berufliche Herausforderung meistern, sind die Kollegen Antreiber, Optimist und Perfektionist gefragt. Keiner dieser Kollegen ist besser, keiner schlechter als die anderen. Jeder ist wichtig, hat klare Vor- und Nachteile. Haben Sie Ihr Team nicht im Griff oder falsch eingesetzt, passieren Fehlentscheidungen und Fehlreaktionen, weil jemand nicht da war, der den Kollegen in der Situation helfend zur Seite springen konnte.

Als Fuckyourluckler sind Sie ein kluger Teamleiter. Ihre Aufgabe ist es, dafür zu sorgen, dass immer diejenige Team-Persönlichkeit in den Vordergrund rückt, die gerade gebraucht wird und dass alle sich harmonisch ergänzen. Dafür müssen Sie zuerst all die Persönlichkeiten kennenlernen, die in Ihnen schlummern. Machen Sie dazu Ihren **FUCK-YOUR-LUCK-Team-Check:**

• **SCHRITT 1**
Stellen Sie sich zwei Situationen vor, die Sie kürzlich erlebt haben – im Beruf, Alltag oder im Privatleben. Sie könnten den Kampf Ihrer widersprüchlichen Gefühle beim letzten Date analysieren. Lagen die Kollegen Abenteurer, Selbstzweifler und Vorsicht da miteinander im Clinch? Und wer hat gewonnen? Oder was war das für ein Gefühl, als Ihr Chef Ihnen unlängst eine neue Herausforderung angeboten hat? Rief der Optimist in Ihnen gleich »hurra« oder hat der Bedenkenträger das Wort übernommen?

Schreiben Sie zu jeder Situation, die Ihnen in den Kopf schießt, stichpunktartig Ihre Gedanken, Gefühle, Überlegungen, Zweifel oder Reaktionen auf. Schreiben Sie munter darauf los, was Ihnen gerade so einfällt! Aus diesem Sammelsurium leiten Sie die entsprechende Persönlichkeit mit ihrer jeweiligen Teamrolle ab.

- **SCHRITT 2**

Fragen Sie sich: Wann gewinnt wer im Team die Oberhand? Ist das gut oder schlecht? Welches Teammitglied rückt zu sehr in den Hintergrund? Oder warum ist einer dieser Persönlichkeitsanteile zu oft zu dominant?

- **SCHRITT 3**

Jetzt stellen Sie Ihr Team so klug zusammen, dass Sie Ihre Ziele erreichen. Seien Sie flexibel und passen Sie es Menschen, Situationen und Umständen an. Wer mit seinem inneren Team verstärkt arbeiten will, kann sich von einem erfahrenen Life-Coach unterstützen lassen.

FUCK YOUR LUCK: Nutzen Sie all Ihre verschiedenen Persönlichkeitsanteile klug für Ihre Ziele!

Baustein 2: Begeisterung statt Leidenschaft

Sehnen Sie sich nach Leidenschaft in der Liebe, im Job oder nach einem mit Hingabe betriebenen Hobby? Leidenschaft – das klingt nach absoluter Zufriedenheit, dem großen Glück. Aber nur, bis das Ganze kippt. Ist das Objekt der leidenschaftlichen Begierde weg, gewinnt schon schnell mal das Leiden die Oberhand, das die Leidenschaft erst erschaffen hat. Leidenschaft kann süchtig machen.

Sind Sie süchtig, entscheiden Sie nicht mehr selbst. Wer süchtig ist, gibt sein Leben aus der Hand. Sind Sie auf Entzug, werden Sie von negativen Gefühlen überwältigt, oft von einer riesigen Leere. Manch Profisportler erlebt das, wenn er sich aus dem aktiven Sportlerleben verabschiedet.

Als Fuckyourluckler entscheiden Sie, *was* Sie tun und *wie* Sie es tun. Sie hüten sich vor Leidenschaft, machen aber vieles mit Hingabe, Freude und Begeisterung. Lassen Sie nichts so nah an sich herankommen, dass es Macht über Sie, Ihre Souveränität und Ihre innere Freiheit gewinnt. Füttern Sie stattdessen Ihre Begeisterung. Machen Sie so oft wie möglich das, was Ihnen Freude bereitet, Ihnen wichtig ist oder wobei Sie hochmotiviert sind. Das bringt Ihnen mehr innere Zufriedenheit als die Leidenschaft, die Leiden schafft.

FUCK YOUR LUCK: Geben Sie Ihr Leben nie aus der Hand!

Baustein 3: Smarte Veränderung statt Optimierungswahn

Als Fuckyourluckler verändern Sie nichts auf Teufel komm raus, nur weil andere Ihnen einreden, dass es nötig ist – oder weil es gerade dem Trend der Zeit entspricht. Ein so verstandener Veränderungswahn kostet unnötig Kraft, bringt Unruhe ins Leben und raubt die positiven Aspekte der Beständigkeit. Wenn Sie beim Thema Veränderung übers Ziel hinausschießen, ist das negativer Perfektionismus. Er hat Stress und schlechte Gefühle im Gepäck, weil Sie nie das Optimum erreichen können. Optimieren Sie nur das, was Ihnen gut tut und nützt.

> **Barbara erzählt: Vom Leben ohne Computer**
>
> Einer meiner Freunde in meinem andalusischen Rückzugsort ist Schreiner. Randolf ist seit vielen Jahren glücklich mit einer Spanierin verheiratet, hat zwei Kinder und eine Finca im Campo. Als wir kürzlich beim Bierchen an meinem Küchentisch saßen, sagte er mir, dass er oft belächelt wird. Er hat nämlich kein Internet in seiner Finca. Aber er sieht nicht ein, das zu verändern! Er braucht kein Internet. Es interessiert ihn nicht. Er werkelt lieber am Haus, in der Werkstatt oder raucht eine Pfeife in der Hängematte. Würde ihm jemand einen neuen Computer schenken, würde er ihn sofort verkaufen und sich mit dem Geld einen Herzenswunsch erfüllen. Klar könnte ein guter Computer für ihn als Schreiner hilfreich sein. Per Computer lassen sich leicht Modellküchen erstellen. Aber natürlich erst, wenn man unzählige Stunden damit zugebracht hat, Computer und Programm zu verstehen. Und dann braucht es auch noch einen Drucker, um das Ganze zu Papier zu bringen. Randolf nimmt da lieber gleich Block und Bleistift. Oder er bastelt ein Modell. Ein Computer hat ihm noch nie gefehlt.

FUCK YOUR LUCK: Sie entscheiden, ob Sie sich verändern wollen oder nicht.

Baustein 4: Lob und Anerkennung

Als Fuckyourluckler machen Sie sich unabhängig vom Lob Ihrer Mitmenschen. Sie gieren nicht danach, sondern wissen selbst, was Sie geleistet haben. Dafür belohnen Sie sich selbst mit »kleinen Bonbons« und dem guten Gefühl, Ihre Aufgabe gemeistert zu haben. Klar freut man sich über die Anerkennung vom Chef, von Kollegen, dem Partner oder von Freunden. Und ganz besonders über ein dickes Lob. Es zeigt Interesse, Respekt und Wertschätzung. Nur mangelt es daran im Leben allzu oft. Viele Menschen sind nicht souverän. Fuckyourluckler erkennen die Leistung anderer an, loben gezielt und motivierend. Lob darf aber nie inflationär sein, nie an eine Forderung gebunden werden und muss mehr sein als ein lässiges Schulterklopfen.

FUCK YOUR LUCK: Machen Sie Ihr Glück nicht von Lob und Anerkennung anderer abhängig.

Baustein 5: Verzeihen und vergeben

Das ist die Meisterdisziplin der Lebenskunst, die ein Maximum an innerer Stärke erfordert. Schwache Menschen können nicht vergeben. Sie pflanzen Verletzungen in ihr Herz, die sich rasend ausbreiten und von ihnen Besitz ergreifen, weil Wut, Grübeln und Zorn die Wunde immer wieder aufreißen. Und schon geht's nach unten in der Abwärtsspirale. Tatsache ist auch: Je tiefer Sie verletzt und enttäuscht wurden, umso schwieriger ist das Verzeihen, weil ein anderer Mensch die Macht hatte, dass Sie sich richtig mies, verletzt und hilflos fühlen. Aber *Sie* haben ihm die Macht gegeben, weil Sie die Kontrolle über Ihr Gefühlsleben verloren hatten.

Lassen Sie das nicht zu. Bekommen Sie Ihre Emotionen in den Griff (siehe auch ab Seite 273) und üben Sie sich in Vergebung. Ist der negative Rucksack erst einmal weg, schenkt Ihnen das innere Freiheit und das gute Gefühl, der

Boss Ihrer Gefühle zu sein. Das macht Sie frei, emotional widerstandsfähiger, selbstsicher und überlegen. Nutzen Sie dafür die drei **FUCK-YOUR-LUCK-Schritte des Verzeihens und Vergebens:**

- **Schritt 1**

Lassen Sie Wut und Enttäuschung raus. Geben Sie diesen Gefühlen einen überschaubaren Raum. Danach gehen Sie auf Distanz: Verbannen Sie zunächst die Person, die Sie verletzt hat, aus Ihrem Innersten. Sie brauchen erst eine emotionale Distanz, um den Prozess des Vergebens einzuleiten.

- **Schritt 2**

Seien Sie froh, dass Sie rechtzeitig erkannt haben, wie dieser Mensch tickt. Das hat Sie vor Schlimmerem bewahrt. Diese Person ist es nicht wert, dass Sie ihretwegen leiden. Kein Mensch ist das wert! Durch solch eine distanzierte, überlegene Haltung nehmen Sie die Verletzung von sich weg und geben sie an den anderen zurück. Setzen Sie neue Prioritäten und freuen Sie sich über neue Chancen.

- **Schritt 3**

Jetzt liegt es an Ihnen, ob Vergebung tatsächlich möglich ist. Dafür müssen Sie die Ziele, Motive oder Situation kennen und bewerten, aus der heraus diese Person Sie so verletzt hat. Es geht nicht darum, die Verletzung zu entschuldigen oder gar gutzuheißen. Aber dieses Wissen hilft Ihnen, eine Antwort auf Ihre Frage nach dem »Warum« zu finden. Entscheiden Sie jetzt, ob Sie diesen Menschen je wieder in Ihr Leben lassen. Nach dem **FUCK-YOUR-LUCK-Netto-Prinzip** geben Sie ihm dann eine neue Chance, wenn Ihnen das zukünftig wahrscheinlich mehr gute als schlechte Gefühle bereiten wird.

Last Exit: Der »KICK OFF«

Sind Sie zur Entscheidung gekommen, dass die betreffende Person den Aufwand der Vergebung nicht wert ist, weil sie in Ihnen dauerhafte negative Emotionen auslöst, hilft nur die totale Verbannung. Das ist Ihr gesunder Egoismus. Der lässt Sie Dinge tun, die Ihnen gut tun und Dinge lassen, die schlecht für Sie sind – und wirkt wie ein Schutzschild.

Schubsen Sie diesen Menschen radikal aus Ihrem Leben! Das geht natürlich nur, wenn es keine zwingenden privaten oder beruflichen Berührungspunkte gibt. Das geht natürlich nicht, wenn gemeinsame Kinder im Spiel sind! Ansonsten ist es aber vielleicht sinnvoll, das private Umfeld oder den Job zu wechseln. Das tut Ihnen auf Dauer besser, als negativen Emotionen ständig neue Nahrung zu geben. Treffen Sie nach Jahren diesen Menschen wieder, wird er kaum noch Emotionen bei Ihnen auslösen. Dann ist er Ihnen gleichgültig geworden.

FUCK YOUR LUCK: Erlernen Sie die hohe Kunst der Vergebung. Sie selbst profitieren davon am meisten. Der Kick-off sollte immer nur letztes Mittel sein.

47

Werkzeuge zur Selbsttherapie

Würden Sie gern gezielt Ihre Stimmung beeinflussen, Emotionen und Gedanken verändern, mehr Power haben, der Frühjahrsmüdigkeit oder dem Winterblues entfliehen? Möchten Sie Aggressionen abbauen, gelassener werden oder abschalten können, wenn Ihre Gedanken Amok laufen? Sie haben die Macht dazu: Therapieren Sie sich selbst, solange es sich nicht um eine ernsthafte psychische Erkrankung handelt. Für die kleinen Verstimmungen und Befindlichkeiten sind Sie als Boss in Ihrem Leben selbst zuständig.

Als Fuckyourluckler kennen Sie die Wirkung der Werkzeuge in Ihrem Alltag zur Selbsttherapie und nutzen sie bewusst.

Werkzeug 1: Die Macht der Musik

Sie hören einen Song im Radio. Er erinnert Sie an vergangene Zeiten, weil Sie diese Musik mit einer großen Liebe, einem besonderen Lebensgefühl oder einer schönen Situation verbinden. Von einer Sekunde auf die andere sind die Bilder der Vergangenheit und Ihre Emotionen wieder fast so präsent wie damals.

Ebenso, wie Musik alte Gefühle aktualisieren kann, kann sie neue erzeugen. Das funktioniert aber nicht, wenn Sie sich überall und nebenbei berieseln lassen. Wählen

Sie Musik gezielt für sich aus, um sich in die gewünschte Stimmung zu versetzen: Pop, Disco oder Hip-Hop sind Gute-Laune-Helfer, machen konzentrierter und leistungsbereiter. Balladen helfen beim Träumen. Samba oder Salsa wirken anregend. Klassik oder ruhige Instrumentalmusik entspannen. Marschmusik, Gangsterrap oder Punk machen kampfbereit. Heavy Metal baut Aggressionen ab, kann aber auch eingesetzt werden, um sie bewusst zu schüren. Nutzen Sie, innerhalb Ihres persönlichen musikalischen Geschmacks, die Wirkung der Musik bewusst. Nehmen Sie sich Zeit und Muße für Ihre persönliche Musik-Therapie.

> **Barbara erzählt: Musik macht mich startklar**
>
> Als ich am Anfang meiner journalistischen Karriere stand, hatte ich oft große Hemmungen, fremde Menschen anzurufen, um sie für eine Reportage zu begeistern. Der Druck, mich überwinden zu müssen, war beklemmend. Ich griff in diesen Situationen dann – damals noch unbewusst – zu einem Trick: Ich habe meine liebste Disco-Musik aufgelegt, laut aufgedreht und dazu in meiner Wohnung getanzt. Waren die letzten Töne verklungen, habe ich direkt zum Telefon gegriffen, die fremden Menschen angerufen und meine Stimme klang plötzlich so befreit und strahlend, wie Musik und Tanz mich gemacht hatten.

FUCK YOUR LUCK: Finden Sie für jede Stimmungslage Ihre therapeutische Musik.

Werkzeug 2: Die Macht der Haustiere

Ist Ihnen die neue Form des Gassi-Gehens aufgefallen? Um Zeit zu sparen, fahren vielbeschäftigte Herrchen oder Frauchen im Auto auf einem Feldweg und telefonieren, während der Hund neben dem Auto sein Laufpensum erledigt. Das vermittelt den Eindruck, nur deshalb ein Tier zu haben, weil es scheinbar zum Bild einer idealen Familie gehört. Wer aber Tiere nur in ein Zeitfenster presst, wird ihnen nicht gerecht – und verschenkt noch dazu ihr therapeutisches Potential. Betrachten Sie Hund, Katze, Pferd oder ein anderes Haustier als Ihren persönlichen Therapeuten. Die wichtigste Aufgabe eines Therapeuten ist das Zuhören. Einen besseren Zuhörer als Ihr Tier können Sie nicht finden. Reden Sie mit Ihrem tierischen Partner und achten Sie auf die Signale, die er aussendet. Tiere geben immer ein direktes Feedback. Planen Sie Spielzeiten oder Spaziergänge ein, um sich zu entspannen oder »auszusprechen«. Auch Aquarien wirken beruhigend und bauen Stress ab. Deshalb findet man sie zunehmend in Wartezimmern von Arzt- oder Zahnarztpraxen. Wer auf die Unterwasserwelt hinter Glas schaut, fokussiert seine Aufmerksamkeit automatisch auf das scheinbar schwerelose Schweben der Fische. Das ist wie Meditation, steigert die Konzentration und senkt den Blutdruck.

FUCK YOUR LUCK: Nutzen Sie die therapeutische Kraft der Tiere.

Werkzeug 3: Die Macht des Spiels mit Kindern

Sie hatten einen anstrengenden Tag, kommen endlich nach Hause und schließen die Haustüre auf. Sofort stürzen Ihre Kinder auf Sie zu und betteln: »Spielst du mit uns?«

Seien Sie ehrlich. Wie oft denken oder sagen Sie: »Muss das jetzt sein?! Ich bin so müde, so gestresst!«

Das ist nicht nur schade für Ihre Kinder. Das ist auch schade für Sie! Sehen Sie das Spielen nicht mehr als manchmal lästige Pflicht an. Wenn Erwachsene mit Kindern spielen, baut das Stress ab, entspannt, fördert die Kreativität, macht gute Gefühle und stärkt nebenbei die Beziehung zu Ihren Kindern. Das funktioniert aber nur, wenn Sie sich bewusst darauf einlassen, eintauchen und sich von der Unbeschwertheit Ihrer Kinder anstecken lassen. Schnell werden Sie so feststellen: Ob Puzzle, Playmobil, Puppen, Autos, Kuscheltiere oder »Mensch ärgere dich nicht« – das Spiel nimmt Sie gefangen. Das ist wie eine Rückführung in unbeschwerte Kindertage. Selbstvergessen im Spiel rücken aktuelle Probleme in den Hintergrund. Sie entspannen, lachen, bekommen gute Laune.

Stefan erzählt: Zurück in die Kindheit

Vor ein paar Jahren habe ich mir wieder eine Modelleisenbahn zugelegt, weil das als Kind mein liebstes Spielzeug war. Obwohl mir nur wenig Zeit bleibt, die Lok durch selbstgebaute Traumlandschaften fahren zu lassen, macht mich allein der Gedanke glücklich, dass sie aufgebaut in einem Zimmer auf mich wartet. Wann immer ich mich damit beschäftigen kann, fühle ich mich zurückversetzt in meine heile Kinderwelt, und das Schönste ist: Heute habe ich zwei Spielkameraden dazugewonnen!

FUCK YOUR LUCK: Spielen Sie mit Ihren Kindern – das tut auch Ihnen gut.

Werkzeug 4: Die Macht der Hobbys

Es ist erschreckend, wie viele Menschen kein echtes Hobby haben.

»Dafür habe ich keine Zeit«, hören wir oft in Seminaren. Als Fuckyourluckler legen Sie sich ein Hobby zu, reservieren sich dafür Zeit, um es mit Hingabe auszuüben, weil Sie sich der therapeutischen Macht bewusst sind. Hobbys bauen Stress und Aggressionen ab, entspannen und bringen Sie in gute Stimmung. Wenn Sie darin völlig aufgehen, erzeugt das einen Flow, der Sie in gute Sphären trägt. Kreative Hobbys sind optimal, um sich kognitiv zu fordern. Tanz, Spiel oder Ausdauersport eignen sich perfekt, um sich motorisch zu fordern. Ganz gleich, für was Sie sich entscheiden: Es sollte wirklich *Ihr* Ding sein! Entdecken Sie Ihr kreatives Potential. Jeder Mensch besitzt das. Erinnern Sie sich an verloren gegangene Hobbys aus Kindertagen: Beginnen Sie wieder Gitarre oder Klavier zu spielen. Malen, basteln, werkeln, töpfern, schreiben Sie – oder entdecken Sie das Lesen wieder.

FUCK YOUR LUCK: Therapieren Sie sich durch Ihr Hobby.

Werkzeug 5: Die Macht der Natur

Das haben Sie bestimmt auch schon erfahren: Egal, ob Sie durch einen Wald, über eine Wiese oder im Stadtpark spazieren gehen – die Natur bringt Ihnen Ruhe und Entspannung, ist Medizin für die Seele. Planen Sie einmal pro Woche einen ausgiebigen Spaziergang von mindestens einer Stunde ein. Sie können sich auch einfach auf eine Bank oder Wiese setzen. Entscheidend ist, dass Sie iPod oder MP3-Player ausschalten. Hören Sie bewusst auf die

Geräusche der Natur. Fühlen Sie den Wind auf Ihrer Haut. Riechen Sie den Duft der Blumen oder der feuchten Blätter. Nehmen Sie mit offenen Augen die Schönheit der Natur wahr und genießen Sie sie. Legen Sie bewusst den Fokus darauf, konzentrieren Sie sich auf diese Empfindungen. Das bewahrt Sie vor Grübeln.

Alle Teilnehmer unserer dreitätigen Powercamps, die wir in der Naturlandschaft des Endertals durchführen, sagen in der Abschlussbesprechung, dass allein das Naturerlebnis schon einen positiven Effekt auf ihre Psyche hatte.

FUCK YOUR LUCK: Natur ist Ihre Medizin!

48

Wissen ist Macht

Rund sieben Millionen Deutsche fiebern und raten vor dem Fernseher mit, wenn Kandidaten auf dem heißen Stuhl bei »Wer wird Millionär?« schwitzen. Meistern sie die 100.000-Euro-Frage oder gewinnen gar die Million, werden sie zu Helden, denen jeder das Geld von Herzen gönnt. Für ihr Wissen werden sie bewundert, aber auch heimlich beneidet. Braucht ein Kandidat schon bei der 500-Euro-Frage den ersten Joker, ist die Erleichterung groß: Gut, dass nicht alle klüger sind als man selbst!

Wissen ist ein Erfolgs- und Machtfaktor. Kluge Menschen haben eine souveräne Aura, blicken über den Tellerrand hinaus, haben viele Interessen, setzen sich für die Umwelt oder die Gesellschaft ein und sind zufriedener. Wie viel Sie wissen und wie schnell Sie lernen, hängt aber nicht zwingend von Ihrem IQ ab. Sondern es ist auch eine Frage Ihrer Persönlichkeit, Ihrer Grundhaltung und Lernkompetenz.

Vielen ist leider die Lust am Lernen schon zur Schulzeit vergangen. Unbestritten ist, dass das deutsche Bildungssystem große Lücken aufweist, durch die viele Menschen rutschen. Als Fuckyourluckler geben Sie die Verantwortung für Ihr Wissen, Lernen und Ihre Weiterbildung nicht an der Türe einer Bildungseinrichtung ab. Sie haben Strategien, um sich das für Sie relevante Wissen schnell anzueignen und Wichtiges von Unwichtigem zu trennen. Sie lernen aktiv, weil Wissen Ihre Lebenszufriedenheit und Ihren Erfolg steigert.

Es gibt keine Zauberformel fürs Lernen. Aber der größte Feind beim Lernen sind Sie selbst mit Ihren schlechten Lerngewohnheiten oder Ihrem altem Frust aus Schulzeiten. Ist Lernen mit negativen Gefühlen gekoppelt, ist es menschlich, die Lust daran zu verlieren. Machen Sie sich wieder Lust aufs Lernen! Wie vieles im Leben liegt auch das an Ihrer Einstellung. Schieben Sie negative Gedanken weg und programmieren Sie sich neu! Sie können fast alles erreichen, was Sie möchten! Lernen können Sie in jedem Alter. Mit 97 Jahren hat der Australier und Uropa Allan Stewart kürzlich sein viertes Studium abgeschlossen und der älteste Student Indiens schreibt im Alter von hundert Jahren an seiner Doktorarbeit. Aber was ist das Geheimnis des Lernens?

Die Begeisterung ist der Start ins Lernen, weil Begeisterung die emotionalen Zentren im Mittelhirn aktiviert. Wieder in Schwung gebracht, werden neuroplastische Botenstoffe ausgeschüttet, die wie Dünger wirken und neue Verschaltungsmuster im Gehirn entstehen lassen. Aber ganz gleich, wie heiß Sie aufs Lernen sind, selbst die größte Motivation schwächelt mal. Nutzen Sie deshalb auch folgende bewährte Techniken:

- **Zielvisualisierung**

Stellen Sie sich ganz intensiv vor, wie grandios es sein wird, wenn Sie beispielsweise eine neue Sprache gelernt oder eine Prüfung bestanden haben. Das ist ein so gutes Gefühl! Jetzt können Sie sich im Ausland in der dortigen Landessprache unterhalten. Visualisieren Sie das Lächeln Ihres Chefs oder von Freunden, die Ihnen zur bestandenen Prüfung gratulieren.

- **Aufmerksamkeitskontrolle**

Schützen Sie sich vor Ablenkung. Kein TV, keine Musik.

Lernen Sie allein und in Ruhe. Konzentrieren Sie sich nur auf die Inhalte.

• **Lernrituale kreieren**
Lernen Sie an einem festen Platz. Setzen Sie sich feste Zeiten, die Sie strikt einhalten. Gewöhnen Sie sich an, mit fünf Minuten Tiefenatmung zu starten (siehe ab Seite 292). Zünden Sie eine Kerze an oder stellen Sie sich Ihr »Lerngetränk« auf den Schreibtisch. Haben Sie Ihre Rituale verinnerlicht, stimmt Sie das aufs Lernen ein. Visualisieren Sie Ihre Lernfortschritte. Legen Sie sich eine Lernliste an. Haken Sie bereits Erlerntes ab – und feiern Sie erreichte Teilziele.

• **Motorische Aktivität einsetzen**
Bewegung stimuliert die Lerneffizienz bestimmter Hirnregionen. Ballen Sie beispielsweise Ihre Fäuste, erhöht das die Merkfähigkeit von Vokabeln. Finden Sie heraus, wie Sie selbst am besten lernen können. Sie müssen nicht ständig stillsitzen!

• **Lernpausen einlegen**
Ihr Geist braucht auch Ruhe. Legen Sie regelmäßige Lernpausen ein. Entspannen Sie sich. Das ist keine verlorene Zeit. Nur so kommt Ihr Gehirn zur Ruhe. Nur so kann es für die Reorganisation Ihres neuen Wissens sorgen. Aber setzen Sie sich in diesen Pausen nicht vor den Fernseher oder den Computer! Machen Sie einen Spaziergang oder träumen Sie bei Ihrer Lieblingsmusik auf dem Sofa.

• **Die Macht der positiven Gefühle und Bilder nutzen**
Bringen Sie sich in eine gute Stimmung. Das erhöht Ihre Merkfähigkeit. An alles, was Sie mit positiven Gefühlen verbinden, erinnern Sie sich besser. Lernen Sie nie nach

einem Streit. Legen Sie dann eine Lernpause ein! Verknüpfen Sie Begriffe mit Bildern. Das erleichtert Ihrem Gehirn, Informationen abzuspeichern. Beim Auswendiglernen nutzen Sie die Loci-Methode (siehe Seite 272).

- **Mut zur Lücke beweisen**
Sondieren Sie, was wirklich wichtig ist. Verzichten Sie auf unnötige Details. Der Schaden durch Weglassen von Informationen ist geringer als der Stress, dem Sie sich durch Überflutung aussetzen. Sie müssen nicht alles wissen!

FUCK YOUR LUCK: Ihre Einstellung ist Ihr Schlüssel zum Lernen!

Für den Psychologen John Dunlosky sind die wichtigsten Lerntechniken:[22]

- **Überschaubare Lerneinheiten**
Lernen Sie dosiert. Erfrischen Sie sich und Ihren Geist immer wieder mit Entspannungsübungen. Lernen Sie täglich ein paar Stunden über einen längeren Zeitraum, ist das ausreichend. Powerlernen mit Nachtschichten ist tabu. Aber: Wer reine Fakten kurz vorm Schlafengehen lernt, behält sie so besser.

- **Wissen verknüpfen**
Verbinden Sie neues mit altem Wissen. Stellen Sie Zusammenhänge her. Fragen Sie sich: »Habe ich Vorwissen? Was hat das neu zu Lernende mit dem zu tun, was ich schon weiß? Erinnert mich das an etwas?«

- **Reproduzieren**
Wiederholen Sie nicht stupide und stur. Sorgen Sie für Abwechslung. Lassen Sie sich abfragen, suchen Sie nach Erklärungen, Zusammenhängen oder Beispielen.

Darüber hinaus haben sich diese Techniken zum effektiveren Lernen bewährt:

- **Speed-Reading**
Nutzen Sie Lesezeit effektiver durch diese Schnell-Lesetechnik. Bei Texten oder Büchern machen Sie eine Vorab-Analyse, indem Sie die Kapitelübersicht checken und die wichtigen Seiten kurz überfliegen. So verschaffen Sie sich einen Überblick, was wichtig und was unwichtig ist. Scannen Sie danach die Seiten schlangenlinienförmig mit Ihren Augen ab. Filtern Sie relevante Zahlen oder Fakten heraus. Verzichten Sie auf all das sprachliche Beiwerk, auf unwesentliche Details.

- **Loci-Methode**
Das ist eine Lern- und Assoziationstechnik, durch die Sie sich Wissen in einer bestimmten Reihenfolge merken können. Sie verknüpfen Wissen mit Bildern, einer Raum- oder Körperroute oder einer Eselsbrücke.

- **Motorisches Lernen**
Bei Sport oder Handwerk funktioniert nur »Übung macht den Meister«. Üben Sie Abläufe so lange, bis Sie Ihnen in Fleisch und Blut übergehen!

FUCK YOUR LUCK: Niemand als Sie selbst ist für Ihre Bildung zuständig.

49

Emotionen in den Griff bekommen

Stellen Sie sich vor, Sie haben mit Ihrem Partner gestritten und sitzen jetzt allein im Kino. Sie essen Popcorn und auf der Leinwand läuft ein Liebesfilm, der glückliche Szenen Ihrer Beziehung zeigt: Sie sehen sich beim ersten Daten, spüren wieder diese prickelnde Aufregung und bei der Kussszene lächeln Sie versonnen. Fast ist es, als würden Sie noch einmal Ihr Ja-Wort geben, als Sie sich dann vor dem Traualtar sehen! Würde Ihr Partner jetzt ins Zimmer kommen, wäre Ihr Streit so gut wie vergessen. Sie würden lächeln, weil diese schönen Erinnerungen so viele gute Gefühle in Ihnen wachgerufen haben. Jetzt würden Sie auf Ihren Partner zugehen, wären versöhnlicher und kompromissbereiter als vor diesem Film!

Läuft ein anderer Film, der negative Emotionen hinterlässt, passiert genau das Gegenteil: Stellen Sie sich jetzt vor, dass Sie sich selbst auf der großen Kino-Leinwand sehen – im Büro Ihres Chefs. Er kritisiert Ihre Arbeit! Sie rechtfertigen, erklären und verhaspeln sich. Nervös greifen Sie nach Ihrer Kaffeetasse und stoßen sie dabei um. Heißer Kaffee ergießt sich über den Schreibtisch. Der braune See durchweicht wichtige Unterlagen Ihres Chefs. Sie springen auf, wollen den Kaffeefluss mit Ihrem Taschentuch stoppen, reißen dabei das Familienfoto um, das nun im Milchschaum schwimmt.

Und jetzt stellen Sie sich vor, nach dieser Schreckensvision bestellt Sie die Sekretärin Ihres Chefs zu einem Termin ein. Wie wäre Ihr Gefühl? Würde sich Ihr Pulsschlag erhöhen? Würden Sie feuchte Hände bekommen? Wahrscheinlich. Auf jeden Fall würden Sie mit einem flauen Gefühl in die Besprechung gehen!

All Ihre Gefühle sind in der Amygdala gespeichert, auch »Mandelkern« genannt. Das ist ein Teil Ihres Gehirns, der wie eine Art »Gefühlsfestplatte« funktioniert: Alles, was Sie seit Ihrer Geburt erlebt haben, und alles, was Sie noch erleben werden, ist darauf und wird gespeichert. Dazu gehören auch Ihre subjektiven Bewertungen samt den dazugehörigen Emotionen.

Als Fuckyourluckler nutzen Sie Ihren Gefühlsspeicher für sich. Rufen Sie gezielt Ihre positiven Erinnerungen ab! Brauchen Sie eine große Portion richtig guter Emotionen, füttern Sie sich damit. Sind Sie beispielsweise auf Jobsuche, dopen Sie sich mit Erinnerungen an frühere Job-Erfolge. Stecken Sie und Ihr Partner in einer negativen Beziehungsspirale fest, erinnern Sie sich an schöne gemeinsame Momente. Stehen Sie vor einer neuen Aufgabe, denken Sie an alte Erfolgserlebnisse. Das stärkt auch Ihr Selbstwertgefühl und hat noch einen wunderbaren Rückkopplungseffekt: Nach und nach verändern Sie so auch Ihre Einstellung. Wird sie positiver, wirkt sich das wiederum positiv auf Ihr Verhalten aus. Wie Sie in einer Situation reagieren, hängt nämlich zu 90 Prozent von Ihrer Einstellung ab, die durch Ihre Überzeugungen, die gespeicherten Emotionen, Ihr Selbstbild und Ihre Gene geprägt ist. Bei jeder Ihrer Reaktionen, jedem Gedanken und allem, was Sie sagen, sind also Ihre Emotionen der Dirigent. Aber Sie können Ihre Emotionen auch ein Stück weit dirigieren!

Auf Ihrer Gefühlsfestplatte hat sich im Laufe Ihres Lebens ein riesiger Fundus an Ereignis-Gefühlskombinationen angesammelt. Das sind Ihre ganz persönlichen »Gefühlsmarker«. Erleben Sie eine Situation, macht sich

Ihr Gehirn sofort auf die Suche nach dem passenden Gefühlsmuster, das es in einer ähnlichen Situation einmal abgespeichert hat. Und schon reagieren Sie nach diesem Muster. Sie können gar nicht anders! Kommentare wie »Jetzt sei doch mal vernünftig«, »Überlege mal rational« oder »Lass doch mal die Gefühle außen vor« sind deshalb schlichtweg Nonsens. Als Fuckyourluckler...

✓ ... akzeptieren Sie, dass Emotionen maßgeblich Ihr Leben bestimmen und eine große Macht über Sie haben!

✓ ... installieren Sie auf Ihrer Gefühlsfestplatte ein proaktives Emotionsmanagement. Nutzen Sie positive Emotionen, um alte Gefühlsmuster zu verändern.

✓ ... visualisieren Sie positive Erfahrung und Erinnerungen. Tun Sie das intensiv und mit all Ihren Sinnen! Stellen Sie sich beispielsweise das Lächeln und den festen Händedruck Ihres Chefs vor, als er Ihnen damals zu einem Erfolg gratuliert hatte. So speichern Sie positive »Erfahrungs-Marker« ab.

✓ ... kontrollieren Sie Ihre Spontanreaktion. Wie Sie das machen, erfahren Sie gleich bei den FUCK-YOUR-LUCK-Techniken zur Emotionskontrolle.

✓ ... streben Sie Selbstbeherrschung und angemessene Reaktionen an. Machen Sie das zu Ihrem Ziel!

Selbstbeherrschung und angemessene Reaktionen zu Ihrem Ziel zu erklären, ist deshalb von Bedeutung, weil negative Emotionen meist negative Reaktionen hervorbringen. Die erzeugen wiederum ungute Gefühle und bringen Sie in schlechte Stimmung. Das sind Hindernisse auf

Ihrem Weg zu einem zufriedenen Leben, die Sie als Boss jetzt aus dem Weg räumen!

Doch Obacht: Nicht alle negativen Emotionen sind per se schlecht. Angst etwa ist ein Urgefühl, dass sogar in Ihren Genen zementiert ist. Angst signalisiert Gefahr – und löst spontan einen Fluchtinstinkt aus. Dieser Instinkt hat Ihre Homo-sapiens-Vorfahren auf die nächste Evolutionsstufe geschubst. Dieser Instinkt ist in Zeiten von Kriegen, Umweltkatastrophen oder bedrohlichen Situationen für Sie quasi überlebenswichtig. Ihr Unterbewusstsein checkt deshalb alles, was Sie tun, immer auch auf das Risiko und Ihr Angstpotential ab. Bei gefährlichen Hobbys, Berufen oder in heiklen Situationen sichert das Ihr Leben, weil Sie das aufmerksamer macht. Kommen Sie in eine brisante Situation und müssen sich verteidigen, macht Sie dieses Urgefühl stärker, aggressiver und mutiger.

Geraten Ihre negativen Emotionen im Alltag aber außer Kontrolle und verlieren Sie öfter mal die Beherrschung, dann schaden Sie sich selbst. Dann handeln Sie im Affekt und deshalb meist unangemessen oder völlig überzogen. Als Fuckyourluckler lernen Sie, Ihre Emotionen zu kontrollieren und erst dann zu reagieren, wenn Ihr emotionales Feuerwerk erloschen ist! Das tun Sie auch aus Selbstzweck. Aufbrausende Menschen leiden häufiger unter zu hohem Blutdruck. Deshalb hören Sie auch auf, sich ständig über alles und jeden zu ärgern und sich danach noch darüber zu ärgern, dass Sie sich deshalb so ärgern! So summieren sich kleinste Ärgernisse und türmen sich zu einem negativen düsterschwarzen Berg auf. Stehen Sie vor diesem Berg, ist das wie Futter für neue negative Emotionen. Das macht seelisch und körperlich krank und führt auch in die Depression. Fühlen Sie sich so, sollten Sie unbedingt einen erfahrenen Therapeut und Arzt aufsuchen. Sonst nutzen Sie die **FUCK-YOUR-LUCK-Strategien**, um Ihre

Emotionen zu steuern, denn emotionale Kompetenz lässt sich wie ein Muskel trainieren. Selbst bei älteren Menschen bilden sich durch Training neue neuronale Verknüpfungen im Mandelkern des Gehirns. Grundtemperamente lassen sich zwar so nicht ändern, aber Sie können lernen, besser damit umzugehen!

Die FUCK-YOUR-LUCK-Strategien, mit denen Sie Gefühle steuern

- Ignorieren Sie negative Emotionen nicht, spielen Sie sie nicht herunter! Sie gehören zu Ihnen und sind immer schneller und präsenter als Ihr Verstand! Zähmen Sie diese durch die **FUCK-YOUR-LUCK-Erste-Hilfe-Methode.**

- Vergessen Sie die alte Lehrmeinung, man sollte Negatives erst mal so richtig rauslassen, damit man sich später besser fühlt. Das ist kontraproduktiv. Für viele Menschen ist das wie eine Legitimation, bei Kummer im Tal der Tränen zu versinken oder bei Wut zu schreien! Ganz gleich, welche Reaktion mehr auf Sie zu trifft, Sie schaden sich mit beiden. Denn so programmieren Sie auf Ihre emotionale Festplatte jede Menge dieser destruktiven negativen Emotionen.

Lernen Sie, spontane Emotionen in den Griff zu bekommen. Dabei hilft Ihnen die **FUCK-YOUR-LUCK-Erste-Hilfe-Methode zur Emotionskontrolle:**

Drohen Ihre Emotionen aus dem Ruder zu laufen, schließen Sie kurz die Augen. Stellen Sie sich eine saftig grüne Wiese vor, die am Horizont mit einem tiefblauen Himmel zusammentrifft. Haben Sie das Bild vor Ihrem geistigen Auge? Schauen Sie es an und konzentrieren Sie sich dabei auf Ihre Atmung. Atmen Sie tief durch die Nase in den Bauch hinein, bis er sich zu einer Kugel wölbt. Lassen Sie dann den Atem durch Ihre leicht geöffneten Lippen wieder herausströmen, bis Ihr Bauch wieder flach ist. Atmen Sie so zehnmal hintereinander ein und wieder aus. Merken Sie, wie das entspannt?

Dauerhaft können Sie Ihre Emotionen und Reaktionen aber nur verändern, wenn Sie sich bewusst dazu entscheiden. Haben Sie das, brauchen Sie Ruhe und Besinnung. Nehmen Sie Papier und Stift und suchen Sie einen Ihrer Lieblingsplätze auf. Das kann Ihr Sofa sein oder ein Platz mit schönem Blick, an dem Sie sich gerne aufhalten und wohlfühlen. Seien Sie dort ungestört! Konzentrieren Sie sich auf sich! Zuerst müssen Sie in die Selbstanalyse gehen. Sie müssen Ihren negativen Emotionen auf die Spur kommen. Dabei hilft Ihnen **der FUCK-YOUR-LUCK-Wegweiser zur Emotionskontrolle:**

Schritt 1: Die Selbstbeobachtung

Fragen Sie sich dafür:
- ✓ Was sind meine typischen Entschuldigungssätze? Vielleicht so etwas wie: »Ich bin eben aufbrausend / empfindlich / gerade schlecht drauf / zutiefst betroffen / gestresst ...«? Streichen Sie diese aus Ihrem Repertoire.

- ✓ Was sind meine typischen daraus resultierenden negativen Emotionen?

- ✓ Welche dieser Emotionen schadet mir besonders?

- ✓ Was könnte ein Auslöser für diese Emotion sein?

- ✓ Was kritisieren mein Partner, meine Freunde, Kollegen oder der Chef an mir?

✓ Sind meine massiven emotionalen Reaktionen tatsächlich immer gerechtfertigt? Wie oft habe ich mich schon geärgert, dass ich so überreagiert habe?

Schritt 2: Neue Ziel-Emotionen
Welche Reaktion wünschen Sie sich statt der bisherigen? Welche Ihrer Reaktionen möchten Sie besser kontrollieren?

✓ Sammeln Sie Argrumente für neue Ziel-Emotionen, wie beispielsweise: Sind Sie nicht mehr so aufbrausend, wirkt sich das positiv auf Ihre Beziehung oder Ihren Job aus. Dann schießt auch Ihr Blutdruck nicht mehr in die Höhe. Und Sie müssen sich später auch nicht für Ihren Wutausbruch entschuldigen!

✓ Wie möchten Sie sich stattdessen fühlen? Visualisieren Sie das gute Gefühl, das Sie sich wünschen. Stellen Sie sich Ihre Wunschsituation in all ihren Facetten und Details vor und fühlen Sie schon jetzt, was Sie dann empfinden werden.

Schritt 3: Üben Sie neues Verhalten ein
Sie haben jetzt ein konkretes Bild von Ihrem persönlichen Wunschverhalten.

✓ Nehmen Sie jetzt die notwendigen Veränderungen in Angriff. Tun Sie das immer in kleinen Schritten. Dass das funktioniert, zeigt die Therapie bei Phobikern. Angstbesetzte Menschen werden dazu bewusst mit Situationen oder Dingen konfrontiert, die ihre Ängste auslösen. So machen sie ganz langsam korrigierende Erfahrungen und speichern sie ab. Deshalb kann sich ein Mensch mit Spinnenphobie sogar mit einer Vogelspinne konfrontieren, ohne auszuflippen, wenn die Therapie beendet ist.

✓ Trainieren Sie gezielt Ihr Wunschverhalten! Haben Sie beispielsweise früher ständig im Stau geflucht, nutzen Sie die Zeit jetzt bewusst, um bei einem Hörbuch zu entspannen. Sie wissen ja, dass es keinen Sinn macht, sich über etwas zu ärgern, dass Sie nicht ändern können! Ertappen Sie sich dabei, mal wieder aus der Haut zu fahren, schalten Sie Ihre mentale Ampel auf *Rot*. Führen Sie die Erste-Hilfe-Methode zur Emotionskontrolle durch (siehe Seite 277). Danach schalten Sie Ihre Ampel wieder auf *Grün*.

FUCK YOUR LUCK: *Überlassen Sie Ihre Emotionen nicht dem Zufall oder alten Automatismen. Visualisieren und trainieren Sie Ihr Wunschverhalten!*

50

Gewinnen Sie Macht über Ihre Gedanken

Täglich schießen Ihnen etwa 60.000 Gedanken durch den Kopf. Ihr Verstand ist ununterbrochen mit einer Endloskette von Erklärungen, Analysen und Hypothesen beschäftigt. Ihre Gedanken kreisen um Ihre Gefühle, Sorgen, Ängste, Hoffnungen, Wünsche, Ziele, Erwartungen, Ihren Partner, die Kinder, Kollegen, Freunde oder das Leben im Allgemeinen. Sie werden immer neu gespeist von Ihrer Einstellung, Denk- und Handlungsmustern und Umwelteinflüssen. Oft haben Sie das Gefühl, dieser Gedankenflut hilflos ausgeliefert zu sein, weil sie sich verselbstständigt und eine Eigendynamik entwickelt, die Sie glauben, nicht beeinflussen zu können. Arbeiten Ihre Gedanken gegen Sie, schafft das Leid. Arbeiten Ihre Gedanken für Sie, sind sie eine der Hauptquellen für eine optimistische Lebenseinstellung, einen positiven Blick in die Zukunft und tiefe innere Zufriedenheit.

Als Fuckyourluckler zähmen Sie deshalb Ihre Gedanken und machen sie zu Ihren Verbündeten. Um das zu lernen, müssen Sie nicht ins Kloster gehen und auch nicht täglich vier Stunden meditieren. Die FUCK-YOUR-LUCK-Meditationspraxis lässt sich ohne großen Zeitaufwand in den Alltag integrieren und entfaltet zweifelsfrei eine positive Auswirkung auf Körper und Geist.[23] Herausgelöst aus dem religiös-spirituellen Kontext können Sie das **FUCK-**

> **Stefan erzählt: Die Herausforderung meines Lebens**
>
> Es mag überraschen, aber die härteste Zeit meines Lebens habe ich nicht auf Expeditionen oder bei Ultraläufen erlebt: Die größte Herausforderung war mein Klosteraufenthalt in Myanmar. Mit verschiedenen Arten der Meditation hatte ich mich schon beschäftigt und versprach mir durch den Klosteraufenthalt tiefere Einblicke in die Wirkung der Vipassana-Meditation. Hierbei liegt der Fokus auf Achtsamkeit selbst bei kleinsten alltäglichen Dingen, wie dem Zähneputzen und der Konzentration durch Meditation im Sitzen und Gehen. Die Rahmenbedingungen waren beinhart: Täglich um vier Uhr in der Früh aufstehen, die letzte Mahlzeit des Tages vormittags um zehn, Schweigegebot, kein Lesen, keine Musik, kein Sport, dafür schier endlose Meditationen. Als Sportler empfand ich das anfangs wie eine Folter. Das ungewohnt lange Sitzen und das meditative Gehen quälten jeden Muskel meines Körpers und unaufhörlich musste ich mich dem Gedankenwirrwarr in meinem Kopf stellen. In den ersten Tagen wollte ich hinschmeißen. Das durchzuhalten erschien mir unmöglich und sinnlos. Was sollte diese Selbstkasteiung einem glücklichen Bewegungsmenschen wie mir bringen? Da ich mir das aber vorgenommen hatte, kam Aufgeben nicht für mich in Frage. Nach ein paar Tagen merkte ich, wie mein Geist ruhiger wurde und mein Bewegungsdrang nachließ. Von Stunde zu Stunde wich die Unruhe immer mehr einem tiefen inneren Frieden.

YOUR-LUCK-Achtsamkeitstraining und die **FUCK-YOUR-LUCK-Meditationspraxis** als reines Körper-Geist-Seele-Übungsprogramm nutzen. Beides sind Bausteine auf Ihrem Weg zu einer gelasseneren Lebenseinstellung. Sie sind Ihre

Helfer beim Selbstcoaching und bei der Kontrolle Ihrer Gedanken. Es geht Ihnen ja nicht primär um den Weg der Erleuchtung, sondern um Meditation, die Sie problemlos in Ihren Alltag integrieren können.

Das Grundprinzip des Achtsamkeitstrainings: Sie sind nicht für Ihre Gedanken verantwortlich. Aber Sie sind dafür verantwortlich, wie Sie mit Ihren Gedanken umgehen! Sie entscheiden, ob Sie sich weiter mit ihnen beschäftigen, sie ohne Bewertung wieder ziehen lassen und bewusst an das denken, an das Sie denken wollen. So bekommen Gedanken keine Macht über Sie und geraten nicht außer Kontrolle. Nur, wenn Sie Ihren Gedanken dazu die Erlaubnis erteilen, dürfen sie bei Ihnen bleiben. Nur dann widmen Sie sich dem Gedanken, nehmen ihn auf und durchdenken ihn in allen Facetten. Wenn Sie so Ihren Gedankenfluss zähmen, beeinflusst das bereits die Entstehung von Gedanken. Ihr Geist beruhigt sich. Das macht Sie fokussiert, aufmerksam und konzentriert. Das bringt Ihnen die Kontrolle, entweder produktiv zu denken oder nichts zu denken. Letzteres ist die Königsdisziplin und führt automatisch zu einer körperlichen Entspannung.

FUCK YOUR LUCK: Sie sind der Boss Ihrer Gedanken!

Es kommt nicht darauf an, wie und wo Sie meditieren. Es kommt nur darauf an, dass Sie es tun. So lässt sich die **FUCK-YOUR-LUCK-Achtsamkeitsmeditation** prima in den Alltag integrieren.

- **Fokussierung auf ein körpereigenes Meditationsobjekt:** Dafür eignet sich sogar das Zähneputzen. Konzentrieren Sie sich auf das Gefühl der Bürste an Zähnen und Zahnfleisch, den Geschmack und Geruch der Zahnpasta, die Bewegung Ihres Arms. Bei der Gehmeditation, einem sehr langsamen Gehen, konzentrieren Sie sich auf das Abrollen und das Vorwärtsbewegen Ihres Fußes. Beim Joggen auf das Keuchen Ihres Atems oder Bewegungsdetails. Sitzen Sie auf dem Sofa, fokussieren Sie sich auf die Atmung und lassen Ihren Atem frei fließen. Beeinflussen Sie dabei nicht bewusst Ihre Atemfrequenz oder Intensität. Lenken Sie Ihre Wahrnehmung auf das Heben und Senken der Bauchdecke oder das Ein- und Ausströmen des Atems an der Nasenöffnung.

- **Noting**
Beobachten Sie sich selbst und stellen Sie sich Ihren Gedanken. Welcher auch immer entsteht, lassen Sie ihn kommen. Nehmen Sie ihn wahr. Versuchen Sie nicht krampfhaft, abschweifende Gedanken zu verhindern, indem Sie sich zwingen, sich wieder auf Ihr Meditationsobjekt zu konzentrieren.

- **Nicht bewerten**
Das ist ganz wichtig! Im Alltag nimmt man oft jeden noch so unproduktiven Gedanken zum Anlass, sich ihm hingebungsvoll zu widmen. Das ist der Start in eine sinnlose Grübelei und der Einstieg in eine gedankliche Abwärtsspirale. Lassen Sie den Gedanken wieder gehen. Beschäftigen Sie sich nicht damit und legen Sie den Fokus wieder sanft auf Ihr eigentliches Meditationsobjekt. Verfahren Sie so auch mit Störgeräuschen während der Meditation, wie etwa dem Klingeln Ihres Telefons.

- **Labelling**
Kennzeichnen Sie Gedanken, ordnen Sie sie in Kategorien ein und geben Sie ihnen einen Namen. Denken Sie an den Streit mit Ihrem Chef, labeln Sie »Job«. Beim

Streit mit Ihrem Partner labeln Sie »Liebe«. So können Sie Gedanken leichter abschließen und verhindern, dass sie eine zu große Bedeutung bekommen.

Haben Sie diese Grundprinzipien verinnerlicht, können Sie sich Ihr eigenes Meditationsprogramm nach Lust und Laune zusammenstellen. Seien Sie experimentierfreudig und flexibel. Sehen Sie Meditation nicht dogmatisch. Vieles entspringt nur einer Tradition, die Fuckyourluckler ignorieren können. Als Boss in Ihrem Leben finden Sie Ihren Weg der Meditation und Sie können vielem im Alltag eine meditative Note geben. Nutzen Sie den **FUCK-YOUR-LUCK-Meditations- und Achtsamkeitswegweiser:**

- Sitzmeditation muss nicht zwingend im Lotus- oder Schneidersitz ausgeführt werden. Sie können getrost auf einem Stuhl oder einer Bank ohne Rückenlehne Platz nehmen. Für den Atemfluss ist eine gerade Rückenposition wichtig. Legen Sie die Hände locker in den Schoß, die Handflächen nach oben.

- Beginnen Sie mit kurzen, zehnminütigen Einheiten und steigern Sie diese nach Bedarf. 30 Minuten täglich sind absolut ausreichend.

- Ideal ist eine Mischung aus Sitz- und Bewegungsmeditation. Wandeln Sie doch einfach mal Ihren Spaziergang oder Ihre Sporteinheit in eine Bewegungsmeditation um.

- Achten Sie auf Regelmäßigkeit, fünf bis sieben Einheiten pro Woche sind optimal.

- Machen Sie sich Achtsamkeit zur Gewohnheit. Legen Sie im Alltag eine Tätigkeit fest, die Sie ganz bewusst langsam und achtsam durchführen. Das kann das morgendliche Aufstehen, Duschen oder Zähneputzen sein. Oder Sie entscheiden, mal besonders langsam zu essen oder die Treppen zu steigen. Wählen Sie jeden Tag eine andere Achtsamkeitsübung aus. Das bringt Abwechslung. Schon bald geht Ihnen das so in Fleisch und Blut über, dass Sie grundsätzlich weniger hektisch sind.

- Für Achtsamkeitsübungen können Sie auch einen Zeitraum festlegen. Machen Sie doch mal sonntags von 12 bis 12.30 Uhr alles langsam und bewusst. Diese Herausforderung bringt Spaß. Im Vorfeld wissen Sie nie, was Sie zu meistern haben. Um das veränderte Verhalten einzuüben, nutzen Sie die Ampeltechnik. Ist Ihre Achtsamkeitsübung langsames Treppensteigen, schalten Sie auf *Rot*, sobald Sie sich bei Schnelligkeit ertappen.

- Wenn Sie den Sport zur Meditation nutzen, konzentrieren Sie sich ausschließlich auf die Bewegungsabläufe. Ideal dafür sind Ausdauersportarten wie Joggen oder Radfahren. Aber auch Kraftsport, Qi Gong, Thai Chi, Kampfsportarten oder Bogenschießen eignen sich gut.

FUCK YOUR LUCK: Zähmen Sie Ihre Gedanken durch Achtsamkeit und Meditation.

51

Das Unterbewusstsein – Ihr mächtigster Verbündeter

Sie glauben, frei zu entscheiden? Irrtum! Ihr Unterbewusstsein redet fast immer und überall mit. Rund 90 Prozent von dem, was Sie denken, entscheiden und tun, entsteht aus Ihrem Unterbewusstsein. Ihr Unterbewusstsein hat seine Meinung zu allen Herausforderungen und Entscheidungen. Es beeinflusst Sie bei allen Lebenszielen, in der Liebe und im menschlichen Miteinander. Es ist mitverantwortlich für Freud und Leid. Bei so viel Macht und Einfluss wäre es fatal, Ihrem Unterbewusstsein so wenig Beachtung zu schenken und es einfach munter drauflos agieren zu lassen. Überlassen Sie es unkontrolliert sich selbst, kann es zu Ihrem ärgsten Feind werden, der den Weg zu Ihrer Zufriedenheit torpediert.

Als Fuckyourluckler nutzen Sie Ihr Unterbewusstsein für Ihre Zwecke. Machen Sie es sich zum Freund und Helfer! So wie Software vom Programmierer auf eine bestimmte Aufgabe programmiert wird, können Sie Ihr Unterbewusstsein auf Ihre Ziele programmieren. Tun Sie das, werden alte hinderliche Programme überschrieben und eine bereits installierte gute Software per Update optimiert. Durch viele mentale Übungen in diesem Buch haben Sie schon gelernt, gezielt auf der Bewusstseinsebene an sich zu arbeiten. Indirekt wirkt das auch immer auf Ihr Unterbewusstsein. Wir geben Ihnen jetzt das Werkzeug

Hypnose in die Hand, um direkt mit Ihrem Unterbewusstsein zu kommunizieren. Nutzen Sie beide Wege, den indirekten und den direkten. Nehmen Sie Ihrem Feind die Steine weg, die er Ihnen in den Weg legt. Manipulieren Sie ihn mit gutem Futter. Dann wird das Unterbewusstsein zu Ihrem mächtigsten Verbündeten!

Hypnose ist ein anerkanntes und hochwirksames psychologisch-therapeutisches Verfahren. Es ist kein Allheilmittel, es befreit Sie weder von Ihrer Mitarbeit noch von Ihrer Eigenverantwortung, aber es hilft, Ihren Weg zur Lebenszufriedenheit leichter zu meistern. Vorausgesetzt, Sie lassen sich wirklich darauf ein. Und bitte keine Angst: Mit Showhypnose, bei der Menschen auf der Bühne plötzlich aberwitzige Sachen machen, von denen sie später nichts mehr wissen, hat das alles nichts zu tun. Die einzige Gemeinsamkeit ist Ihre ausdrückliche Einwilligung zur Hypnose. Niemand kann Sie gegen Ihren Willen hypnotisieren, nicht mal Sie selbst!

Am effektivsten und einfachsten ist Hypnose unter Anleitung eines erfahrenen Therapeuten. Aber auch Selbsthypnose hat eine erstaunliche Wirkung. Fuckyourluckler nutzen sie, um Einstellungen, Gefühle und Gedankenmuster zu verändern. Mit Selbsthypnose steigern Sie Ihr Selbstbewusstsein und können Ihr Charisma trainieren. Selbsthypnose ist ein hervorragendes Mittel, um Leistungen im Job und beim Sport oder die Eigenmotivation zu pushen. Sie hilft bei Stressabbau, Schlafproblemen und beim Entspannen. Selbsthypnose unterstützt beim Abnehmen, der Rauchentwöhnung, dem Abbau von Ängsten und Lampenfieber oder bei der Schmerzkontrolle.

FUCK YOUR LUCK: Werden Sie Ihr eigener Hypnose-Therapeut.

Selbsthypnose in vier Schritten

Was ist Ihr Ziel? Welche inneren Bilder sind erforderlich, damit Ihr Ziel Ihnen plastisch vor Augen steht und fühlbar ist? Solche Suggestionen können Sie selbst als MP3 aufnehmen und daraus Ihre persönliche Hypnose-CD erstellen. Da Ihre Stimme Ihrem Unterbewusstsein so vertraut ist, funktioniert das gut. Alternativ nutzen Sie eine kommerzielle Hypnose-CD. Machen Sie Selbsthypnose zu Ihrem Ritual, das Sie einmal pro Woche für 10 bis 30 Minuten in Ihren Alltag einbauen.

Schritt 1: Vorbereitung
Ziehen Sie sich an einen ruhigen, leicht abgedunkelten Ort zurück. Machen Sie es sich in einem Sessel mit Kopfstütze bequem oder legen Sie sich auf eine Liege. Die Arme liegen entweder locker auf der Armlehne oder auf den Oberschenkeln. Schließen Sie die Augen.

Schritt 2: Entspannung/Trance
Für den Geist ist Trance ein natürlicher Zustand, den Sie in verschiedenen Lebenssituationen schon erlebt haben. Sie sind in Trance, wenn Sie bei einer Zugfahrt gedankenverloren aus dem Fenster blicken und nichts als die vorbeiziehende Landschaft wahrnehmen. Sie sind in Trance, wenn Sie so in Gedanken versunken sind, dass Sie die Autobahnausfahrt verpassen. Sie sind in Trance, wenn Sie Musik lauschen und die Welt um sich herum vergessen. Erste Anzeichen für Trance sind: Leichtes Flattern der Augenlider, verstärkter Schluckreflex, Entspannungszucken an Armen und Beinen oder Bauchgluckern. Selbst in leichter Trance entfaltet Hypnose ihre Wirkung. Aber je tiefer Ihr Entspannungszustand ist, umso größer die Wirkung. Übung macht da den Meister. Lassen Sie sich auf die Reise ein!

Stimmen Sie sich jetzt auf die Trance mit der »3-3-6-Tiefenatmung« ein. Leiten Sie dann die Trance mit Hilfe der progressiven Muskelentspannung oder alternativ mit der Treppe zur Entspannung ein (siehe ab Seite 292).

Schritt 3: Suggestion
Suggestionen sind einzelne Wörter, Sätze, aber auch längere Texte. Sie beschreiben das, was Sie erreichen möchten. Tun Sie das so plakativ und positiv, dass Bilder in Ihrem Kopf entstehen. Seien Sie mutig und experimentieren Sie mit Suggestionen. Ihre Angst, etwas falsch zu machen, ist unbegründet. Beachten Sie die Grundregeln:

- Formulieren Sie in Ihrem Sprachstil. Den erkennt Ihr Unterbewusstsein und reagiert sofort.

- Formulieren Sie positiv. Vermeiden Sie Wörter wie »nie«, »nicht«, »mein«, »kein«. Statt »Ab heute werde ich nicht mehr rauchen« sagen Sie: »Ab heute verzichte ich auf Zigaretten und fühle mich befreit und gesund«.

- Formulieren Sie präzise: Sagen Sie nicht: »Ich werde abnehmen«. Sagen Sie: »Ich werde achtsam und bedächtig essen und mich nach jeder meiner drei täglichen Mahlzeiten satt und zufrieden fühlen.«

- Wählen Sie eine bildhafte Sprache wie: »Wenn ich rauchfrei bin, spüre ich die Frische des Atems durch meine Lunge strömen wie den zarten Windhauch eines Sommermorgens.« Nutzen Sie die Technik der Visualisierung. Stellen Sie sich Ihr inneres Bild in allen Facetten vor.

- Je mehr Suggestionen Sie für ein Ziel haben, umso besser. Setzen Sie posthypnotische Auslöser: Das sind Hypnose-

Anweisungen, die aber erst später wirken. Ist Ihr Suggestionsziel das Abnehmen, könnten Sie sich sagen: »Immer, wenn ich Messer und Gabel in die Hand nehme, spüre ich bereits ein leichtes Sättigungsgefühl und habe nur noch Lust auf eine kleine Portion.« Haben Sie Einschlafstörungen, wirkt posthypnotisch: »Wenn ich das Nachttischlicht ausknipse, gähne ich schon und werde total schläfrig.« Wiederholen Sie das mehrfach in Trance. In Zukunft werden Sie automatisch gähnen, wenn Sie die Nachttischlampe löschen.

Schritt 4: Rücknahme
Aus der Trance müssen Sie natürlich auch den Weg zurück finden. Benutzen Sie dafür am besten diesen Text. Er ist universell einsetzbar und simpel. Zählen Sie von 6 bis 1. Sagen Sie sich dabei innerlich:

6 – Mein Puls, mein Blutdruck und meine Atmung stabilisieren sich auf normale Werte.

5 – Ich bewege die Zehen zu meinem Körper hin.

4 – Ich balle meine Hände zu Fäusten und lasse wieder los.

3 – Ich atme ganz tief durch.

2 – Ich räkele und strecke mich.

1 – Ich mache meine Augen auf und bin wieder ganz zurück im Hier und Jetzt.

FUCK YOUR LUCK: Beeinflussen Sie gezielt Ihr Unterbewusstsein durch Selbsthypnose.

52

Mentaltechniken für jedermann

Viele wirkungsvolle Übungen und Mentaltechniken haben Sie bereits kennengelernt. Sie wissen, wie Sie die Ampeltechnik nutzen, um altes Verhalten loszuwerden und sich neu zu programmieren. Durch Meditations- und Achtsamkeitstraining können Sie Ihre Gedanken besser kontrollieren. Sie haben gelernt, wie Sie Ihre Emotionen kontrollieren und sich mental reorganisieren können. Sie können mit Visualisierungen oder Selbsthypnose arbeiten, um Ziele zu erreichen. Das alles gehört zur Grundausstattung für Fuckyourluckler.

Eine Übung für jeden Anwendungsbereich reicht aus, um effektiv an sich zu arbeiten. Wünschen Sie sich mehr Abwechslung in der Praxis, wollen Sie tiefer in die Thematik eintauchen oder suchen Sie einfach weitere Übungen? Sie finden auf den folgenden Seiten die besten **FUCK-YOUR-LUCK-Übungen und -Techniken**, die wir für Sie zusätzlich noch zusammengestellt haben:

Übung 1: 3-3-6-Tiefenatmung

Anwendung: Blitzentspannung, Aktivierung von Energien, Hypnose-Induktion, Umstellung der generellen Atemtechnik

Wirkung: Bessere Sauerstoffversorgung, sanfte Massage der Bauchorgane, löst Verspannungen.

Gebrauchsanleitung: Setzen Sie sich bequem hin und legen Sie die Hand auf Ihren Bauch. Atmen Sie tief ein und aus. Spüren Sie, wie sich Ihre Hand mit dem Einatmen hebt und mit dem Ausatmen senkt. Atmen Sie jetzt in folgendem Rhythmus:

- Während des Einatmens zählen Sie bis drei. Jetzt halten Sie den Atem an und zählen wieder bis drei. Danach lassen Sie die Luft langsam wieder raus und zählen dabei bis sechs. Nun beginnen Sie wieder von vorne! Mit zunehmendem Trainingsfortschritt können Sie die Hand auf Ihrem Bauch auch weglassen. Steigern Sie mit wachsender Übung die Zeit pro Atemphase. Solange es sich für Sie gut anfühlt, ist es gut!

- Atmen Sie immer durch die Nase ein. Lassen Sie den Atem dann locker zwischen den Lippen wieder herausfließen. Das entspannt. Stellen Sie sich vor, wie all diese Anspannung, mit dem Atem, aus Ihrem Körper herausfließt. Ihre Muskeln entspannen sich. Atmen Sie doppelt so lang aus, wie Sie einatmen. Wiederholen Sie die Übung in 10 bis 30 Zyklen. Sind Sie darin geübt, stellt sich Ihre frühere oberflächliche Bauchatmung von ganz alleine auf die tiefe entspannende Bauchatmung um.

Übung 2: Die Treppe in die Entspannung

Anwendung: Entspannung, Hypnoseinduktion, Achtsamkeitstraining.
Wirkung: Die Treppe führt Sie in eine tiefe geistige Entspannung.
Gebrauchsanleitung: Atmen Sie einige Male tief ein und aus oder machen Sie Übung 1.

Jetzt stellen Sie sich ein sonnendurchflutetes Tal vor. Von einem Hügel schauen Sie hinunter auf saftige grüne Wiesen, einen plätschernden Bachlauf, wunderschöne duftende Blumen und kraftvolle Bäume. Sanfte Hügel und Berge umrahmen das Tal. Stellen Sie sich dieses märchenhafte Tal mit all Ihren Sinnen vor. Atmen Sie dabei in Ihrem natürlichen Rhythmus weiter. Lassen Sie den Atem fließen. Lassen Sie die Muskeln so locker wie möglich.

Sie stehen auf diesem Hügel, schauen immer noch hinab in das Tal. Jetzt sehen Sie eine breite Treppe aus Naturstein. Es sind nur zwanzig, dreißig Stufen, die genau vor Ihnen hinab in das herrliche Tal führen. Die ersten Stufen sind von einem lichten Dunstschleier umhüllt. Der Weg sieht so verlockend, so verheißungsvoll aus. Zählen Sie jetzt gedanklich von 20 bis 1 rückwärts. Beginnen Sie dabei, ganz langsam die Treppe nach unten zu steigen. Mit jeder Zahl steigen Sie eine Stufe weiter hinunter. Atmen Sie bei jedem Schritt aus. Dann nehmen Sie die nächste Stufe. Immer weiter geht es nach unten. Jeder Schritt steht für die nächste Entspannungsebene. Mit jedem Schritt treten Sie hinaus aus dem Dunst und der Blick ins Tal wird immer klarer. Mit jedem Schritt nach unten fällt die Anspannung mehr von Ihnen ab. Mit jedem Schritt werden Sie ruhiger. Sie steigen die letzte Stufe nach unten. Jetzt stehen Sie mit beiden Füßen auf dieser saftigen Wiese.

Schauen Sie sich um. Verinnerlichen Sie diesen Ort mit allen Sinnen. Hören Sie das Zwitschern der Vögel, das Rauschen des Windes. Riechen Sie das frische Gras und spüren Sie die Sonne auf Ihrer Haut. Fühlen Sie den Boden unter Ihren Füßen und die sanfte Brise, die Sie streichelt. Sie sind hier allein. Sie fühlen sich wohl. Alles ist von Ihnen abgefallen. Nehmen Sie irgendwo Platz. Verweilen Sie etwas an diesem Ort der Harmonie und Ruhe. Tanken Sie hier auf und lassen Sie los.

Natürlich können Sie auch einen Ort Ihrer Wahl als Ort der Entspannung verwenden. Er kann so sein wie in unserem Beispiel. Er kann eine Fiktion sein oder real existieren. Vielleicht waren Sie dort schon mal im Urlaub und haben eine schöne Erinnerung daran? Ideal für Imaginationen sind auch schöne Plätze am Meer. Sie laden automatisch zum Entspannen ein. Sie können sich auch Ihren Wunschort erträumen. Gehen Sie einfach die Treppe der Entspannung hinunter zu dem Ort, für den Sie sich entschieden haben.

Übung 3: Progressive Muskelentspannung nach Jacobson

Anwendung: Körperliche und mentale Entspannung.

Wirkung: Schnelles Erreichen der Tiefenentspannung durch bewusstes Anspannen und Entspannen einzelner Muskelgruppen. Gut für Anfänger geeignet. Auch für die Mittagspause geeignet.

Gebrauchsanleitung: Funktioniert im Sitzen wie im Liegen. Folgen Sie dem immer gleichen Muster: Anspannung – Halten – Loslassen. Je mehr Muskelgruppen Sie bearbeiten, umso größer ist der Entspannungseffekt. Beginnen Sie mit einer bewussten tiefen Atmung. Dann geben Sie sich innerlich das Kommando: Jetzt! Spannen Sie sofort den entsprechenden Muskel, wie unten beschrieben, so richtig an. Halten Sie die Spannung. Atmen Sie dabei ruhig weiter und zählen Sie innerlich bis sechs. Dann atmen Sie langsam wieder aus. Jetzt sagen Sie sich: Los. Mit dem Befehl lassen Sie den angespannten Muskel wieder locker. Spüren Sie, wie die Anspannung Ihren Körper verlässt! Genießen Sie das zehn Sekunden. Bei Bedarf können Sie die Intensität durch eine Wiederholung weiter steigern oder gehen Sie über zur nächsten Muskelgruppe.

- Rechte Hand: Ballen Sie die rechte Hand fest zu einer Faust. Spannung halten und loslassen.

- Rechter Unterarm: Ziehen Sie die rechte Hand nach oben. Die Handinnenfläche zeigt nach unten. Spreizen Sie Ihre Finger so weit wie möglich. Achten Sie darauf, dass die Bewegung nur vom Handgelenk ausgeführt wird. Spüren Sie die Anspannung im Unterarm.

- Rechter Oberarm: Ziehen Sie Hand und rechten Unterarm so weit zur Schulter, dass Ihre Hand fast die Schulter berührt. Spüren Sie die Anspannung im Oberarm. Machen Sie diese drei Übungen auch mit der linken Hand, dem Unter- und Oberarm. Oder Sie machen beides gleichzeitig.

- Schultern: Ziehen Sie beide Schultern bis hoch zu Ihren Ohren. Ihr Kopf soll richtig tief zwischen den Schultern versinken.

- Nacken: Drücken Sie den Hinterkopf gegen eine Matte, Sessellehne oder Wand. Drehen Sie ihn ganz langsam und sachte nach rechts, wieder zurück in die Mitte, dann nach links und wieder zurück in die Mitte. Halten Sie dabei die Spannung.

- Stirn: Ziehen Sie Ihre Stirn kraus, bis sie tiefe Falten aufwirft.

- Augen: Kneifen Sie beide Augen fest zusammen.

- Zunge: Drücken Sie nun die Zunge fest gegen Ihren Gaumen.

- Lippen: Formen Sie sie zu einem spitzen Kussmund.

- Kiefer: Pressen Sie Ober- und Unterkiefer ganz fest zusammen. Bitte nicht bei Zahnproblemen und Zahnersatz anwenden!

- Bauch: Ziehen Sie den Bauch ganz weit ein. Machen Sie sich so dünn wie möglich. Halten Sie die Spannung. Danach machen Sie sich so dick wie möglich und drücken den Bauch ganz weit raus. Wiederholen Sie das dann mehrfach.

- Po: Spannen Sie Pobacken und Unterleib fest an.

- Rechte Zehen: Rollen Sie sie nach unten ein. Achten Sie darauf, dass die Bewegung nur aus den Zehengelenken erfolgt.

- Rechter Fuß/Wade: Ziehen Sie den rechten Fuß nach oben. Die Bewegung erfolgt nur aus dem Fußgelenk.

- Rechtes Bein: Machen Sie es ganz, ganz lang und steif.

Wiederholen Sie die letzten drei Übungen auch mit den linken Zehen, dem linken Fuß und Ihrem linken Bein. Oder machen Sie beides gleichzeitig.

Haben Sie die letzte Übung beendet, genießen Sie diesen Entspannungszustand noch einen Moment. Dann öffnen Sie die Augen. Recken und strecken Sie sich, um wieder fit für den Alltag zu sein.

Übung 4: Bodyscan

Anwendung: Achtsamkeitstraining, Entspannung, dauerhafter Stressabbau.

Wirkung: Steigerung der eigenen Körperwahrnehmung, Fokussierung der Gedanken, körperliche und mentale Entspannung, sanfte Trance.

Gebrauchsanleitung: Gehen Sie in die Bauchatmung. Lassen Sie den Atem frei fließen, ohne den natürlichen Rhythmus zu verändern. Lenken Sie Ihre Aufmerksamkeit langsam auf bestimmte Bereiche Ihres Körpers, ohne etwas bewusst zu verändern. Gehen Sie dabei vor wie bei der Progressiven Muskelentspannung. Fokussieren Sie sich beispielsweise auf Ihre Hand. Was empfinden, was spüren Sie? Ist sie kalt, warm, schwer, leicht, angespannt oder entspannt? Nehmen Sie die Empfindung einfach nur wahr. Versuchen Sie nicht, etwas zu verändern. Alles ist gut so, wie es ist. Sie sollen einfach nur spüren und wahrnehmen. Konzentrieren Sie sich immer auf den Teil Ihres Körpers, bei dem Sie sich gedanklich gerade befinden. Scannen Sie so Ihren ganzen Körper ab. Wie intensiv und in welcher Reihenfolge, liegt bei Ihnen. Lassen Sie sich dafür Zeit.

Übung 5: Der Chamäleon-Effekt

Anwendung: Stärkt das Charisma, subtiles Mittel zur Beeinflussung.

Wirkung: Das bewusste Synchronisieren von Mimik und Gestik lässt Sie mit Ihrem Gegenüber auf der gleichen Wellenlänge funken.

Gebrauchsanleitung: Spiegeln Sie die Gestik. Lehnt sich der andere nach vorn oder entspannt zurück, tun Sie das auch, aber bitte unauffällig. Schlägt er die Beine übereinander, schlagen Sie Ihre Beine übereinander. Lächelt er, lächeln Sie auch. Gleichen Sie Ihren Atemrhythmus an. Tun Sie das alles immer sehr dezent. Auch bei der gespiegelten Mimik muss alles ganz natürlich wirken. Sonst geht der Schuss nach hinten los und der andere fühlt sich von Ihnen verarscht und nachgeäfft.

Proben Sie das zunächst spielerisch in Ihrem privaten Umfeld. Erst dann wenden Sie diese Technik im Ernstfall an. Mit zunehmendem Training können Sie auch die Führung übernehmen, indem Sie bewusst als Erster Ihre Körperhaltung verändern und den anderen »mitnehmen.«

Übung 6: Ankertechnik

Anwendung: Leistungssteigerung, Aktivierung innerer Ressourcen.

Wirkung: Lösen Sie einen »Anker« aus, können Sie Motivation, Konzentration und alle positiven Emotionen, die durch eine frühere Erfolgssituation mental verankert sind, wiederherstellen.

Gebrauchsanleitung: Setzen Sie einen Anker. Haben Sie eine herausfordernde Aufgabe gemeistert, machen Sie ab jetzt eine bestimmte Körperbewegung. Sie könnten die Faust wie Boris Becker ballen. Ihr Anker könnte auch ein Wort oder ein kurzer Satz sein. Sagen Sie dann das Wort oder den Satz laut vor sich hin. Nehmen Sie Ihren Erfolg in dieser Situation bewusst mit allen Sinnen wahr. Spüren Sie die positiven Gefühle. So verknüpfen Sie Ihren Anker mit Ihrem mentalen Zustand. Damit er sich nachhaltig in Ihr Bewusstsein pflanzt, müssen Sie ihn mehrfach benutzen. Kommen Sie dann in eine Situation, in der Sie unsicher sind, zweifeln oder Kraft brauchen, lösen Sie den Anker aus. Ballen Sie die Faust, machen Sie die Handbewegung oder sagen Sie das Wort, das Sie als Ihren Anker gewählt haben. Sofort wird der positive mentale Zustand zum Zeitpunkt Ihres Erfolgs wieder ausgelöst und gibt Ihnen all die positiven Gefühle, die es braucht, um Ihre Aufgabe zu bewältigen.

> **Stefan erzählt: Das sind meine Anker!**
>
> Mein wichtigster Anker ist der »Fingerring«. Wann immer ich bei einem Lauf eine schnelle Regeneration brauche und neue Energie tanken möchte, führe ich während des Laufens Zeigefinger und Daumen so mit den Fingern zusammen, dass ein Ring entsteht. Dabei verringere ich bewusst meine Atemsequenz und stelle mir vor, wie jeder einzelne Muskel entspannt. Meinen zweiten Anker benutze ich, um letzte Reserven zu mobilisieren. Dazu mache ich eine leicht kreisende Bewegung mit angewinkelten Armen und geballten Fäusten wie bei einer Dampflok, weil sie für Kraft steht. Setze ich diesen Anker beim steilen Bergauflaufen ein, spüre ich einen echten Energieschub.

Übung 7: Der Vertrag mit sich selbst

Anwendung: Selbstverpflichtung, Durchhaltevermögen, Selbstdisziplin.

Wirkung: Nehmen Sie sich in die Pflicht. Diese Selbstmanagement-Technik hilft Ihnen, ein gewünschtes Verhalten leichter zu erreichen. Wollen Sie abnehmen, pünktlicher werden, mehr Sport treiben oder weniger arbeiten, unterstützt Sie dieser Vertrag.

Gebrauchsanleitung: Setzen Sie einen formalen Vertrag auf. Schreiben Sie Ihr Ziel nach der **SMART**-Regel auf. Legen Sie auch die Strafe fest, wenn Sie gegen Regeln verstoßen – und Belohnungen, wenn Sie den Vertrag einhalten. Lassen Sie ihn von Freunden oder vom Partner »beglaubigen«. Das erhöht den Druck. Hängen Sie den Vertrag gut sichtbar in Ihrer Wohnung auf.

Übung 8: Selbstargumentation

Anwendung: Selbstermutigung, positive Einstimmung auf wichtige und schwierige Aufgaben, Aktivierung innerer Ressourcen.
Wirkung: Steigerung der Erfolgsaussichten durch Umprogrammieren. Erzeugt eine optimistische Haltung und positive Gefühle.
Gebrauchsanleitung: Atmen Sie mehrmals tief durch. Schreiben Sie jetzt fünf bis zehn Argumente auf, warum Sie die bevorstehende Aufgabe gut bewältigen werden. Bleiben Sie realistisch. So nehmen Sie den Fokus weg von Problemen oder Schwierigkeiten und hin zu dem, was Sie gewinnen können.

Übung 9: Selbstlob

Anwendung: Selbstbestätigung, Verbesserung des Selbstbilds, Burn-out-Prävention.
Wirkung: Steigerung des Selbstwertgefühls. Mehr Unabhängigkeit vom Lob durch andere.
Gebrauchsanleitung: Machen Sie eine 10-Punkte-Liste darüber, worauf Sie alles stolz sind. Loben Sie sich für jeden einzelnen dieser Punkte. Erstellen Sie eine Fotowand

mit Fotos Ihrer Erfolge. Verfassen Sie eine kurze Lobrede auf sich oder halten Sie Ihre Laudatio. Legen Sie sich einen Selbstlob-Satz zu, den Sie sich immer dann laut sagen, wenn Ihnen etwas richtig gut gelungen ist. Sie können sich dabei ruhig selbst auf die Schultern klopfen, die Fäuste ballen oder die Arme im Triumph hochreißen!
Achtung: Alles in Maßen: Loben Sie sich nicht bis zur Selbstverliebtheit!

Übung 10: Ideomotorisches Training

Anwendung: Einübung von Bewegungsabläufen. Ideal für alle körperlichen Abläufe.
Wirkung: Ergänzung zum realen Training. Gilt als Königsdisziplin im Mentaltraining von motorischen Bewegungsabläufen.

Gebrauchsanleitung:
Schritt 1: Zerlegen Sie den Bewegungsablauf in einzelne Phasen und erstellen Sie gedanklich ein »Bewegungsskript«. Sie können das natürlich auch aufschreiben.

Schritt 2: Beschreiben Sie nun einem Trainingspartner die einzelnen Bewegungsabläufe oder führen Sie ein Selbstgespräch.

Schritt 3: Schließen Sie die Augen. Stellen Sie sich einen echten Meister in dieser Disziplin vor oder sehen Sie sich selbst bei einem erfolgreichen Versuch. Schauen Sie sich das wie auf einem geistigen Video an. Danach führen Sie diesen Bewegungsablauf real durch. Wahrscheinlich wird er Ihnen jetzt schon besser gelingen. Wiederholen Sie nach Bedarf.

Schritt 4: Nehmen Sie die Ausgangsposition für die Bewegung ein. Schließen Sie die Augen. Gehen Sie den Bewegungsablauf jetzt nur mental durch. Stellen Sie sich alle Details der Bewegung vor. Das können Kräfte, Geräusche, Beschleunigung, Anspannung, Farben oder Gerüche sein. Wiederholen Sie das ein- bis zweimal.

Achtung: Wenden Sie diese Übung nur im Training und nie beim Wettkampf an. Fokussieren Sie sich beim Wettkampf nur auf Ihr Ziel und nicht auf die Details des Bewegungsablaufs. Studien zeigen, dass man so am erfolgreichsten ist. Vertrauen Sie auf Ihr Unterbewusstsein. Durch das Mentaltraining hat es die Bewegungsabläufe bereits so verinnerlicht, dass Sie jetzt nicht bewusst dazwischenfunken sollten – das wäre kontraproduktiv.

FUCK YOUR LUCK: Nutzen Sie die Techniken für sich. Sie sind für Ihre Zufriedenheit und das Erreichen Ihrer Ziele verantwortlich!

Quellenverzeichnis

1 Barmer GEK, Krankenhausreport 2011: https://www.barmer-gek.de/barmer/web/Portale/Versicherte/Rundum-gutversichert/Infothek/Wissenschaft-Forschung/Reports/Reports_202011/Krankenhausreport2011/Report_20KH_202011.html
2 Fredrickson, B. L.; Nuber, U.; Hölsken, N.: *Die Macht der guten Gefühle: Wie eine positive Haltung Ihr Leben dauerhaft verändert*. Campus Verlag, 2011
3 DeNeve, K. M., Cooper, H.: *The Happy Personality: A Meta-Analysis of 137 Personality Traits and Subjective Well-Being*. In: Psychological Bulletin 124, S. 197–229, 1998
4 Fraga, M. F. u.a.: *Epigenetic Differences Arise during the Lifetime of Monocygotic Twins*. In: Proceedings of the National Academy of Sciences 102, S. 10604–10609, 2005
5 Lyubomirsky, S.: *The How of Happiness. A Scientific Approach for Getting the Life You Want*. Penguin Press, New York, USA
6 Scheibehenne, B.; Greifeneder, R. & Todd, P. M. (2010). *Can There Ever be Too Many Options? A Meta-Analytic Review of Choice Overload*. Journal of Consumer Research 37: 409–425. Retrieved 04/09/2012
7 Experiment der Chicago Sun times von 2003 bis 2008: http://www.archiv-industrial-technology-and-witchcraft.de/index.php/site/article/171
8 Frei erzählt nach Nossrat Peseschkian: *Der Kaufmann und der Papagei: Orientalische Geschichten in der positiven Psychotherapie*. Fischer Taschenbuch Verlag, Frankfurt/M., 2001
9 Härter M. · Baumeister H. · Reuter K. · Jacobi F. · Höfler M. · Bengel J. · Wittchen H.-U. : *Increased 12-Month Prevalence Rates of Mental Disorders in Patients with Chronic Somatic Diseases*. Psychother Psychosom 2007;76:354–360 (DOI:10.1159/000107563)
10 www.destatis.de/DE/Publikationen/StatistischesJahrbuch/Arbeitsmarkt.pdf?__blob=publicationFile (die Information findet sich in diesem pdf auf S.344)
11 Oscar Wilde: Komödie *Lady Windermere's Fan*, zitiert nach Watzlawick, P.: *Vom Unsinn des Sinns oder vom Sinn des Unsinns*. Piper Verlag, 1995
12 Gallup-Healthways Well-Being-Index: http://www.gallup.com/poll/world.aspx
13 Satir, V.; Banmen, J.; Gerber, J.: *Das Satir-Modell*. Junfermann Verlag, Paderborn. 3. Auflage 2007 (1991)
14 Ickes, W.; Hodges, S. D.: *Empathic Accuracy in Close Relationships*, in J.A. Simpson and L. Campbell (Hrsg.): Handbook of Close Relationships. New York, Oxford University Press
15 Belsky, G.; Gilovich, T.: *Das Lemming-Prinzip. Warum auch clevere Leute im Umgang mit Geld schwere Fehler machen und wie man diese korrigiert*. Finanzbuch Verlag, 2007
16 Pauen, M.: *Ohne Ich kein Wir*. Ullstein Verlag, 2012
17 Rosenberg, E.L.; Ekmann, P. u.a.: *Linkages between facial expressions of anger and transient myocardial ischemia in men with coronary artery disease*. in: Emotion 1/2001, S. 107–15
18 Bartholomew, K.: *Avoidance of intimacy: An Attachment Perspective*. Journal of Social and Personal Relationship, 7, S. 147–178, 1990
19 Arthur A. A. u.a.: *A Snapshot of the Age Distribution of Psychological Well-Being in the United States*. In: Proceedings of the National Academy of Sciences 107, S. 9985–9990, 2010
20 Kammerl, M.: *Positive Wirkung von Meditation: Eine Studie zu Spiritualität, Achtsamkeit, Glück, Lebenszufriedenheit, Ängstlichkeit, Persönlichkeit und Meditationstiefe*. VDM Verlag Dr. Müller, 2010
21 Maselko, J. u.a.: *Religious Service and Spiritual Wellbeing are Differentially Associated with Risk of Major Depression*. In: Psychological Medicine 39, S. 1009–1017, 2008
22 Dunlosky, J. u.a.: *Improving Students Learning with Effective Learning Techniques: Promising Directions from Cognitive and Educational Psychology*. In: Psychological Science in the Public Interest 14, S. 4–58, 2013
23 Desbordes, G. u.a.: *Effects of mindful-attention and compassion meditation training on amygdala response to emotional stimuli in an ordinary, non-meditative state*. In: Frontiers In Human Neuroscience, http://www.frontiersin.org/Journal/10.3389/fnhum.2012.00292/abstract